U0138915

# 幼兒教育思想

林玉体　著

五南圖書出版公司 印行

# 三版序

　　幼教機構，原名來之於Kindergarten，日人譯為幼稚園，支那人不查，「不違如愚」像顏回，照單全收，也公然以「幼稚園」作為幼兒教育場所，筆者好多年前即為文要求更正，因為「幼稚」一辭含有貶意，嘲笑幼兒「幼稚」，很不應該，希望用中性的敘述事實之「幼兒」名之，但政府甚至幼兒教育學界就是充耳不聞。「教育學」為人看衰，咎由自取，怪不得他人。難得最近才「正名」為幼兒園。

　　教育工作要令人尊敬，具有「專業」性，必要有較深較遠的思想作基礎，只作「經驗談」，又哪能令人「尊師重道」？處處以古來傳統又禁不起學理檢驗的教學方法及教材奉之為金科玉律，視一、兩千年來的「進步」若無睹，則又何必探討深究教育學理？重複的強調兒時記憶的重要性，以「不理解也得背」為秘方者，竟然還擔任教育行政主管或政府要員，真要擲筆三嘆了！「知」的教學就是「背」，「德」的培育就是「打」，試問這兩種手段，哪能算「專業」？靠此起家者又何必修「教育學分」，也不需經數年功夫才能領「教師證照」。以「打」及「罵」為「法」，能算「專」嗎？「打」及「罵」的技倆，立即就學會，那需數年的「栽培」嗎？揚揚以「打」、「背」為得意者，更大言不慚的要求別人尊敬他（她）們是「專業」人士！還聽小朋友無邪的以不屑口氣指責說母語的孩子：「怎麼有那麼難聽的語言？」不少幼兒教師是狼狽為奸的作共犯，試問這是號稱民主社會的臺灣該有的幼兒教育現象嗎？2013年版補進杜威幼兒教育論點，的確也是有感而發。

　　筆者現時已當阿公了，但有一天出乎意料之外的聽到孫女向我嗆聲：「怎麼有那麼難聽的語言」時，我是多麼的痛心疾首，我不怪這

個可愛的小孩，是誰教壞了她？事實上，有不少老師或家長，才是始作俑者，以說「國語」為正務，以口出英語為驕傲，卻蔑視母語還橫眉切齒，「民主」這塊招牌在臺灣實在是便宜貨。師長該從實招來，是否曾經咬牙切齒的向幼童灌輸錯誤的觀念，公然向小朋友說，世界上最不入耳的語言就是臺語！在幼兒教育上，杜威有不少見解，足供吾人省思。值此書局缺貨之時，另行補上一章，稍述這位二十世紀民主教育大師在幼兒教育上的「民主」卓見，望臺灣各界尤其任教幼兒教育機構者及家長多作參閱。

臺灣的母語（臺語客家話，及原住民語言），被歧視是臺民歷經數百年的心中一種最大的痛，外來政權的最明顯「政績」，表現在此處。香港及澳門是西方國家的殖民地，但英國及葡萄牙政府「文明」了許多，長久以來都准許學生從幼兒園一直到研究所，皆以「廣東話」授課，是哪一種民族，把其他民族稱為蠻番、夷、狄、犰、獷、猾等的，閩字是門內有蟲，也把白種人稱為紅毛番，甚至是猿猩狒，不知此種史實的人，厲聲斥責白人虐待黑人，不知自己的內心深處更潛藏有種族自大狂病態。只有靠民主教育才能清洗此種污染的心靈，族群融洽，該從幼兒教育開始，多元文化的尊重、參與、分享，是杜威對學前教育的企盼，但願臺灣的幼教界聽得進去，且身體力行，「知過能改，善莫大焉！」如此才不負孔子的提示。

此外，就此次改版機會，也在其他章節作了增刪。

林玉体

序於2015年年初

# 增訂版序

　　本書自出版之後，即為「幼兒教育」學門的師生取作為參考書或教材之用。迄今銷路還算穩定。臺灣現時大多數人豐衣足食，注重教育尤其是幼兒教育，這是必然趨勢，大學的幼兒教育學系紛紛設立，也是熱門學系之一，市場需求更不小。好景當前，學術界提供良好的讀物，也是重責大任。比較嚴肅的來說，高等教育機構為某一學門的設立，要注重「學」的重要性，而非只是技巧而已。幼兒教育如只重玩具，則教師只具「匠」的身分了，又那夠格稱為專業性的「師」啊！

　　「學」有兩個領域，一是深度，一是廣度。前者即思想，尤其是哲學，後者即「史」。本書可以說是「幼兒教育思想史」，二者兼而有之，希望幼教界的同好，往這方面進軍，則該學門才可擠身於高等學府之林。誠如幼兒教育大師蒙特梭里的警告，她盼望幼教界不要過份看重她所發展出來的玩具，卻要特別研究她的幼教精神，否則就「膚淺」了，幼教科目擺在國中或高中即可，怎能安放於大學部或研究所呢！又怎能因此得有「教授」之名及學士、碩士，甚至博士頭銜呢！

　　在本修訂版上，加上了數文，具體的引出當前臺灣或全球熱門也棘手的幼教問題，藉一種哲學及史學的根底，拋磚引玉提出拙見，敬請方家不吝賜正。就筆者所觀察的，臺灣的幼教界似乎走入一條歧路也是歪途，為害下一代幼苗至深且鉅。不改弦更轍，後果不堪設想。當然，這是一條長遠的坎坷路，荊棘叢生，但卻不可知難而退。其實這也與學界不正常潮流如出一轍，即不重基本研究（basic study），

只想找捷徑。求速成，小鼻子小眼睛，這確實是隱憂。劍橋大學李約瑟寫一本《中國科學技術史》，中央研究院史學院士余英時在近著《知識人與中國文化的價值》（時報，2007）中評這位名師犯了大錯誤，其實中國頂多有「技術」而已，又那有「科學」可言？只有「技術」層次，那是未臻大學之林的。幼教亦如此。

　　往者已矣，來者可追，事不宜遲，趕緊向幼教的「學術史」及「歷史」下一番功夫吧！

林玉体

序於2011年年初

## 序

# 拋磚引玉話幼教

一八五九年，英國大思想家斯賓塞（Herbert Spencer, 1820～1903）寫了一篇文章〈何種知識最具價值？〉（*What Knowledge is of Most Worth ?*），在該文裡，他舉出「養兒育女的知識」是名列第三的重要知識。他說了一個諷刺性的比喻：假定現在地球消失，地球上所有的文明，除了留下英國學校教科書之外，其餘的全都毀滅。直到數千或數萬年後，宇宙中再度有人類出現，而且他們也認得英文的話，他們一定會奇怪，為何前人的教科書中對養兒育女這麼重要的知識，隻字不提？也許他們會懷疑，早期的英國人是否都是抱獨身主義的呢？

養兒育女的知識的確具有頗高的價值。但不幸地，就如斯賓塞所言，這麼重要的教育研究，卻未曾受到一般人或學術界的重視。祖先的這種錯誤，吾人不應重蹈覆轍。但令人更覺惋惜的是，近年來，彌補此種缺憾的，並不是東方人，因為學前教育思想的研究文獻，幾乎完全是西文。

本書因篇幅所限，未能詳盡評述學前教育思想家的兒童教育理念，只作拋磚引玉工作，希望同道或有志於此者繼續努力！

本書十年前由信誼基金會出版，現改為五南圖書出版股份有限公司出書，除了原有資料之外，另外增加一些與臺灣當前兒童教育有關的論題，供讀者作參考！比如說，孩童是否要「讀經」，包括唐詩的背誦及三字經的記憶，甚至老子道德經、四書五經的朗朗上口，或是教育行政當局推動的「兒童讀書運動」。這些話題，都有必要用心理學尤其是教育學的角度去深思！不容停留在傳統或學究的層次去決定

了。本書之內容，或許可供給國人在這方面的啟示，深盼臺灣孩童能有個快樂又幸福的童年！

　　研究學前教育思想，最好要具備教育史及教育思想史的基礎，如此方能比較了解學前教育思想家的兒童教育理念，這方面，本書作者在臺北文景、師大書苑及三民書局各有專書出版，讀者也不妨參閱！

**林玉体**

序於臺北青田苑

2001年夏

# 兒童期的教育是什麼？

　　六歲之前的兒童，應該過什麼樣的生活，這個問題似乎很少為學界重視，更未引起專家作系統性的研究。因此人們一方面採取順其自然的教育方式來面對學前兒童；一方面則根據自以為正確的方法與理念來教導他們。前者使自己陷入眾說紛紜的困境，後者則因自以為正確的方法與理念，不盡然是真的正確，因而並不能取得普效性，所以學前時期的教育究竟應該如何來進行，仍然處於迷霧中。

　　有些父母稱讚自己的兒女年幼時能熟誦詩書三百，而且倒背如流；把即使受過高深教育但仍然無法領會的經典，作為孩童學習（記憶）的教材而深以為傲，並津津樂道地向親朋好友展示其子女的才華稟賦。這在中國及西方的舊階層社會裡，都是屢見不鮮的教育史實。胡適在三歲即入學堂念書，學校以律詩六鈔、孝經、朱熹的「小學」、論語、孟子、大學、中庸、詩經、書經、易經、禮記，以及幼學瓊林為讀本【註1】。英國思想界力唱「功利主義」學說的主將米爾（John Stuart Mill, 1806～1873）在他父親（James Mill, 1773～1836，也是名學者）望子成龍的期盼下，三歲讀希臘文、八歲念拉丁文，熟記史學家希羅多德（Herodotus, 484？～425？B.C.）和塞諾芬（Xenophon, 434?～355?B.C.）的作品，以及柏拉圖的六本對話錄【註2】。不錯，這兩位中外聞名的學者都是小時了了，大了也佳。但是這種光是著重「智育」的教導方式，對於兒童整體性格的發展，並非全無弊病。胡適並未述及他童年此種生活帶給他的困擾，倒是米爾在他的「自傳」（Autobiography）中除了感激其父的嚴厲啓蒙之餘，卻也透露出他幼年生活的不幸。因為既缺乏友伴，又在感情生活

上相當貧瘠，使他長大成人後，幾乎在心智上面臨崩潰的危機。要不是詩人兼小說家華茨華斯（William Wordsworth, 1770～1850）的作品滋潤了他乾枯的心田，以及愛上泰勒夫人（Mrs. Taylor，其後與他結為夫妻），否則這位享譽寰宇的思想家有可能在性格上產生嚴重的偏差【註3】。

現在的父母要求於子女的，也以孩子會背誦唐詩三百首而讚美有加，孩子也因為上英語班、心算班、電腦班、鋼琴班、舞蹈班、提琴班、作文班……等等，而弄得成天未得休息。這是折磨子女，而非造福子女。聰慧如胡適及米爾者，小腦袋中也只是徒添語文資料而已。現代的兒童，不只是古文詩詞要背得滾瓜爛熟，還多了英語及各種才藝訓練，試想，除非孩子的資賦優於胡適及米爾，否則父母親如此殘酷地「虐待」兒童，實在罪不可恕！

有的父母把孩子當成寶貝，尤其是獨生子女，幾乎成為父母關注的唯一焦點。他們在生活起居方面完全環繞著孩子轉，實在令孩子受不了。其實，就生理上而言，子女一脫離母體，則臍帶關係已斷；而正因為斷了臍帶關係才能母子平安，否則豈不是大小雙亡？而心理上，雖然孩子是自己的骨肉，但不給他們獨自的生活空間，似乎也太漠視孩子的存在。當代存在主義大師之一的馬色爾（Gabriel Marcel, 1889～1973）就曾為自己是長輩口中無所不在的談論話題及關注對象，而心生焦慮。「即令他就寢時都猜測客廳中的交談，也是針對他的缺點或對他的期待而來。」【註4】，父母將孩子的一舉一動、一言一行，悉數掌握於手中，卻說這是一種「愛」，其實這正印證了古人說的一句話：「愛之適足以害之」。

不過，以「教育」的觀點而言，學前期的兒童，既然要給予教育，當然不能讓他自生自滅；就是如盧梭等人高唱的「返回自然」，也因他認為「自然」本身具有「教育」上的「規範」作用，所以「自然教育」也是一種教育。「教育」就是「規範」，不少趕時髦的家長，以為「自然」教育就是「兒童至上」、「孩子本位」，並且完全

以兒童或孩子的慾望為言行取決的唯一標準，從而連子女的犯上行為也不予制止。例如：孩子不時取利刃割破父母心血節約購買的昂貴沙發而視為理所當然；在親朋好友面前，孩子因不悅而出手打父母，父母非但不予制止，反而誇讚孩子。又如：為人之母者手捧一碗飯追逐子女之後，連哄帶騙地費上兩、三小時才能完成一頓餐食。這種種溺愛畫面，的確不勝枚舉。難道養育子女，在理論上存在著如此不同的兩極——疾言厲色的威嚇與從不管束的放縱。其實認真追究起來，兩者都不是學前教育的良方。

　　到底，學前時期的教育應該如何？這個重大的研究課題，在史上受到重視的時間相當晚。古今東方學者，為文探討此領域的，幾乎絕無僅有；所以中文文獻在這個地帶是一片荒蕪；西方教育家首先在著作中列出一專章涉及六歲以前的教育者，首推捷克大教育家，十七世紀的康米紐斯（Amos Comenius, 1592～1670）。他在名著《大教授學》（*Great Didactic*, 1657）中明確地提出以六年為階段的學校制度，說明出生到六歲的教育為「母親膝下學校」（Mother-Knee School），這是舉世第一本討論「學前」教育的書。在康米紐斯之前、之後，或與其同代的學者，在關心兒童教育時，只是含混其辭的說「兒童」教育應當如何如何而已，他們所謂「兒童」的年齡層，大部分都超過六歲，與現在大家所認定的「學前」時期大不相同。其後盧梭的《愛彌兒》首揭兒童教育的革命主張，他的教育著作，確實掀起了兒童研究的狂潮，兒童也拜盧梭之賜，多多少少從傳統權威的鐐銬中掙脫出來。此後，「自然兒童」的呼聲響徹雲霄；而裴斯塔洛齊更步其後塵，發揮了兒童教育唯一不可或缺的「必要條件」——將「教育愛」用於兒童身上；而福祿貝爾更身體力行，以創辦「幼兒園」作為正式的學前教育機構。不過，盧梭的兒童教育主張是浪漫式的，也是激進式的烏托邦構想；裴斯塔洛齊的教育愛要求，證實了學前教育成功的重要條件；福祿貝爾卻以神學角度來看兒童的發展，因此充斥了符號及謎樣的象徵哲學意味。二十世紀以後，蒙特梭利以醫

學和生理學眼光來探究兒童心靈的奧秘，並創辦「兒童之家」；皮亞傑更以認知心理學的層次來開墾兒童心智上的沃土。學前教育思想發展到這裡，已為教育思想界以及一般學術界提供了引人注目的成果。

學前教育理論的發展，仍在方興未艾當中。即令福祿貝爾堅持兒童的心靈猶如上帝的縮影，神祕不可測；但科學教育家卻孜孜矻矻的以心理學、生理學、認知學等來探幽索隱，其貢獻以皮亞傑居功厥偉。但是若非盧梭開研究兒童教育之先河，後人還不知要對學前教育之研究蹉跎多少歲月呢！而皮亞傑就是瑞士盧梭研究所的所長。目前歐美各國學前教育之研究機構林立，我國仍處在起步階段，如何吸取新知，並提出創見，實是學前教育的研究者應戮力以赴的目標。本書只是一份前人研究的整理，一方面是想讓國人獲得比較詳實的學前教育理念，從而在實際進行兒童教育時獲得比較適當的指針，以作為行為的準繩；另一方面也希望鼓舞學術界，尤其是教育思想界，努力辛勤耕耘這塊處女地，以便在學前教育思想領域中能豐富全球學前教育思想的內容，進而提升我國學前教育思想界的國際地位。

此外，實際經營學前教育的工作者，更理所當然的應以學前教育觀念的研究為本務，不可抱殘守缺，不可故步自封，更不可盲目隨從。只有清楚地認識兒童，才能給予正當的指導，不要以為孩子還小，不值得研究，其實，學前教育的研究意義，不下於大學教育的學術鑽研。

俗云：「萬丈高樓平地起」，學前教育正為大學教育奠基，而學前教育思想也正是一切學術思想的根源。當年愛因斯坦希望了解皮亞傑所研究的兒童空間觀念，正足以說明學前教育思想的研究，只要是有創新性的發現，都會引起學術界的尊敬與景仰。

## ■ 附註

1. 胡適，四十自述，「九年的家鄉教育」，臺北：遠東，1979。
2. J.S. Mill, *Autobiography*, London: Oxford University Press, 1924, 3.

3. ibid, 20〜21, 85.

4. Quoted in S.J. Curtis & M.E. A. Boultwood, *A Short History of Educational Ideas*, 4th ed. London: University Tutorial Press Ltd., 1970, 614〜615.

# 目　錄

# 1 學前教育思想
的萌芽

洛克
**John Locke**
1632～1704

康米紐斯
**Amos Comenius**
1592～1670

# 第一節　研究學前教育思想的重要性

　　思想是行動的底子，理論是實際的指揮。想要改善教育的人，如果要使改善的成果落實，並且禁得起時間的考驗與批判，則必須要有教育學理的基礎，否則只知皮毛，那只是膚淺的假象，是不堪一擊的。學前教育的倡導者亦然，只曉得一些方法，卻不懂得之所以採用那種方法的精神，則可能時過境遷，方法已無法適用；若牢守既定方法，不知變通，則僵化、形式化及機械化，在所難免。因此，教育工作者若不加強教育思想的研究，而只停留在注重教育方法，那就不是良好的現象了。

## 一　思想改變方法

　　在教育發展史上，這種教訓頗多。最明顯的例子來之於教育學理論的奠基者德國大教育家——赫爾巴特（Johann Friedrich Herbart, 1776～1841）。當他提出他的教育思想「統覺論」（新的知識建立在舊有的經驗上）時，教育界（尤其是學校老師及父母親）並不認真地探討這種教育理論的意義，反倒特別對他提出的「系統教學法」感到興趣無比。赫爾巴特的「教學法」，的確是他在教育實際活動中的一大貢獻；但該種教學法，是源於他的教育思想的。赫氏教學法，經過他的弟子的宣揚及教育工作者的鼓吹，遂形成所謂「五段教學法」——準備、提示、比較、總括、應用。由於門徒及追隨者只重其師之方法而忽略了學理，致使赫爾巴特的教育影響大受限制，且被扭曲。因為太過誇張「方法」的價值，則可能只在「技術層面」打轉；更嚴重的是，以為教育學者所提出的「方法」乃是最佳方法，必須無條件遵守，不可絲毫更動，否則就是對大師的冒犯與不敬。結果方法用久了，因為千篇一律，教師與學生難免生膩；厭煩自是理所當然。試問這種現象如何能提升教育品質？

　　上乘的教育方法，必須可以臨機應變，而無固定成規。其實，教

育大師所設計出來的教學方法，只不過是提供教師一種參考而已。若能真正領會教育思想家的意旨與精神，則也可以製作出一套自己的教育方法，而不違背其教育學理，那時，教育方法不就可以靈活起來了嗎？

學前教育思想家蒙特梭利（Dottoressa Maria Montessori, 1870～1952）在她的《蒙特梭利方法》一書中，就特別警告與規勸她的門生，不可死守她在該書中所提出的「方法」，而應注意她的教育觀念【註1】。如果不先探討她的教育理論，而妄想能創造出合乎蒙特梭利概念的教育方法，那是緣木求魚。如果不明白蒙氏注重「自由」及「兒童表現」的教育精神，而只把焦點放在「方法」上，則方法之運用，難免有日暮途窮的一天。相反地，若能掌握教育思想家的中心主張，則應用此中心主張而萌出的教育方法，就如同活噴泉一般地，源源有清水不斷。因此，不懂思想而只會方法，是死氣沈沈的；若透徹領悟思想，則方法之推陳出新就大有可期，那不是生機蓬勃的表示嗎？

不幸，教育圈內注重教育學理的人少，而偏愛方法的人多，這是令人擔心的。其原因無他，因為學理的研究「難」，而方法的把玩「易」；學理較「空洞與抽象」，而方法較「具體且實用」。其實，要是學理研究得其精，掌握住中心思想，則可觸類旁通，左右逢源，對於教學之幫助的確非同小可。

在國內的學前教育機構及學前教育雜誌中，我們也頻頻看到許多學前教育技術及方法的介紹，但卻鮮少觸及學前教育哲理的闡釋、說明和批判，這是美中不足的。

為彌補此缺憾，同時應五南圖書出版公司之邀約，筆者乃寫作此書。以深入淺出的文字，來探討學前教育思想家的教育思想，希望在學前教育的園地裡埋下思想的種子，刺激國人對學前教育的反省思考，引發國人對學前教育思想的興趣。而且期望在不久的將來，我們自己的環境裡也能出現傑出的學前教育思想家。此種日子之來臨，唯有虔心於學前教育研究的人，融會貫通學前教育思想始克達成。

## 二 導正正確觀念——兒童的教育價值

本來兒童在社會上是沒什麼地位的，在家庭裡也不受重視，在教育上更不認為具有什麼高尚價值。所以一般人把小孩看成不存在的「東西」，甚至是一種負擔；父母遇有客人來訪，馬上驅趕兒女到後院；老師也以為學生受嚴厲管教乃屬理所當然，因為學童一無是處，樣樣都需師長指導與糾正。

這種蔑視兒童價值的悲慘境況，直到一些有真知灼見的教育思想家起而大聲疾呼，高唱「兒童價值」才改觀。以西方世界來說，要不是偉大的教育學者，如：盧梭、裴斯塔洛齊、福祿貝爾、愛倫凱（Ellen Kev, 1849～1926），及蒙特梭利等人之鼓吹，兒童怎能成為二十世紀的主人呢？而身處東方的我們，倘不是受歐風美雨的吹拂與浸浴，又如何會在教育上，注重往下紮根的幼苗培育工作呢？

事實上，兒童具有三項重要價值：好動性、好問性、及純真性，這正好表現在教育的三個重要層面——體育、智育、及德育。冷靜又嚴肅地說，兒童在這三方面的表現，應該有資格成為大人的「教師」，而不是「學生」，大人只有自歎不如、羨慕的份。上述數位西方大教育思想家幾乎是異口同聲地指出，兒童在這三方面的價值超過成人，現簡述如下：

### 1. 活潑好動的特性——體育

兒童的生命力充沛，精氣十足，活潑好動是他們的本能，蹦蹦跳跳是他們的標誌，因此兒童是靜不下來的。試看在巷子內玩耍的小孩，沒有一個會像大人般地缺乏活力而且動作遲緩，個個都是生龍活虎般地使勁地玩。這種天性正是發展體育的最大本錢。跟隨家長逛街的兒女一遇地下道或天橋，很可能會一溜煙地跑上去又跳下來，甚至重複地爬上爬下。試問父母有此能耐嗎？大人如果也像小孩這般地動個不停，早就喘得上氣不接下氣了。不幸，師長忽略了這個事實，卻一再地要求孩童正襟危坐，以「肅靜」為校規之一，規定午飯後就得

睡覺。這些措施，都是造成體力不繼、發育不良、臉色發白、個子矮
小的重大因素。

## 2. 懷疑好問的天性——智育

兒童的好奇心促使他「每事問」，頗有追根究柢的精神，這是發
展智育的最好資產。學生不停地探討「為什麼？」是研究學問的最佳
基礎。如果師長能夠誠實的、正確的、耐心的予以「循循善誘」，則
無窮的天賦潛能將能夠「開展」（unfolding）出來，這種說法，也是
前述數位學前教育思想家的共同結論。

可是，西方古代社會有「兒童只能被看到，不准被聽到」的謬
論；中國也有「小孩有耳無嘴」的無稽之談。兒童只要耳朵大大的
（以便聽話），嘴巴小小的（最好閉口不言），就最能取悅師長了。
但只會「學」而不會「問」，則知識頂多一知半解而已。

## 3. 童稚的純真心靈——德育

兒童的心地好比天使一般地聖潔、誠信不欺、不受惡劣的環境所
污。所以赤子之心是善良的，不像成人一般地矯揉做作、爾虞我詐。
兒童此種可愛的品質，不正是「德育」的最好楷模嗎？

試以「笑」為例吧！小孩的笑多美，多令人愉快；他的笑容很單
純，就是高興的表示；大人的笑則不然，大人的笑容很複雜，快樂的
時候笑，痛苦的時候也笑，常常令人難以捉摸。更有甚者，還得提防
某些人的「奸笑」呢！因為等他笑完後可能就有人要受到傷害了。小
孩是不會這樣工於心計的。可見兒童的心性比大人高貴得多。

兒童的好動有利於「體育」，好問則有助於「智育」，而純真就
是「德育」的目標。上述數位教育家勸告師長：要尊重兒童此種教育
價值，積極地予以發揚，如此才是學前教育的正途。

# 第二節　傳統的兒童教育觀念

　　兒童處在傳統的社會裡，是毫無地位的，他只不過是個「小大人」而已；換句話說，兒童是成人的縮影。兒童的需求、興趣與能力，悉數依成人的標準來判斷；兒童不只體力弱於成人，心智能力也無法勝過成人，所以一切得就範於成人之下，絕對無法享有獨自的人格尊嚴。在這樣的社會氣氛之下，兒童教育得完全聽命於成人的安排與指揮。成人的教育觀念，左右了兒童的教育措施。兒童的教育等於是成人教育的翻版，它不是獨樹一格的，頂多只是程度上的稍有不同，卻絕無性質上的區別。明確地說，大人要念古文，兒童也得念古文（教育的性質），若二者有所差異，其差異所在就是成人念較多的古文，而兒童念較少的古文（教育的程度）。在這種情況下，兒童教育與成人教育幾乎沒有兩樣。

　　也就是在這種教育環境下，兒童的教育卻讓兒童嘗盡了人間的苦楚。西方傳統的「學校」是體罰孩子最惡名昭彰的場所。公元四世紀時代的神學家奧古斯汀（St. Augustine, 354～430）在年屆七十二時，有人問他要回到兒童時代還是等候死亡，他竟以「死掉較好」回答【註2】；因為童年之遭受鞭笞，使他不堪回首，且每次追憶，都覺毛骨悚然。宗教改革家路德（Martin Luther, 1483～1546）斥責學校如同「驢子的廄房」，課堂同於囚室，教師就是獄卒【註3】。學校的重要教具就是「樺木」（birch），（中國的學校也以「戒尺」作為不可或缺的學校設備）。體罰之盛行，在中西方過去的教育裡，是相當平常的教育史實。中國的「不打不成器」、「耳提面命」等，都是耳熟能詳的教育格言。關於此點，西方社會也形成共識，以教鞭來約束兒童行為。諸如：

　　　放下了鞭子，寵壞了孩子！
　　　學童猶如路上馬，負載重物以前先鞭打！

兒童都有一個背，打了它，他就能領會！【註4】

這些家喻戶曉的押韻話，也不讓東方教育專美（醜）於前。不過，在傳統的文獻中，並不明確指出到底鞭打的對象是六歲以下的幼童，還是上學以後的孩子。吾人不太清楚是否中外的成人仍然會毫無疼惜地向學前兒童「施暴」，但是在迷信父權至上的社會中，恐怕學齡前的兒童也難免遭受皮鞭之災吧。

# 第三節　康米紐斯的母親膝下學校

時序運轉到十七世紀，歐洲出現了一位傑出的教育學者康米紐斯（Amos Comenius, 1592～1670）。康米紐斯是捷克人，由於宗教信仰之紛爭，導致他所歸屬的路德新教慘遭三十年宗教戰爭之蹂躪與摧殘。幸而康米紐斯具有一心向神的虔誠理念，以「愛」（Amos，為其小名）與樂觀來面對他坎坷的命運。他歷經愛妻及愛子之橫死，自己也從死裡逃生，不過，康米紐斯卻從中體認出，只有推展正當的教育才能挽回人類的步入歧途與自相殘殺。康米紐斯生於窮鄉僻壤，幼時即成孤兒，其養護人又對他疏於照顧，但他終以如同上帝慈愛普照大地一般的胸懷，不記恨、不遷怒於世人。

康米紐斯在逃難時期，遠赴英倫三島，曾在牛津大學講學，其廣博的知識及研究熱忱，激起了英國同道創辦了「皇家學會」（Royal Society）。此時，遠在美國的哈佛大學董事還希望這位名聞歐洲的學者，能赴新大陸擔任這所美國第一所大學的校長。

## 一　康米紐斯的一般性教育理念

### 1. 泛智（Pansophism）的教育主張

康米紐斯深受笛卡兒方法論以及培根歸納實驗的影響，認為只要

具備了為學的正確方法，則可以把宇宙間所有的知識盡囊括為己有。知識即令有百科，但人智的吸收力無窮，且各科儘管殊異，卻彼此互有連貫，只要執一就可馭繁。心靈是個「微觀」（microcosm），可以反映外在各界的「巨觀」（macrocosm），只要予以「開展」（unfolding）或「啟發」（discovery）則可窮盡一切知識奧秘。不管它是天文、地理，或是數學、音樂，人智應以普遍知識為範圍，不應囿於單一或特殊學科。康氏此種教育理念，可以遠溯蘇格拉底或柏拉圖的「產婆術」（maieutic）思想，更為福祿貝爾的「開展說」預先鋪好了路。

### 2. 感官教學是獲取知識的重要途徑

康米紐斯生於西方「唯實論」（Realism）高唱入雲之時，他也是強調具體實物教學的先鋒，對於傳統學校之偏重抽象知識大表反感。為了讓兒童方便認識拉丁字，乃著手編寫一本《世界圖解》（*Orbis Pictus*, 1658），該書雖非史上第一本有圖畫的教科書【註5】，但該書的實用性及清晰度，卻是前所未有。兒童的認知，最正確的方式來自「實物」，當實物出現時，兒童可以經由看（視覺）、聽（聽覺）、摸（觸覺）、聞（嗅覺）、嘗（味覺）來獲取實物的完整知識。不過，要是所有教學都要佐以實物，事實上頗有困難，因此若能以圖畫取代實物，兒童仍會興高采烈地學習。

古代的教科書都是密密麻麻的文字，學童翻閱這種教科書，大多覺得索然無味；但自康米紐斯的圖畫書出版之後，教育氣氛就有了革命式的改觀。康米紐斯之造福學童，是應該大書特書的，例如，他就曾在其論著中提及：「一個人一旦看到犀牛，即使是從圖片中看到，也可留在記憶裡，比人家向他敘述犀牛六千次，還要保留得久。」【註6】

### 3. 明確指出學前教育的年限

西方重要思想家為文涉及教育之重要者頗多，且也每多提到「兒

童」之教育；但「兒童」期到底從什麼時候開始，什麼時候結束，則多語焉不詳。唯獨康米紐斯在他的代表作《大教授學》（*Great Didactic*）上首列六歲為一期的學制，其學校教育之分期如下：

①母親膝下學校：出生到六歲。
②母語學校：七歲到十二歲。
③拉丁學校：十三歲至十八歲。
④大學：十九歲到二十四歲。【註7】

雖然學校之年齡分期，一味的以六歲為準繩，較無心理學及生理學（如盧梭的分法）基礎，但是康米紐斯以六歲之前的教育為一階段，卻是目前絕大多數國家所採用的學前教育範圍。

### 二　學前教育思想

#### 1. 康米紐斯認為六歲以前的教育責任完全在於母親身上

因為母親對子女的親近多於父親，所以他將學前教育重擔完全放在母親肩膀上。這個時期的教育，康氏比喻為四季中的「春」，那是生之始，猶如植物之萌芽滋長一般欣欣向榮，教育內容以感官為主，教育場所即在家庭。

#### 2. 學前教育三原則

(1) 兒童是上帝賜予家長無價的禮物。「手中懷抱嬰兒，猶如擁抱安琪兒（天使）【註8】一般。」

(2) 兒童教育應注重宗教的虔誠，以模仿基督為目的，要孩子深信上帝是深愛人類的天父，並培育基督倫理中的仁慈、有禮、和諧、勤勉、靜默、熱忱、合群諸美德。

(3) 學前教育是一切教育的根底，若予以忽略而使教育失敗，則損失巨大。他說：「彎樹弄直，頗不可能。」即令有可能，

也要花費相當大的代價，且痛苦不堪，所以教育要趁早。

### 3. 學前教育也應以「泛智」為內容

廣泛的知識是兒童應該學習的，因為這是其後建構上層知識的根底。知識的地基不穩，則無法興蓋學問的殿堂。舉凡自然知識，如光學、天文、地理、歷史等都應涉獵，觀察天空、樹木、花朵、流水等，「掛珊瑚於手上及頸上」。注意太陽、月亮、星星的起落和位置（天文）；村莊、田野、森林等之特色（地理）；養成時間觀念；以及過去之追憶──「你昨天做什麼？」（歷史）；辨認家人在家庭中扮演的不同角色與任務，注意如何處理衣服、愛惜家具（家政）；分別大小、長短、寬窄、輕重（力學及幾何）；學習唱歌並彈奏樂器（音樂）。

康米紐斯所指的「泛智」或「百科」，事實上只是各種學科的粗淺知識，吾人千萬別以為康米紐斯希望學童的小腦袋裡裝載了高深又專精的知識。從上面的部分舉例中，也可了解所謂的「泛智」，就是一般廣泛的知識而已。康米紐斯也說，「健全的學習，包括三部分──能知、能做、能說。」「能知」即先認識自然現象，如火、土、水、鐵、樹等名稱；其次是人體的外部器官。「能做」即指心與手之聯合；如數學之運算（3 + 1 = 4等）。「能說」即修辭、文法、說話技術之表達等【註9】。

「能知、能做、能說」三者並不分開，應是「三位一體」。因為「能知」應該包含「能做」及「能說」，缺一不可，反之亦然。

### 4. 「學校」應是快樂的所在，家長或成人絕不可讓學童於入校前心生畏懼

應使孩子覺得新的教師是父母的朋友，所以也是孩子的友伴；如此使學校變成愉悅及歡樂的學習場地。兒童高高興興地上學，而不是一聽到學校、一看到教師就畏畏縮縮，或一副緊張驚恐的模樣，這是有害於學習的。

　　臺灣有不少家長或成人，每以扭曲事實灌注於學前兒童的心靈，因此種下兒童排斥學校或教師的種子。「送去給教師修理」、「抓到教室關起來」等恐嚇言詞，使兒童對學校或教師產生敵意，這實在相當不智。讓我們引一段康米紐斯提示母親，在送子女入學前應說的話：「告訴他們，學習並非苦差事，上學可以和書本一起玩，而筆比蜜糖更甜美。在此種歡愉的憧憬中，學童可以享受到使用畫筆的樂趣，在紙上或板上畫出角形、方形、圓形、小星星、馬、樹等，至於他們畫得像不像並不重要，只要他們心中高興即可，要讓他們覺得寫字母很容易，更能分辨正誤，這也是頂有利的。任何足以燃起學童熱愛學校的措施，都不應予以忽略。」【註10】因為對兒童來說，求知是一種天性，入學受教只是順著天性而已，何懼之有？

### 5. 生育的神聖性及其注意事項

　　康米紐斯站在宗教家的角度，認定生育子女的神聖性，認為父母親之結合，並且有「愛」的結晶，就如同上帝之創造萬物一般的莊嚴、神聖與隆重，絕不可等閒視之，或當作兒戲。相對的，這是具有「純粹且神聖的意圖」。因此「年紀太大、染有重病、太貧窮，以致無法養活下一代的人，則不應結婚。」他同意兄弟會的規定：「擬結婚者，應求教於雙親、親戚及教會的牧師。」【註11】

　　康米紐斯也要求母親在懷胎時注意自己的情緒、飲食以及運動，並鼓勵母親自己餵奶，盧梭也作出類似呼籲。他並且認為：對於兒童之惡劣行為，應先予以口頭斥責，無效時不妨體罰；但如有改善跡象，則應讚揚。此外，他無男女性別之歧視，對於教育力求一視同仁，因此更獲得歐洲開放派人士的欽敬。

　　最後，讓我們引一段康米紐斯的話來總結他所提出的學前教育思想和作法。「兒童樂於為他人做事，因為他們充沛的精力不允許他們靜止不動，這對兒童是相當有益的，不應予以禁止，反而應讓他們時時有事可做，讓他們像螞蟻一般，繼續不斷地工作；做著、畫著、建著、運送著，只要他們謹慎小心即可。兒童喜歡模仿他人的作為，

因此讓他們擁有各種玩具，除了可能引起傷害的刀、斧、玻璃之外，不妨給他們鉛製的刀、木製的劍、犁、小馬車、雪橇、磨坊或建築物等玩具，讓他們可自由取用自娛，且可運動身體有益健康。兒童的心靈具活力，肢體敏捷；他們喜愛蓋小屋子，用泥巴、木屑、木頭、石塊築牆，來表現建築天才。簡言之，只要兒童愛玩，在不危險的範圍內，都應准許而不必禁止。因為靜止和無所事事，反而對身心有害。」【註12】

兒童由於生理發展之速度大過成人，他是靜止不了的，玩耍是兒童的生命，學前期是玩耍期。而依康氏泛智主張，從玩耍中也獲得了分門別類的知識，並不荒廢時光。

有必要在此特別指出的，這位當時是歐洲最有影響力的教育家，他的思想及教科書，荷蘭人在十七世紀統治臺灣時，曾打算引入臺灣，可惜鄭成功把荷蘭人（紅毛番）趕走了，從此失去了臺灣兒童及學生了解這位偉大教育家的機會！

## 第四節　洛克的兒童教育觀

洛克（John Locke, 1632～1704）是思想史上經驗主義的大師，在教育理論上，他乃堅持「陶冶」（discipline）論，認為後天環境的規範，可以「陶冶」出德、智、體三育恰當發展的人格。洛克在教育上的代表作，就是集合家教經驗而寫作的《教育論叢（*Some Thoughts Concerning Education*, 1684）》，本書對兒童教育之討論甚多，確是研究學前教育思想亟需一讀的材料。

就讀於牛津基督教堂學院（Christ Church College）而也在該校執教的洛克，本以研究醫學出身，卻熱衷於哲學及教育，他是牛頓等知名人士的好友。在知識起源的思辨哲學上，一反自柏拉圖以來的「先天觀念」（innate ideas）說，卻斬釘截鐵的以「經驗」作為知識的基本來源。知識既來自後天經驗，則教育環境的優劣，自然決定了

一個人知識的有無及性格上的差異，「人性如臘板（tabula rasa），如白紙（blank sheet）」都是洛克知識論的基本名詞。這種主張也反映在他的教育理念上。「我想兒童之心，就像水流一般，可以轉換這個方向或那個方向」，這如同古語所說「決之東流則東流，決之西流則西流」那般的容易【註13】。這種環境決定一切，以及教育萬能的說法，是經驗主義所推演出來的必然結果。雖然這種論調，過於忽略了個人主動的作為，因而大受學界批判，但是環境及人為教育在影響個人發展上，的確發揮了不可藐視的力量。

　　成人對兒童的「陶冶」，絕對不是站在迷戀權威的角度上；相反的，成人應以「理性」來「陶冶」兒童。「理性」乃是洛克在教育方法上的核心根據。在智育、德育，及體育上，一切「依理而行」就不會踰矩，進而達成最完善的教育宗旨。

　　吾人可以言簡意賅的說，洛克的哲學思想是建立在「經驗」（experience）論上；而他的教育學說，則以「陶冶」二字就足夠說明一切。

## 一　德育及智育上的陶冶論

### 1. 依理去欲

　　洛克把德育看成是教育上最應考慮的對象，德育在整體教育的優先權最高，它位居於智育及體育之上。而品德之陶冶，一言以蔽之，就是去除欲望，追隨理性。他說：「一個人有能力拒絕自己的欲望，給自己的意向打XX（叉叉，不是○○，畫圓圈），只是純粹依照理性所指導的方向，即令情欲引向他方亦不聽從。」【註14】這句話是說，兒童不可依己意或己欲而行事，而應冷靜的思考，把「想做」與「應做」的行為分開，從而選擇「應做」的行為而放棄「想做」的行為。洛克在下面這段話更清楚明示：「兒童應習慣於回絕欲望，大人不能順其所求，即使從搖籃中開始。我這種勸告是與一般作法相反的。兒童第一件要學習的是，不可以因為自己喜歡任何東西就可以得

到任何東西，只能因為該東西適合兒童，兒童才可以要。」【註15】兒童的欲望要接受理性的過濾與制約，洛克的此種論點，盧梭在他的著作《愛彌兒》中也予以支持。

那麼，誰是理性的代表者呢？當然是成人了。成人對兒童的教育是有權威的，但這種權威應是「合理的權威」。長輩必須時時以理性來與孩童溝通，讓孩子習慣於講道理，如此不只兒童早就養成凡事取決於理性的態度與性向，且一旦兒童也喜愛以理性來作判斷時，大人就可以放心地讓兒童獨立自主了。「越早對待孩子如同大人，他就很快變成大人，如果准他同你一起討論嚴肅問題，則你已不知不覺地助長了他的心靈。」【註16】

### 2. 在經驗範圍內談理性

雖然「與孩子講道理」此種主張大受盧梭所反對，但洛克要求成人與小孩講的道理，卻是孩子「經驗」可及的理性，而非莫測高深或玄妙晦澀的抽象理性。他說，與兒童講道理，「乃是與兒童相處的真正方法。」「與語言同時，兒童早就領會理性。只要我的觀察沒錯，他們喜歡別人用理性的角度去對待他們，時間比吾人想像的還早。」「但是我所說的理性，只不過是適合兒童的能力及領會力。沒有一個人以為三歲或七歲的兒童可以與一個成人辯論。當我說對待兒童要用理性時，我的意思是說要使兒童明白道理。因此你應該用溫和的舉止及面容，即令你想糾正他們，也應該讓兒童了解你的作法對他是合理、有用且是必要的。」【註17】

成人如何在學童的經驗範圍內向學童說理，以便學童心甘情願接受你的「陶冶」，放棄自己的欲望或意向，而遵循理性行事，的確是身為學前時期教師的一大挑戰。

### 3. 智德合一

行為（德）中注入理性的思考（智），這正是智德合一的典型，洛克在智育中充分討論運用理性的部分不多，只提及學童應該學數學

的理由，認為學數學並不在於希望學童成為數學家，而在於讓學童習慣於「推理」。至於德育中的理性成分，洛克在「論叢」中占了許多篇幅。「不能因兒童懇求就予以准許，更不可因兒童哭泣就予以答應。」【註18】洛克說明他的理由，「哭是一種錯誤，兒童的哭是不能予以忍受的，不只聽起來不舒服，整個屋內充滿吵鬧，而且對兒童自身而言，也不好。」【註19】洛克的這種辯解，倒不如盧梭的說法較具說理性，盧梭禁止愛彌兒在會說話時哭，因為既然已學會說話，就不准許哭，除非痛苦傷心的程度非用哭來「自然」宣洩不可，否則學童習慣以「哭」來脅迫成人，這是早該禁止的。至於「倔強及作弄別人的」（stubborn and domineering）哭，以及「抱怨及無關主題的」（querulous and whining）哭則更應及早消失【註20】。但是合乎生理需求的，則應予以滿足。兒童若說：「我冷了」或「我餓了」，這是家長的責任，也是家長應該幫兒童解除的痛苦之事【註21】。

　　洛克雖與柏拉圖在知識論上二者背道而馳，但洛克在「教養上」卻極力贊同柏拉圖以理性支配意志或情欲的說法。下面的一段話更能夠看出洛克以理性來主導情欲的論調：「如果兒童想要吃葡萄或者吃糖球，我們就讓他如願以償，而不讓那可憐的孩子哭泣或不高興；那麼，為什麼一旦他長大成人，想要喝喝酒、玩玩女人，他便不能如願以償呢？喝酒、玩女人之於一個年歲較長的人，與他小時候哭泣以求的東西之於一個孩子的傾向，是沒有什麼區別的。我們人類在各種年齡的階段便有不同的慾望，這不是我們的錯；我們的錯在於不能使得我們的慾望接受理智的規矩與約束；這中間的區別不在有沒有慾望，而在有沒有管束慾望的能力與克制自己對於慾望的功夫。大凡小時候自己的意志不慣於服從成人理智的人，一旦長大成人，自己能夠運用理智了，他也很少會去服從自己的理智。」【註22】

　　按照洛克的主張，正當的品德，就是按照理性而行，而非任「意」或任「情」而行。

## 二　體育鍛鍊論

「陶冶」在體育上的應用，就是吃苦耐勞的「鍛鍊」。「健全的心靈寓於健全的身體」（A sound mind in a sound boby）【註23】，學醫出身的洛克，在《論叢》中就開宗明義，標榜了身體健康的重要性。而身體健康的標準，取決於身體忍受風寒的程度。一個人越是處在自然界中，則身體的健康就越有保障，譬如說在寒冷的泉水中洗澡便是一例。從前雅典人看見大月氏（Scythian）的哲學家赤身裸體行走於霜天雪地之中，而深覺奇怪。但大月氏哲學家的答覆就頂值得玩味了；大月氏的哲學家反問雅典人：「冬天氣候酷寒，你們的面孔為什麼受得住呢？」雅典人說：「因為我的面孔習慣了！」「那麼，你把我的身體都看作面孔好了！」【註24】用同樣溫度的水洗臉並不覺得冷，但洗胸腔就不好受，原來是我們的臉從未穿過衣服。設若吾人全身也如同臉部一般，經常暴露在自然環境之中，則全身沖洗冷水，也可以平安無事啊！洛克說：「腦袋穿戴得溫溫暖暖，最容易惹起頭痛、傷風、發炎、咳嗽等疾病。」【註25】這句引言的意思是說，身體保護得越厲害，則越不健康。因此，身體的健康，需要「鍛鍊」。洛克還說，「在英國，有人不管冬夏，都穿相同的衣服，但也不會造成不便，反而比別人更能夠感覺冷天的意義。」【註26】原來他所指的這個英國人就是大科學家牛頓。（盧梭在《愛彌兒》第二冊中也明白指出「牛頓爵士一生都保持了這種冬天穿夏天衣服的習慣，而他活了八十歲。」）【註27】臺灣也有一位名教授，不管冬夏，都習慣穿短褲上課、演講、赴會，他是臺大數學家楊維哲博士，成為臺大一景。

有些人即令在臺灣的夏天，洗澡時不用較高溫的熱水洗澡，也一定會感冒；並且在酷暑時，仍然身襲毛衣加夾克。這種人的生活已與「自然」相去甚遠，他身體之虛弱，可想而知；並且也造成生活上極大的不便。

洛克因此支持古代斯巴達式的體育訓練。「多吸新鮮空氣、多

運動、多睡眠、食物要清淡、酒類或含有酒精的飲料不可喝，藥物要用得極少，最好是不用。衣服不可過暖過緊，尤其是頭部和足部要涼爽，腳要常浸冷水，更要能習慣於潮濕。」【註28】這段話在現代可以說是很普遍的常識，不過「不用藥物」倒值得父母親參考，千萬不可把孩子看成藥罐子，稍微發燒就打針吃藥；稍見天候變化，即添加許多厚重衣服，這都是過分的保護所帶來的麻煩。身體的自我防衛力若不給機會去鍛鍊，則抵抗力就減弱或消失。想要身體健壯，就不能過太「舒適」的生活；洗冷水澡，多多少少有「痛苦」的感覺，但只要能忍受且養成習慣，則感冒的可能性就大減；如果時時住在相當舒適的環境，則如同溫室裡的花朵一般，稍有風寒，即病象環生，這不是因小失大嗎？「現在人人都知道，洗冷水澡對於幫助身體衰弱的人恢復健康是很有幫助的。」【註29】

### 三　體罰應極力避免

　　注意講理，而非訴諸武力，是洛克的一貫主張。師長既以理待兒童，則不必假手體罰來使孩子就範，洛克是相當反對體罰的。「打兒童不過是一種情緒上的壓制兒童，這只是殘酷而已，而不能糾正行為；肉體受苦，對心靈之善無益。」【註30】皮肉之苦也許是小事，但造成心靈上的創傷，卻是無法彌補。「體罰所造成的最大傷害，不是皮肉痛苦，而是經由鞭打所獲得的羞辱。」【註31】既然體罰有害身心，那麼這個積習最久的教育方法，最好禁止。「『給我一根棍子吧！讓我好去打他』，便是大多數的兒童天天聽到的一種教訓。」【註32】孩子如習於成人社會之「以力取人」，及長，他亦會以此模式應世，這實非文明社會之所應為。

　　洛克在《論叢》一書中討論體罰之處頗多，是教育史著作中自羅馬坤體良（Quintilian, 35～100）以來最豐富也最具啟發性的談論體罰之作品【註33】，不過，洛克不認為絕對不可以體罰。在德育、智育的「陶冶」過程中，有時也難免要動用棍子。洛克在舉出體罰之弊——如養成奴隸性格，對該做之事心生厭惡等之餘，也很實際又具體

的說出何種情況該體罰。

### 1. 動用體罰，乃是縱容的結果

洛克說：「兒童在七歲以前，除了說謊或者一些不良的惡作劇之外，還會有什麼邪惡行為，竟會於父親直接禁止之後，反覆重犯；以致被人視為頑劣不化，而弄到要施以鞭笞呢？」依洛克的觀察，乃是小孩從小有了小惡行，但父母不加阻止，結果「小惡變成大惡」，以至於不動用「最後一招」不可。「鞭笞之所以不能不被採用，通常都是因為以往過於縱容，或者疏於管教的結果。」【註34】「我們縱容了自己的小寶貝，讓他們的錯誤滋生蔓長，一直到了根深蒂固，連自己也覺得羞慚不安的時候，才不得不起而加以犁耙，那時鋤鑊之入土必深，方能到達錯誤的根底。此時，苗地上的莠草已經很多了，雖然用盡力氣，費盡功夫，卻已是不易清除穢惡，復得佳果，來酬答我們的勞苦了。」【註35】

昔日劉邦給其子阿斗留下遺言：「勿以惡小而為之。」那是擔心兒童一旦習於惡小之事，積少成多，變成大惡；要根除大惡，就非下猛藥不可。體罰就是洛克所言的救治惡行的手段。

### 2. 既施體罰，就要徹底

就如同上述洛克的話，惡行之根既深，非徹底挖掘不為功。就如同蔓草一般，「斬草不除根，春風吹又生。」洛克首先明言：「倔強的兒童應受體罰，而體罰之後卻不感羞恥，或者做錯了事也不感悔悟，則應徹底的打。」【註36】洛克所謂徹底的打，到底應怎麼打法，他倒有一段頗值爭議的話：「打八下才屈服兒童意志時，不可打七下，否則前功盡棄。」【註37】換句話說，鞭打的目的，是要藉著木棍來「屈服兒童的意志」，但有什麼指標告訴師長，在打的過程中何種狀況才顯示出兒童的意志已屈服，這純粹是個人主觀認定的問題。其次，憑什麼知道A生要打八下就已意志屈服，而非五下或六下甚至九下或十下？這些相當困擾的問題，都不是簡單而容易解決的。

要是師長認爲A生已遭了八下鞭打，早已屈服了他的意志，但是要眞正屈服A生意志，卻需鞭打九下時，那不也是功虧一簣了嗎？洛克大概也深知此種困惑，他也只好無奈的說：「假如一個做父親的倒了霉，有了這樣一個頑劣桀驁的兒子，我想他除了替他祈禱之外，是再沒有別的辦法了。」【註38】不幸的是，這類孩子似乎不少，洛克所建議的「祈禱」，不見得是良好的處方！

### 四　善待動物，自製玩具

理性的教育觀念，不只對待同爲人類的兒童而已，還擴及到動物。「我經常發現在兒童當中，當他們得到任何小動物，就予以虐待，常常使小鳥、蝴蝶及其他在他們手中的小動物受苦，且殘酷的對待牠們，似乎這樣做可以有一點痛快的樣子。」【註39】洛克極力禁止兒童如此與動物爲敵，應友善的與小動物相處。小動物是兒童的可愛玩伴，爲何抓起彈弓就惡形惡狀的向弱小的麻雀發射，把小鳥打得頭破血流、翅膀殘缺。洛克認爲小時候如養成虐待動物或折斷花草樹木的習慣，大了就會殘忍的對待人類自己的同胞。爲什麼不能用溫和的態度，來與小動物相處，就如同用平等的態度來對待傭人或家僕一般呢？【註40】

由於錯誤的教導，兒童遂對某些小動物產生懼怕，這是極應糾正的。洛克告訴我們糾正之法：「你的孩子看見一隻蝦蟆就叫，就跑開嗎？你可以叫另外一個人把牠按住，放在離他有相當距離的地方，等孩子看慣之後，再叫他走近牠，看牠跳躍，不可激動，然後再由別人捉住，叫孩子輕輕地去撫摸。這樣逐步去做，一直做到他能自信地玩弄一隻蝦蟆，如同玩弄一隻蝴蝶或者麻雀一樣爲止。」【註41】如果每位小朋友能夠都有他心愛的「寵物」，則更會滋生照顧及友愛小動物之心。

其實，小動物就是兒童極其珍貴的「玩具」。生理學家說兒童時期的各種特徵與動物類似，所以兒童喜與小動物爲伴，那是大自然的必有現象。至於兒童的其他玩具，從自然中取材，價值遠勝過人爲

的製作。「一粒滑滑的珠子，一張紙，母親的鑰匙串，或其他不會傷害兒童的東西，都可以使兒童著迷。向店裡購買的玩具所費較多，雖較稀奇，但常會弄得亂糟糟的，也容易破碎。」【註42】這種論點，其後福祿貝爾大有同感！大自然界既有取之不盡、用之不竭的玩具材料，爲何要放棄不用呢？多可惜的教育浪費啊！

## 五 不應太早灌輸宗教觀念

臺灣有不少宗教團體創辦幼兒教育機構，他們難免會對兒童進行宗教之教學。洛克卻認爲兒童的宗教教學應適可而止，否則後果堪慮。雖然洛克堅信品德是所有教育的重點，而德行的基礎，就是建立在對上帝的愛之上，讓孩子知道上帝是獨立又崇高的存在，能主宰一切，也是萬物的創造者，我們因上帝而得到一切的善，上帝也賜給我們一切。但「開始的時候，這就夠了，不必把這件事情（即上帝）向孩子再作進一步的解釋，因爲恐怕跟孩子談神靈談得太早，以至於孩子無法了解這個無限的存在所潛存的那種神祕性質，他的腦子裡面就會充滿了錯誤，甚至弄糊塗了。」【註43】上帝，是個既容易又困難、既簡單又複雜、既近在眼前又遠在天邊的名詞，神學界及哲學家千言萬語予以描述，也很難表達窮盡。「我覺得，與其使他們分心於奇怪的問題，要去探究上帝不可思議的本性與存在，倒不如使他們每天早晚用一種簡短的，適合於他們的年歲與能力的禱詞，去向上帝禱告，視爲他們的創造者、保護者、恩人，這在宗教、知識與德行上的用處還要巨大一些。」【註44】

以基督教而言，最好的讀物當然非《聖經》莫屬。至於其他宗教，也有他們自己奉爲神聖的經典。拿這些經典作爲兒童教育的教材是否妥當，實在有必要深究，洛克所指示的，就是要從中選擇適合於兒童經驗及理解力者爲限。「舊約裡面的預言書和新約裡面的使徒書及啓示錄，對於兒童的能力又怎麼能夠合適呢？雖則福音書及使徒列傳的故事比較容易，但是整個讀法，還是和兒童時代的理解力極不相稱的。我承認，關於宗教的原則是應該從那裡去得到的，應該根據聖

經上面的文字：但是其中只有合於兒童的能力和觀念的部分，才可以叫兒童去閱讀。不過，閱讀全部聖經——爲閱讀而閱讀，與此的分別是很大的。一個兒童如果從小就不分青紅皀白地閱讀整部的聖經，只知道那是上帝所說的話，再也沒有別的選擇，即令，他的腦筋裡面倘若還有一點點關於宗教的思想，他那種思想就一定是漆黑一團的。我覺得有些人對於宗教，一生一世也沒有一種明確的思想，原因便在這裡。」【註45】

　　洛克所提的這種教訓，實在是想對兒童進行宗教教學者應銘記在心的。

　　上面所述，也只是洛克對兒童教育的重要部分，其他的舉例與論述頗多，讀者如欲了解全貌，應取原書仔細細嚼。通觀其論點，兒童有必要予以約束，雖然有點嚴肅，但是卻根據理性，絕對不能放縱。教育的困境與奧秘也就在這裡，如何一方面予以紀律，一方面又准許自由，實在是大費周章之事。洛克也希望兒童不可太受拘束，不得違反自然，在《論叢》中，提到中國過去女人之纏足，頗不以爲然。「大家都知道，中國的女人從小用布包腳，所以雙腳極小（我眞不知道這有什麼好看！）。我最近看見一雙中國人的鞋子，聽說是成年婦人穿的，而這雙鞋子比我們的同年齡的女子所穿的小得多，恐怕連小女孩都穿不下。此外大家又說，中國女人的身材是很小的，壽命也很短……。」【註46】纏足既不合「理」，更違反自然，洛克當然不願意他們英國的女子效法。中國數千年來的學者竟然無視於纏足近八百年的女童蒙受悲慘遭遇，又可見出中國人既不重視教育，更忽略了兒童的教育了。

## ■ 附註

1. Maria Montessori, *The Montessori Method*, 4th ed., translated by Henry W. Holmes. N.Y.: Frederick A. Stokes Company, 1912, 10.

2. H.I. Marron, *A History of Education in Antiquity*, translated by George Lamb, N.Y.: a Mentor Book, the New American Library, 1964, 367.

3. H.G. Good and J.D. Teller, *A History of Western Education*, London: the MacMillan Company, 1969, 153.

4. 林玉体，教育與人類進步，「藤條萬歲嗎？」，臺北：問學，1978，169。

5. 根據教育史家之記載，史上第一本有圖畫的教科書為Eilhard Lubinus所出版，但沒寫出版年代。S. J. Curtis and M.E.A. Boultwood, *A Short History of Educational Ideas*, London: University Tutorial Press Ltd., 4th ed, 1970, 180.

6. John Amos Comenius, *The Great Didactic of J.A. Comenius*, translated by H.W. Keatinge, London: Adam & Charles Black, 1896, chapters 28～31.

7. ibid, 114.

8. Curtis & Boultwood, op cit., 206.

9. John E. Sadler (ed). *Comenius*, London: The MacMillan Company, 1969, 78～79.

10. ibid, 83.

11. John E. Sadler, *J.A. Comenius and the Concept of Universal Education*, London: George Allen & Unwin Ltd., 1966, 216.

12. Sadler (ed). *Comenius*, op cit., 33～34.

13. John Locke, *Some Thoughts Concerning Education*, 1692. (2)──（代表節次，而非頁數，下同。）

14. ibid., (33)

15. ibid., (38)

16. ibid., (95)

17. ibid., (81)

18. ibid., (106)

19. ibid., (111)

20. ibid., (111)

21. ibid., (106)

22. ibid., (33)

23. ibid., (1)

24. ibid., (3)

25. ibid., (4)

26. ibid., (5)

27. Jean Jacques Rousseau, *Emile or On Education*, translated by Allan Bloom, N.Y.: Basic Books Inc., Publishers, 1979, 127.李平謳譯，愛彌兒論教育，上卷，北京：商務印書館，1986，153。

28. Locke, *Thoughts*, (29)

29. ibid., (8)

30. ibid., (112)

31. ibid., (78)

32. ibid., (34)

33. 林玉体，西洋教育史，臺北：文景，1980，83～84。

34. Locke, *Thoughts*, (96)

35. ibid., (97)

36. ibid., (86)

37. ibid., (87)

38. ibid., (100)

39. ibid., (116)

40. ibid., (110~111)

41. ibid., (151) Rousseau在*Emile*一書中也有類似措詞，op. cit., 63.

42. ibid., (130)

43. ibid., (136)傅任敢譯，教育漫話，上海：商務印書館，1936，178～179。

44. ibid.,傅譯，179。

45. ibid., (158) 傅譯，208。

46. ibid., (12) 傅譯，12。

# 2 學前教育的革命家
## ——盧梭

盧梭
Jean Jacques Rousseau
1712～1778

# 第一節　盧梭在學前教育史上的定位

　　自古以來的教育，重點放在成人、上一代、老師身上，兒童、下一代、學生是頗受忽略的。因此，要教什麼、用什麼方法教，以及要教導孩子成為怎麼樣的人，或者教育活動應該如何安排，甚至該不該打小孩，這些教育問題的考慮，都只站在大人的立場，兒童幾乎不存在似的。這是傳統教育的特色。

　　這種成人觀念包辦兒童教育的結果，必然產生許多教育的問題。有些師長心懷虔誠，熱愛兒童，對下一代呵護備至，也稍懂兒童心理，因此師生關係和諧親密，大人愉快，小孩也幸福。不過，這是可遇不可求的，即使有如此的美好教育畫面，數量也少得可憐。絕大多數的家長不是一廂情願，就是用強力逼使兒童就範，絲毫不顧及兒童的興趣、需要和能力。因此斥責、怒罵、鞭打聲盈耳，嚎啕聲充斥。在這種家庭中長大的小孩，會有逃家的念頭，進入此種學校環境的兒童，就想逃學。逃家、逃學還只是表面現象，其實在稚嫩的小小心靈中，早已埋下了對長輩不滿的種子，以及為害社會、造禍人群的意圖。這些孩子，由於早年教育不良，日後變成掃黑或一清專案的對象，不是頂令人痛心疾首的嗎？

　　探索這種教育敗象的主因，一來是大人的權威性格作祟；二來是「人性本惡」的哲學，支配了數千年的教育活動。師長總喜歡乖乖順順的聽話學生，並且劃定範圍，縮小兒童的活動空間。如果孩子服服貼貼地聽從上一代的指令，大人當然樂得開心；一有拂逆，則認為有失長輩尊嚴，拳打腳踢逐紛紛出籠。這種不幸的童年，怎堪回首？

　　人性本惡的說法，在中西思想界盛行數千年之久，基督教的「原罪」觀念及荀子的「性惡論」是大家耳熟能詳的。既然人的「本性」是墮落的，是罪惡的，則小孩的「性」就比大人的「性」墮落及罪惡得多，因此哪能讓孩子「任性」呢？嚴加管教都來不及了，又怎麼可以「乃若其情」（孟子語，意指順著兒童天性發展）呢？中西教育史

上，兒童地位不高，學前教育不受重視，這是癥結之所在。

扭轉習俗之不當，非難傳統之作法，譴責學理之錯誤，因而在教育理論界及實際活動中，掀起狂飆的革命家──盧梭（Jean Jacques Rousseau, 1712～1778）將教育重心旋轉了一百八十度：從大人轉移到小孩，從上一代轉移到下一代，從教師轉移到學生。

盧梭的這種主張，被美國二十世紀最具權威的教育哲學家杜威（John Dewey, 1859～1952）封爲「教育上的哥白尼革命」。在天文學裡，祖先的觀念以爲，宇宙的重心在地球而不在太陽，直到十六世紀的哥白尼才一改舊觀念，把宇宙的重心從地球轉移到太陽。哥白尼是天文學界劃時代的革命家。盧梭由於在教育思想上，有類似哥白尼的氣勢與影響力，所以他得到「教育上哥白尼革命家」的封號，是實至名歸的。目前學前教育之大受重視，都得拜盧梭所賜。

盧梭的教育思想有兩大重點，一是大唱民主教育論調，高揚兒童人格尊嚴之意義，並鼓吹兒童在德育、智育及體育上，都有成人所自嘆莫及的價值；二是力改人性本惡的謬論，而歌頌人性本善的說法。他爲平民喊冤，爲學童請命，爲新一代叫屈。由於盧梭的文筆相當感人，結果聲名大噪，歐洲人聞聲披靡，不但在政治上發動了法國民主大革命，且在教育思想及行動上，成爲新舊學前教育的分水嶺。因此，盧梭的學前教育思想是很值得研究的。

## 一　不要違反兒童的天性

兒童的天性極爲善良，教育的原則應是順著此天性去發展，而不是去改變、阻礙，甚至壓抑它。教育思想家盧梭特別強調這種「根據自然」而不是「人爲」的教育，史學家稱之爲「消極教育」（negative education）。

人自出生後，遭受各種文明社會的約束，結果本性漸失。文明社會的種種約束，都是人們「積極」行動的結果，但卻拂逆了人的先天本性。其實，萬物之性皆善，如果遭受後天環境的摧殘，則其生長就會走樣。盧梭在《愛彌兒》一書中開宗明義即警告世人：

來自於造物主手中的萬物皆善良，來自於人手中的萬物皆敗壞。人硬要在一塊土地上種植別地的產物，要在一棵樹上去生別樹的果子；他把氣候、土壤、季節弄混了；他砍斷了狗、馬、奴僕的手足；弄亂了一切事情，也使萬物變形。他喜歡奇形怪狀，而討厭自然本態。對待幼兒也是如此，兒童必須訓練成馴馬，修剪得如同花園裡的樹木那般可笑的模樣。【註1】

不是嗎？男孩要打扮得像個小大人，頭髮梳得整齊不紊、打領帶、穿西裝、走路中規中矩、正襟危坐、衣服不能沾上任何污點；女孩要妝扮成小淑女，撲粉、穿籐圈衣裙、穿耳洞、紋眉、豐臀、縮腰，不一而足。這實在是戕害大自然賜予人類的天賦本性，人們還深恐此種約束不生效力，更用嚴格的律令、教條化的風俗習慣來形成牢不可破的傳統，代代沿襲，新生的一代就是在此枷鎖中過著痛苦的童年，這是多麼不幸啊！試想，這樣的環境又如何能培育出天真活潑而又可愛的孩子呢？

盧梭認為，從小就施予過多的生理限制（穿西裝、妝扮……等等），常常會阻止幼兒的血液循環和體氣暢通，使他們得不到正常的生長發育，全身軟弱無力。「在取消這些額外預防措施的地區，人們是高大的、強健的、身材比例相當勻稱。」但「在層層包裹兒童的國家，人們駝背、跛足、四肢萎縮或變形；為佝僂所苦，為傷殘所害的例子，幾乎處處可見。」這不是令人觸目驚心的比較嗎？【註2】

因為這不只限制了「生理」的發展，也妨礙了「心理」的正常成長。孩子表現出來的是憤怒、掙扎，甚至仇恨，而乖乖就範的都是嫩弱無能的一群，這也是違反天性教育所必須付出的昂貴代價。何不採取毋須花費分文的自然教育，以及不須讓人操心的無為教育呢？試看盧梭以其生花妙筆來描述這種畫面：

兒童的第一次感覺就是苦痛及災難，他們需要活動時卻發現盡是阻撓，比囚犯關在監獄裡還不幸；他們的努力徒勞無功，他們被激

怒了、哭了；在他們出生後的第一道聲音，是哭聲與眼淚。我深信從他們一出娘胎，你們就予以折磨；他們所收到的第一個恩物，就是束縛，那是你們送的。他們的第一種經驗，就是煎熬。他們沒有什麼自由，只有叫聲；因此為什麼不利用它來抱怨呢？他們喊叫，因為你刺痛了他們。如果你們角色對調，一定會叫出比嬰兒更大的吼聲。【註3】

順從自然，兒童就不會反抗；依據天性，孩子就能自由自在的生活；這種「消極」（自然）而不是「人為」的教育措施，確實為學前教育開拓出一個新的園地，也為下一代的教育指引出一條正確的方向。盧梭之後的西方重要教育學者，無不接受其建議與勸告，才使學前教育步上正軌。而所謂的「自然教育」及「天性教育」，也成為心理學家、生理學家及教育學者所鑽研的課題。從此，學前教育就更富有學理氣氛了。

## 第二節　母親與教師對子女的影響

### 一　母親啊，自己的孩子自己養吧！

盧梭是自然主義的教育思想家，他當然認為教育如果純任自然而不必人為，那麼，教育就能達到最完美的境界。我們必須注意的是，盧梭所主張的「自然」，並非放縱。的確，造物主賜給人類一種非常神祕的「自然」天性，如能發揮此天性去教導孩子，孩子就能享受幸福又快樂的童年生活。首先，嬰兒應該是吸母乳的，造物主安排母親於產後「自然」地分泌乳汁，以應嬰兒之需，這真是巧奪天工的設計啊！母親為什麼不順從「自然」的指揮，而要拂逆其意旨呢？男人就沒有這種自然特徵，所以，盧梭把養育嬰兒的工作重擔交給了母親。他在《愛彌兒》這本教育小說上提到：「孩子的第一度教育是最

爲重要的，而負責人就是母親，這是毫無爭議的。假如造物主把此責任歸給男人，祂就會給男人乳汁來餵孩子。事實告訴我們，父親在生理上，確實是沒有此現象。因此，養育孩子的責任，母親大過於父親。」

其次，由親自哺乳及親自養育子女的過程中所孕育的母子之情，是人間最美的一幅畫面。如果，這些工作假手於他人（像：僱用保母代勞），則會產生下述兩種後果：

(1) 保母以己乳來餵哺一位非親生子女，很難滋生出一種天然偉大的母愛情懷，她很可能草草了事以節省精力；看管孩子時，「假如純任孩子自由活動，需要費精神密切注意，不如放在屋角圍住，即使孩子哭叫也不打緊，反正只要不疏忽做爲一個保母的責任就可以了。」【註4】親生母親跑到大都會享樂去了，她哪裡知道孩子像一袋衣服般地被圍在一角呢！

(2) 假如眞有一位慈祥的保母能給予孩子無盡的呵護及情愛，那麼，母子親情可能會轉移而發生在保母與孩子之間。這種關係若持續下去，會剝奪了親生母親和孩子之間的感情。等到有一天，母親發覺此種狀況時，會產生一股莫名的嫉妒、羞慚或不滿，因此，她必然努力去糾正，但這一來已經養成了習慣，要糾正頗爲費時費力；二來母親爲了要贏回失落的親子之愛，極可能在孩子腦中灌輸不當的觀念——她希望子女以「主人」的地位去看待保母，因此，母親會千方百計地對孩子說：「保母只不過是我請來照顧你的人。」

盧梭大聲疾呼，懇求母親應該自己養孩子，有孩子的家庭是多麼地愉快啊；「看不到孩子在跟前的母親，是比較不受人尊敬的。」【註5】養育子女的意義是無可比擬的，怎可拱手讓給他人，由他人代爲養育呢？善良的保母很可能會代替了親生母親的位置，減低了子女與母親之間的感情；至於粗心大意或心地不良的保母，孩子很可能受盡折磨。嬰兒是既無助，又不善於表達，讓這麼弱小的小生命受盡摧殘，我們於心何忍？曾聽說有些保母爲了要讓孩子安靜，在奶粉中放安眠藥；爲了使孩子不吵不叫，就以衣物包紮其口；稍微不聽話，

就尖聲吼叫或責打，此種養育方式在嫩弱的心靈中早已埋下了委屈及仇恨的種子，長大以後要他心理正常，的確是難乎其難了。

　　盧梭的勸告及建議提醒了做媽媽的，雖然不能全天候養育自己的子女，但總應撥出部分時間來與孩子相處。教育孩子是絕頂重要的工作，「不幸，這種工作卻遭時人及古人的忽略。」【註6】其他職業可以放棄，但可別放棄親自養育自己的子女，尤其是做媽媽的！

## 二　學前經驗影響一生

　　盧梭一再建議做母親的人，一定要親自養育她自己的子女，不要把這種重責大任輕易地委託他人。盧梭之所以如此重視母親與子女之間的關係，乃是由於他自己的親身遭遇所帶來無可彌補的缺憾。盧梭生於一七一二年，他的母親因為生育盧梭而喪失了生命。盧梭在他的著作《懺悔錄》（_Confessions_, 1781）中，曾感傷地說：「我的誕生是我的第一次不幸。」

　　盧梭的母親是一名牧師的女兒，書香世家，教養良好，而盧梭的父親是日內瓦的錶匠，社會地位當然比不上女方家庭，在如此門不當戶不對的狀況下，盧梭的父母雖然彼此情投意合，卻有重重困難。好在盧梭的母親有一位弟弟愛上了盧梭父親的一個妹妹；後者向前者提出一個條件，要是盧梭的父母不能結婚，那麼，他倆也就要「告吹」。「愛情終於使困難獲得解決，結果雙方皆能如願以償。」盧梭上一輩的這段戀愛插曲，就在他的心田裡，種下了浪漫狂想的自然主義種子。

　　但是盧梭的母親由於難產，終於與世長辭，母子從未謀面。盧梭的父親在早年喪偶的打擊下，痛不欲生，每當盧梭問起媽媽時，他總不會忘記告訴盧梭，就是因為生他的緣故，才奪走了母親寶貴的生命。

　　有時父親擁抱我時，那種痛苦的悔恨夾雜著對我的憐愛，使我倍感親切。他對我說？「Jean Jacques（盧梭的名字），讓我們來談

談你的媽媽！」「好啊！但你知道，那會使我們痛哭一場的。」說完後，父子倆早已熱淚奪眶了！【註7】

　　母親的書房及外祖父家中都有豐富的藏書，雖然母親已不在人間，但盧梭父子經常在晚飯後，到書房裡閱讀有趣的書籍，有時竟然忘了睡眠的時間，直到第二天清晨，麻雀的吱吱叫聲才使他倆知道長夜已過。對他的父親來說，盧梭不只是他的孩子而已，甚至是他太太的化身。往往，他希望從盧梭的一舉一動中看到亡妻的影子，並從盧梭身上彌補愛妻所遺留下來的空白，因此父親對盧梭愛護有加。

　　但是這種快樂的童年卻無以為繼，不久，他的父親被控謀殺罪而潛逃離開故鄉日內瓦，盧梭遂托寄在舅父母家（不過此時期已不屬於「學前教育」階段，故本文按下不表）。雖然，盧梭在六歲以前失去慈母的呵護，但是，與父親一起生活在懷念母親的氣氛裡，使他滋生出對母愛的憧憬與思慕。

　　母愛終究與父愛不同，缺乏母愛的人雖然得到父愛的關懷，但終究無法完全取代。加上「母子連心」的生理事實，和親自餵喂乳所孕育的親情，以及甜蜜柔和的說話音調、散發著母愛的眼神、充滿鼓勵與喜悅的女性笑靨、嬌嫩雙手的愛撫，這些母親所具有的感性物質，絕非父職所能給予。盧梭是一位非常感性的思想家，由於出生時即與母親永訣，此種心理創傷影響了他一生的感情和婚姻生活。

　　其次，盧梭幼年喜讀他自認有興趣的書籍，這與他日後上拉丁學校接受所謂的「教育」大異其趣。因此，盧梭在他的教育小說《愛彌兒》中，把「讀物」比為「毒物」，使得世人誤以為盧梭恨書本入骨而強烈反對讀書。事實上，盧梭本人讀過許多書。看過盧梭作品的讀者，可以從盧梭的著作中發現，盧梭經常在文中引用古人名言。盧梭所討厭的書，是那些索然無味、枯燥又了無意義的書。盧梭於稚童時期，就喜歡研讀自己喜愛的書，奠下了他日後為文及發表自己獨特見解的基礎；也由於「學前」出自於自由意願的讀書習慣，與日後上學訴諸逼迫的背書及寫字行為，形成了強烈的對比，使他說出「愛彌兒

即使到了十五歲還分辨不出左、右手，或不知左右手如何寫法也無關緊要」這種主張，可見童年經驗主宰了這位思想家一生的觀念。由盧梭童年生活的簡單描述，我們不得不特別注重母愛及學前教育的重要性啊！

### 三 教師的職責——研究兒童天性

在盧梭大唱「返回自然」的主張中，提出「消極教育」的要求，而使得許多人誤以爲「教育無用」，因爲既然一切順應自然，則兒童的所作所爲都任其發展，毫無限制，唯一的限制就是「自然限制」，也就是盧梭學說所歌頌的「自然懲罰」（natural consequence）（詳後）。其實不然，問題的癥結在什麼叫做「自然」？也就是「什麼叫做兒童的天性」？凡是合乎自然，順應兒童天性的，就准許兒童去行動，反之就應予以制止。這種說法，也給教師或長輩一項任務，就是應該去探討兒童的天性是什麼？盧梭這項呼籲，在教育思想上有了鉅大的迴響，不少學者立即相應而從事「兒童研究」（child study）工作，並且蔚然成風，這對於學前教育理念內容之充實，的確是功不可沒。

讓我們舉出盧梭在《愛彌兒》一書中的數個例子，來說明兒童也不能任性而爲：

(1) 一位在「生理上」（天性、自然上）飢餓的兒童，經過師長「研究」之後，決定這位兒童依其生理需要，吃了八塊餅乾就足夠時，便不准他吃八塊以上的餅乾。盧梭在這時候所提出的是一種「自然教育」的「技巧」，其實也是「人爲」的安排——在盤子上只出現八塊餅乾。當孩子吃完八塊之後，因爲盤內已無餅乾（there are no more），所以他不會生氣與反抗，並且在生理上也已經滿足，他會很愉快的離開。這時，師長與幼兒之間兩相無事，且保持很和諧的氣氛。若此時師長提供的餅乾少於八塊或多於八塊，都是「違反自然」的行徑。少於八塊，他的生理發展就會延緩，多於八塊，對孩子來說是一種引誘，當他吃完八塊後，發現盤子裡還有餅乾，使得「慾

望」再起，想多吃剩下的餅乾。此時師長若發出命令：「你不能再吃了！（You can't have one!）」兒童則會心生不滿與反抗【註8】。所以兒童只能生活在「必定的自然」（necessity nature）之中，教師「指導」兒童，也受「必定的自然」所引領。自然的定律指示我們，兒童吃八塊餅乾，是當時兒童在生理上的「必然」，因此「限制」了老師只能供應八塊餅乾給兒童；而兒童也受到「生理」上的「必然」限制，只能吃八塊餅乾。師生二人都受限於「自然」，二者都無法逃出「自然」掌握之外，自然就是二者的教師。換句話說，教師教導兒童，自然又教導教師，因此，「自然」是兒童和教師的教師。

盧梭在這個舉例之後，接著說「雖然兒童只願做自己喜歡的工作，但他也只能做教師准許他做的活動。」【註9】教師先了解何者是兒童的「必然」（necessity）需求，何者不是。兒童之需求，若在「必然」的範圍內，就准許他，超出此限之外，則不可答應。如果師長主動提供超出兒童「必然」的需要（如在上述例子中提供八塊以上的餅乾），那是一種錯誤，也是一種罪惡，「必然」會造成不可收拾的後果。盧梭認為兒童天性皆善，至於會「為惡」，就是在類似此種狀況下，大人所給予的「引誘」所造成的。如果大人縱容孩子需索無度，還讚美孩子此種縱「欲」行為的話，則種下了其後「為惡」之因。

盧梭認為此惡源來自大人的唆使或慫恿，而孩子是無辜的。英國哲學家羅素（B. Russell, 1872～1970）則認為孩童天性也有「狡猾」（cunning）成分【註10】，放縱不得。這兩位思想家認為「惡」的本源雖有天壤之別，但盧梭也深知縱容孩子，非「自然」所允許。

(2) 孩子的需索應適可而止，止到「自然」所容納的範圍之內，否則孩子會得寸進尺。「首先要你手中的拐杖，然後要你的手錶，最後是飛過的鳥，閃耀的星星。」然而「你又不是上帝，又如何能滿足他一切需求呢？」【註11】「你知道造成你孩子不幸的最好方法是什麼嗎？那就是讓他為所欲為，既然他的滿足過於容易，他的欲求就逐漸增加，總有一天，你的權力丟了，逐漸逼迫你最後非得使出拒絕的手段不可。」【註12】俗語說：「天底下沒有白吃的午餐」，兒童不

費吹灰之力就平白地獲得滿足，他的欲望無窮，除非是萬能的上帝，否則又怎能樣樣迎合兒童的需求呢？不少父母爲了「孝順」兒女，處心積慮的爲孩子著想，不讓孩子吃一點點苦頭，卻願孩子坐享其成。結果孩子的指揮心態早已養成，固執加上權力欲的運作，終至不可收拾。這就是大家所熟知的「溺愛」。你可以滿足孩子玩你手中的拐杖，至於手錶是否也如同拐杖般可以讓兒童玩耍，那就得多加考慮了。當兒童提出要求，希望大人去抓飛過的鳥，去摘天上的星星時，那已是「無理取鬧」，而非「自然」狀態，此時大人面對這種「小暴君」，就應採取堅定、不妥協、不予理會的態度。在「兒童至上」的主張裡，盧梭並不贊成兒童爬到成人頭上大加放肆。他說：「治療或防止此惡習，只有一法，那就是『不予理會』。無人要作徒勞無功的努力，孩子也是如此。儘管孩子在欲求上是固執的，但假如你比孩子的固執更爲堅持，他們就會減弱力道了。」【註13】大人基於「自然」的考慮，在此關鍵時刻，他必須狠下心來，即令孩子哭叫、吵鬧、需索不休，也絕對不能讓步或妥協。若「不予理會」稍有放鬆跡象，或因疼惜孩子而心軟，那就一發不可收拾。第一次「不予理會」半個鐘頭，兒童在近似撒野行爲的尖峰下屈服後，其內心就開始打退堂鼓了，事實上他已向大人投降。如果大人此時竟然不明究理，示意要討好兒童，則原先堅持的三十分鐘，不只前功盡棄，且造成兒童另一種印象，認定以後只要持續不懈的作同樣或份量更多的「無理需求」，大人就會屈服。相反的，如果大人心如鐵石，堅持固守地盤，使兒童無法越雷池一步，兒童自會知難而退。第二次，他的無理要求，就會減少時間與次數，最後，只要他所提出的要求是不合乎「自然」的，大人只需一聲回絕，兒童就絕對不會再任性的吵鬧不休了。

　　大人不可過於短視，只求平息兒童當前的哭泣，就隨意答應兒童的無理要求；因爲一時的安靜，將帶來更多的哭鬧，如此一來，豈不是咎由自取嗎？「愛流淚的孩子，假如他不是因爲病痛，也不是因爲深受壓抑，那麼流淚就變成習慣上的行爲而已。這不是合乎自然的行爲，而是保母（大人）的行徑所造成。保母不知如何按捺孩子的不

時需求，結果使孩子的要求增加許多。她一定沒有想到，為了使孩子今天安靜下來，卻不知已鼓勵孩子明天多哭一些。」【註14】其實，孩子如果是無理的哭鬧不休，原因就是大人還在關照他，還與孩子保持若即若離的關係，或者讓孩子看出（孩子有敏銳的觀察力）大人的軟化的跡象。要是擺出一副「不予理會」的姿態，孩子哭久了必然會累，累了也就睡著了，或者分散他的注意力，引起旁的注意對象，而終止他的「幼稚行為」。對於兒童的哭泣，大人實在不必太過操心。但是關鍵所在，就是對兒童的心性，有必要事先研究一番。

盧梭同意「賢明的洛克」（the wise Locke）【註15】對兒童教育所作的註解——「寬不得、嚴不得」。對孩子太寬，孩子遂變成小主人、小霸王或小暴君；對孩子太嚴，孩子變成小奴隸。【註16】這些都不是該有的教育成果。那麼，到底孩子的教育應該如何執行？重點之一，就是要先了解兒童的心性，然後順著天性，依教育的正確指標去做。不過這樣大的課題，並不是輕易可以了解的，什麼才是兒童的自然需求或天然本性？自盧梭以來，教育思想家殫精竭慮地研究和探討著，而「能夠真正掌握精髓者，大概要具備超人的感應能力。」【註17】工程很艱鉅與浩大。

## 第三節　自然教育的真義

盧梭首先明言，所有文獻及著作中，最為有用的，莫過於如何把人塑造好【註18】。換句話說，就是如何教育人；或者說，兒童如何接受教育。盧梭認為在此最大工程的問題上，他的一以貫之之道就是自然教育。

但是「自然教育」到底是什麼？依盧梭的著作將「自然教育」作邏輯解析，大概有三個部分：一、自然的「發揚」部分；二、自然的「中性」部分；三、自然的「壓抑」部分。茲分述如下：

# 一　自然的「發揚」部分

　　如上文所述，兒童的教育價值，就是自然應該「發揚」的部分。我們單從觀察就可以知道，兒童「天性」中的好奇心特強（智）、活動力特盛（體）、也最天眞無邪（德）。這種「自然天性」若不是經過後天人爲不良環境的阻止或妨礙，應是會充分得到發揚的。這也就是其後教育哲學家杜威所強調「生長」（growth）的本意。杜威所說的「生長」是能夠「繼續生長」的意思【註19】。「繼續」不只是因量或因質的維持現狀而已，還有「豐富」（enrich）原先狀況之意。停滯不前，非「生長」的眞諦。所以生長具有往前（forward）與「往上」（upward）的傾向。盧梭的「自然」也充分顯示出自然的「價值」意義。動態的觀念、好奇求知的「本能」，以及返樸歸眞的本性，乃具備高度的教育「價值」。

　　盧梭提出三種教育方式，即「自然」、「人」及「事物」。「自然」指人體官能及機體的內在發展；「人」則指「教導吾人使用此種發展」【註20】；至於「事物」，則是從自然中獲取的具體經驗。由此可知，「人」及「事物」都環繞在「自然」的四周，沒有超出自然的範圍，自然賦予人的就是「自然人」，自然附於事物的就是「自然事物」。自然人運用自然事物（即感官對象）來發揚「自然」，這就是自然的本意。

　　在西文的「自然」（nature）一詞，含有造物主或上帝之意，也就是中國的「天」。在盧梭的思想裡，自然含有道德上的善、美學上的美，及知識上的眞，所以具有強烈的規範意味。自然人才是眞正的人，是沒有受污染、扭曲或敗壞的人。恢復人的本位，強調人的尊嚴，正是自然人的眞正面目。「自然人是完全爲自己而活的人，非爲他人而生。在數字上他是『整數』，是絕對的完整……。相反的，文明人只是『分數』，他依分母而存在，他的價值決定於他與整體之間的關係。」【註21】

　　恢復做個純眞的人，也就是不失自然的人，就必然有人性尊

嚴，有獨立自主的心態，以及壯健的「天然」身材；其餘一切則是附加的，不是很重要的。悲慘的是，在過去的文明社會裡，不僅不讓「人」發揚他的「自然」面，還處處予以壓抑與摧殘。一般人不只將焦點放在人的「職業上」，忘了這人本身就是一個「人」；還費盡心機地來毀滅人的自然天性。這就是盧梭動筆痛詆文明社會的主因。他說：「我的學生將來職業是軍人、牧師或律師，我都不在乎。但在他接管父親職業之前，應先懂得從事一種自然的職業，也就是人類的生活。生活乃是我想教他的職業……，他不是官員，也不是軍人或牧師，他首先就應該是個人。」【註22】

　　以兒童的天性為例，正值好動的年齡，卻處處要他肅靜，時時要他沉默；這種來自於大人的約束，並不是符合自然的人性啊！「大人啊！發揮人性吧！這是你的第一職責！對任何年齡的人，任何狀況的人，任何不與人疏遠的對象，都得發揮人性。試問除了人性之外，你的智慧又是什麼？……你們當中又有哪一位會因在那段歲月中，嘴唇上有笑意及心靈上有和平而感到遺憾呢？為什麼你們要這些無邪的兒童失去那段稍縱即逝的時光，搶走他們很珍貴也不知如何誤用的善良天性，為什麼你們在孩子這段早期且又匆匆一去不回的歲月裡，給他們的竟然是痛苦？」【註23】在盧梭當時的歐洲社會，上流家庭的子女受繁文縟節所制約，說話行動都依大人模樣；而下層階級的子女由於一貧如洗，他所受物質之折磨及精神之虐待，更慘不忍睹。即令在其後的時代裡，情況也沒有稍見改善。《孤星淚》、《塊肉餘生記》、或《孤雛淚》等小說，把西方兒童之悲慘遭遇，描述得淋漓盡致，試問這種兒童還算是「人」嗎？大人們目睹此狀況而不思改善，這算是「人」嗎？「自然」的人不是那個樣子的啊！

## 二 自然的「中性」部分

　　自然的「中性」部分，即指無善無害部分。對於這一部分現象的產生，成人不必憂慮；時間久了，「自然」就會消失。此階段出現在兒童身上的一些言行，等到他年歲漸長，即不復見，因此大人不必

耿耿於懷。例如：小孩喜歡玩水、泥巴、沙土，無法靜止較久時間，喜歡吃糖果等，這些大人「覺得很不妥」的表現，都可以靠時間來解決。不要以大人角度來衡量小孩，「卻應以小孩立場去考慮小孩」【註24】。小孩偏愛穿的衣服，或適合於小孩穿的衣服，都有其階段性，他長大之後，就會自然的調適過來，不會再著迷於童年時的喜愛。大人不必等不及，因為「贏得時間，不如失去時間」。關於此點，盧梭直言無諱地說：「我敢於提出最重要又最有益的教育原則，那就是與其贏得時間，不如失去時間……。人生最危險的年齡是出生到十二歲……。這段時期，心靈還停留在盲目階段，看不到你遞給他的火炬，也無法跟從理性在廣闊的觀念原野上開出一條通道來，該通道太隱晦，即使最好的眼睛也看不出來。」【註25】俗話說「欲速則不達」正是此意！但是時下不少家長都希望孩子不要「輸在起跑點上」，一副猴急式迫不及待的模樣，簡直是在摧殘幼苗！

此種情況下的教育，就是「由他去吧！」大人若想殷殷告誡，誡之以「理」或嚴厲禁止，都是事倍但功不及半的耗費心神。一方面兒童無法理解成人為何禁止的大道理，再方面又基於自然需欲，蠢蠢欲動總要找機會發洩。防是防不了的，但因此造成長幼之間的緊張與不安，是非常不值得。

畫出地盤供兒童玩樂吧！那是兒童的王國，大人站開一些，看得慣或看不慣都不用插手，那就是兒童步入成人的必經（自然）過程，通過這階段，他就不會對這樣的事流連忘返，有時甚至還會不屑一顧呢！洛克也說：「凡是他的年歲漸長之後就可以改正的，或者不致養成惡習的錯誤，則目前的行為，無論具有何等令人不悅，都可以不必加以譴責。」【註26】成人如不能設身處地的用過來人（自己也曾經是兒童）的身分去欣賞或同情兒童，至少也不應干預兒童在他們的天地裡自得其樂一番。如果大人用武力來禁止兒童的一舉一動，認為兒童的所作所為一無是處，則兒童也會用異樣的眼光來評價成人社會的技倆與行徑，他們同樣會認為成人社會的言行一無是處。假若兒童的力道大過成人，他們亦會用手鐐或鎖鍊將成人圍困起來。試想，這

不是頗爲滑稽的畫面嗎？所以不如准許兒童自由，讓他們「海闊任魚躍，天空任鳥飛」的逍遙自在。盧梭說：「我所給予孩子的自由，可以彌補我讓他暴露在各種環境中所造成的微小不適。我看到小淘氣在雪中玩，全身冷得發紫，凍得發麻，手指幾乎不能動彈。沒有人阻止他求暖，但他不要。假如他被逼迫非取暖不可，則他因此所受的限制之嚴屬性，百倍於他所受的冷（刺骨之痛）。此時他想受這種苦，我們又有什麼話好說？而我們卻不願讓他暴露在此種令人不舒服的狀況中，我們究竟該不該讓他嘗受此種禁止約制之害！以目前隨性玩耍的情形來說，我們讓他自由，是爲他好；爲未來而言我們不願他著涼而事先作了預防，也是爲他好！假如他有機會自行選擇的話，你以爲他會遲疑片刻？」【註27】這段話是再清楚不過的了。

兒童時代，由於生理使然，免不了以自我爲本位，同情心或慈悲心還未萌芽，而喜愛異性之情也非兒童期之特色，至於宗教情操或理性之運作，更非兒童期的特徵。大人若急切地要兒童一如大人般的表現，那就誤解了人性，也違反了自然。

### 三 自然的「壓抑」部分

有些發乎天性的作爲，是不符合自然，甚至有害自然。對於此種情形，「自然」會自動予以限制，不必假手人爲。這叫做「自然懲罰」說。盧梭的自然論，認爲整個大自然本身是有秩序而且條理井然，如果出現了拂逆大自然規則的行爲，自然就會予以懲罰，教育一定得順從這個大自然。人爲教育如還有發揮之餘力，只不過是要多了解大自然的運作是什麼，以便使教育上的各種措施都按照自然程序去運作。大自然力不可擋，人類又如此渺小，因此不要作螳臂擋車的不智舉止。順應自然、返回自然，是盧梭最響亮的教育座右銘。

「自然」不只是個「實然性」（is）的存在，還是個「應然性」（ought）的實體。兒童的行爲如不合乎自然，自然會給予約束或規範，大自然本身是個主宰，它不會任由人類在它的天地裡破壞自然或與自然作對。自然所施於人類的痛苦或快樂，就帶有強烈的獎懲作

用。人類去苦求樂，也就是大自然賦予人的天性之一。基於此種原則，兒童行爲就有了明確的指針。

脾氣壞的孩子破壞任何他所摸到的東西，不要生氣，將他可能破壞的東西移走，不要讓他摸到。他破壞了家俱，不要急著又去添置新家俱，讓他感受到沒有家俱時的不便，他打破了房間的窗子，就讓風日夜吹進來，不必擔心他感冒。因爲他得感冒總比他的狂癲好。不要因他引起你的不便而發牢騷，卻應讓他先感受到自己所造成的不方便。最後，你把窗子修理好，但仍不說半句說。他如再度打破窗子，此時方法就要變了，簡短但不生氣的告訴他：「窗子是我的，我辛苦地把它裝上，我要保護這個窗子。」然後你把孩子放在一間無窗子的暗室裡。此時，他面臨此種新情況會開始哭叫，沒人理他，不久他累了，音調也變了；他懊惱了、嗚咽了、呻吟了。一個管家來了，這個叛逆者請求放了他。管家竟毫不掩飾的予以拒絕，且說：「我也有窗子要保護。」然後就走開了。最後孩子在房裡數小時後深覺疲倦，卻記憶深刻。有人向他建議，如果他保證不再打破窗子就准許恢復他的自由。他不說什麼只請求你去看他；你來了，他向你作了保證，你立即接受，並向他說：「這是頂好的想法，對我們倆人都有好處，你爲什麼不盡早有此念頭呢？」然後不必等候他宣稱他要堅守諾言，你就以愉快心情擁抱他，立刻帶他到他的房間，且把雙方的同意約定，看成如同宣誓一般的神聖及不可違抗。孩子在這種方式下所養成的責任、信心，是多麼的好！你以爲如何呢！？如果地球上一個未受過污染的孩子，經過這樣的管教，還會有意的去打破窗子的話，那麼我願意承認我錯了！【註28】

這段話的部分例子是經常被引用的，自然給人們方便，破壞自然就會帶來不便。當兒童破壞一些東西時，大人也不必刻意移走孩子所要打破的東西，如同盧梭所建議的一般，孩子自然會感到不便。沒有正常的人會做出對自己不利的行爲。比如說，撒謊有什麼「自然後

果」呢？「以後說眞話也沒人信」【註29】。既然沒有人希望生活在「別人都不相信自己所說的話是眞的」之環境中，所以他就不敢說謊了。

至於孩子若遲到或睡懶覺因而不能遵照諾言準時赴會，那就讓他「發現我已經走了」【註30】。這種現象也是自然懲罰的一種。其實還可以「以其道反治其身」，也就是下一次讓他久等，讓他領會自己久等別人的滋味，到底是痛苦還是快樂？因爲由自己去領會得到的教訓，才是最可貴也最實在的規範。這是自然的鐵律，法律上最簡明扼要的規章就是如此，比如說「約法三章」的「殺人者死，傷人及盜抵罪」；或如古代埃及法典所言「以眼還眼，以牙還牙」（an eye for an eye, a tooth for a tooth）——你瞪我一眼，我也瞪你一眼，你就會知道你瞪我一眼該或不該；你咬我一口，我也咬你一口，你就知道你咬我一口的行徑對或不對。盧梭也說：「老大的搶走小的鼓，自得其樂；更大的搶走老大的鼓，也自得其樂。」【註31】

盧梭這種「自然懲罰」論，在「制裁」（sanction）學說中頗具重要性。根據學界分析，行爲之遭致「制裁」大抵分爲兩類，(一)是內在制裁（internal sanction），(二)是外在制裁（external sanction）。內在制裁就是良心制裁，也是主動自發的制裁，那是徹底的制裁。外在制裁有四種：(1) 法律或政治制裁，如上述「法典」；(2) 宗教制裁，如「善有善報惡有惡報，不是不報時候未到。」或「舉頭三寸有神明」等；(3) 輿論制裁，如風俗習慣及眾人之品頭論足等；(4) 自然制裁。盧梭的自然制裁說之優點不少，比如說大吃大喝就會拉肚子，變天了還不填加衣服就會感冒等，不管你的身分是達官顯要、王公貴族或販夫走卒，一律公平毫無差別待遇；而且具有普效性，一定會應驗，只是時間的遲速而已；另外也不會造成情緒上的問題，受懲罰者是心甘情願接受，不會怨恨「大自然」，而只會錯怪自己的不是【註32】。

但仍有不少學者批評「自然後效說」的不足，其中最有名的莫如主張良心制裁的德國哲學家康德（I. Kant, 1724～1804）。康德指出

自然懲罰所造成的因果雖屬「必然」，但有時因為時間拖得太久，致命行為者不知因果之必然關聯。比如說，做了一件壞事之後，報應並不是立即出現，卻要歷經數年甚至數十年才慢慢顯示出來。此時，行為者早已忘了肇禍之因；並且許多人「等不及」自然所施予之報應，因為太過緩慢，實在不是速效。盧梭也警覺到此種理論的缺失，所以多次舉例要「加速」自然懲罰的出現。不過，大前提是不能違背的，大前提就是「順應自然」。

　　愛彌兒在隨著盧梭旅行途中，踏壞了農藝師栽種的花苗，農藝師於是義正辭嚴地教訓他一番【註33】；看到魔術師以磁鐵吸引假鴨子游水【註34】，愛彌兒因揭穿其底細而大受魔術師的指斥，這些都是行為的後果未及自然懲罰階段而以人為因素提早讓它們出現的顯例。教育，尤其是崇尚自然的教育，主要功能可能就在於此。不施以人為，純讓自然去運作，也會變成相同的結果，只是時間可能延遲數千年或數萬年都不一定。昔日中國人也許大受「自然」之教訓，才知悉「同姓相婚，其族不繁」的後果。這樣的古訓，也不知是累積了多少歲月的實驗及案例，終於讓人民覺醒，絕不可親上加親，否則人種會絕滅或者是生出惡形怪狀的後裔。自然的鐵律是相當無情而絕不寬宥的。

　　絕對的「自然」論，應該是一切純任自然；當兒童之需欲也是一種自然的需欲時，就完全按照兒童的需要去進行活動，如果此種需欲是正當的，則讓他滿足才是恰當；如否，自然本身也自會予以制裁。盧梭說：「只要孩子做他所想做的，他不久就會做他所應做的。」這種說法倒是「自然說」始末的一貫之論調，自然這個「事實」（is，即需欲），與自然這個「價值」（ought，即應該）二者合一。只是盧梭太樂觀了，他以為二者之連貫，時間只是「不久」而已。這在某些例子上是如此（比如說暴飲暴食的立即後果），但也有許多狀況並非如此（比如說教育常常是「百年」才能「樹人」）【註35】。近代的學者在這方面的爭論頗多，不過這已屬於教育哲學範圍，俟有機會再作評論【註36】。值得稍加一提的是，中文裡「正常現象」，就

是「自然現象」；而「正常」的語意，含有「價值上的應然」。可見「自然」本身就是一種「價值」。而事實上，盧梭的「自然」包括許多「人爲」因素，因爲人也是自然界當中的一部分；在他的「自然懲罰」論中，也含有不少「人爲懲罰」，從上面所列述的例子當中，以及愛彌兒在青春期愛戀女友蘇菲不肯捨她而去，但盧梭硬要「暫時」的給男女雙方一陣子的「拆散」或分離，就可知盧梭心目中自然教育的旨意。雖然自然當中含有人爲，那種人爲應未牴觸自然，人只不過是替自然發號施令，幫助自然而使兒童更能在當時或是未來領會自然，人仍然只處在自然的範圍中行動而已。這種「人爲」的「自然」，是經過研究之後才進行的。也就是說，自然的眞意更能爲人所掌握時，人爲才能與自然相互搭配；但是人仍受自然的主宰。所以盧梭的理想人物就是「自然人」，他的宗教看法也就是「自然神」（Deism）的理念了！

## 第四節　出生至二歲

　　《愛彌兒》一書把生長時期作了與康米紐斯不同的劃分。康米紐斯是以六年爲一階段；而盧梭《愛彌兒》一書的五章中，第一章說明出生到二歲的教育，第二章敘述二歲到十二歲的發展，第三章則描述十二歲到十五歲的生長，第四章則把重點放在十五歲到二十歲的人生活動上，最後一章則提出他對女子教育的主張。盧梭這種分法，顯然比康米紐斯更具生理學及心理學依據。他以會說話作爲嬰兒期與兒童期的分界線——會說話以前（二歲）屬嬰兒期，會說話以後屬兒童期；他認定十二歲到十五歲是人的第二次再生，因爲這段時間即現在所稱的「青春發動期」，是影響人生的一段狂風暴雨階段，不可忽視。本節及下節擬扼要說明盧梭對於學前教育的一些重要觀念。

## 一　在自然環境下生產並育嬰

嚴詞譴責文明社會而歌頌自然生活的盧梭，希望母親懷胎將近生產時，應該住在鄉下。他勸告孕婦分娩時不可急忙返回都市，「城市是罪惡的深淵」，「鄉下具有一種再生的力量」。因此生活應力求返樸歸真，「尤其是那些要自育子女的媽媽」【註37】。

分娩後，將嬰兒置於溫水中洗滌，水中不必摻酒，熱水也並非絕對必要。許多人在淡水或海水裡替初生兒洗澡，也一樣安然無事。讓他慢慢習慣於用冷水洗澡，即使是在夏天或冬天裡，也都可用冰涼的水洗身體【註38】。盧梭的此種觀念，與洛克的說法不謀而合。

孩子出生之後，不應有任何的拘束，不戴帽、不穿皮帶、毋須裹衣，只包以寬大的尿布，就可以使肌肉及身體獲得充分的自由。養孩子的人都該知道，冷風不但不會傷害孩子，還可使嬰兒強壯；熱氣會使人體孱弱，對孩子尤其不利。不要使用搖籃，否則對孩子有害。盧梭此番說法，是希望孩子從小就能習於忍耐痛苦，如此，體內自會產生一股抵抗力，可以不畏風寒；而推動搖籃，使孩子過度舒適，也是不妥的，因為當你不搖它時，孩子也許會吵鬧不休，可是照顧的人若成天搖搖籃則會感到疲累，或無法從事其他工作。此外最引以為憂的是孩子藉由哭鬧來控制成人去搖搖籃，這是品德上的重大缺陷。一位健康自然的孩子，是不必搖動搖籃就能夠入睡的。靠搖動搖籃才能安靜入睡的孩子，可能在身體方面有病，或者被保母搖慣了，已養成向大人「示威」的習性。這二者極有可能是互相連貫的，身體軟弱（weakness）也許就是為惡（wickedness）的根源。「孩子會作壞事，乃因他體弱，使他強壯他就會行善。」【註39】健康的孩子活潑、積極、進取；健康的胎兒不也是在母胎裡沒有搖動而安全地窩居十個月嗎？

## 二　生病時不必急著找醫生

吾人肉體有病，本身就會自行治療；若是靠時間即會慢慢恢復

健康的疾病，不必請醫生自然就會痊癒，自然就是最好的醫生。而靠時間無法治癒的病，會導致死亡，這時就連醫生也束手無策。依盧梭的見解，醫生實在沒有存在的必要。「在治療疾病上，吾人所受的折磨，大過於我們忍受疾病的痛苦，耐心的依自然行事吧！人不能免於一死的，但你一生只會感受一次；醫生卻天天帶死神進入你困擾的想像中。」有些病的確可以經醫生之手醫好，但卻要忍受醫療中的長期痛苦；有些病經醫生的診治之後，也未見好轉，卻產生許多後遺症。「有知覺的人，不必押這種機運太少的彩券吧！」【註40】盧梭時代的醫術沒有現在高明，但即令現代醫學進步甚多，預防總是勝過治療的。有些人常與藥罐為伍，那是小時候開始，稍有小恙就須吃藥打針；像這樣，連最基本的生活享受都被剝奪，又如何像個幸福的人生呢？經由自然的磨練而活過來的小孩，都是體質健壯的。「孩子在出生的頭幾年，身體大都比較脆弱，也容易生病，而八歲以前，死亡率幾乎高達五成。經過種種生活的考驗，兒童獲得了力量；當他運用生命力時，生命的本質就越來越堅實了。」【註41】靠打針吃藥以維生的人實在痛苦不堪，人生怎能還有樂趣？「賢明的洛克費了一生的部分時間研究醫學，卻強烈地建議，不要給孩子藥物作為預防，身體稍有不舒服，更不用服藥。我更要說，絕不請醫生，也不為愛彌兒請醫生，除非他的生命已明顯的處於險境，因為那時醫生也不會作出比殺他更壞的事出來。」【註42】

　　自然人是不需要醫生與藥物的！原先自然就賦予胎兒及嬰兒一股生機盎然的活力，足以克服生理發展所遭遇的不適或病痛。大人絕不可因兒童稍微流鼻涕就趕緊多加衣物，不使他冒風寒。「十年無醫生的生活，比接受治療中活三十年的人，自己及他人都認為活得更多。」【註43】嬰兒身體機能的衰退，以致身體孱弱，大人實在應該負最大的責任。盧梭的這番體認，是來自於自己的親身經驗。一七五三年，他在《懺悔錄》（Confessions）一書上記載著自己從小就有閉尿症，但旅行和鄉下生活使他無意中逃脫了醫生的診療而獲自癒。「這個發現，使我下定決心捨棄醫生及藥物，要嘛就是（自然

的）恢復健康，要嘛就是死掉。所以我已向醫生及藥物永遠的道別了。我開始每天規律地過著日子。身體不適、不能活動時就靜靜地待著不動；一有體力，就外出走走。」【註44】許多身體不好的人，一旦到鄉下「靜養」一段時間後，就又重新有了旺盛的體力和紅潤的面容了。

## 三　哭

哭是剛出生嬰兒的重要表現，在還不會說話之前，哭也是嬰兒表達意見的唯一方式。但是盧梭卻發現嬰兒的哭，更是暗含玄機，成人不可不慎；因爲如果處理不當，後果將頗爲嚴重——不是造成卑怯的小人，就是造成小奴隸。我們看盧梭如何洞悉個中奧妙：

小孩是哭著從娘胎裡出來的，嬰兒時期也把很多時間都花在哭上。大人因此忙得團團轉，我們撫慰孩子使他安靜平和；有時則威脅他或打他，使他不作聲。我們不是取悅於他，就是要他取悅於我們；我們不是屈服於他的願望，就是要他屈服於我們的願望，除了讓他提出要求或接受要求，沒有第三條路了。因此孩子學到的第一個觀念，不是命令，就是服從。【註45】

成人因此落入進退維谷的兩難（dilemma）困境中。打他，孩子養成卑怯性格，且種下反抗種子；盲目地順從他，又植下了放縱及喜歡宰治他人的性格。

### 1. 打也不是

孩子哭時，他是不舒服的，他不知如何滿足自己的某些需求。最好是成人在找出他的需求時，能提供需求以便使他滿足。但若找不出需求，或提供不出需求，孩子就會持續不斷地哭；有人因而厭煩，乃以撫慰方式來使他平靜，或搖動搖籃，或唱歌讓他入睡。若他仍哭個不停，則令人無法忍耐。暴躁的保母就威脅他或打他，這可說是孩子

進入生活以來的奇異經驗。

我從未看過一個因哭泣而被保母打了的孩子，會立即安靜下來；他如果靜止不哭，我相信那是被恐嚇的。看到這情景我自言自語地說：這會形成卑怯性格，這方式除了使孩子擁有奴隸性格之外，別無所得。但我錯了，想不到這個不幸者因忿怒而窒息。他停止了呼吸，我看到他臉上發紫；不久，乃發生尖叫聲，所有忿怒的表徵、生氣，以及屬於這個年歲的失望，都夾雜在尖叫的音調中，我擔心他這麼激動會死亡。我本來懷疑，天性是否有公正或不公正的觀念，但光是這個例子，就足以使我心服。我確信，孩子的這種反擊，遠超過孩子在偶然機會中，硬要抓住一把滾燙的餘燼而引發一場大火的危險，來發洩別人對他的侵犯所造成的不滿。【註46】

## 2. 不打也不是

孩子的第一滴眼淚，是發自對成人的請求而來的；如果大人一不小心，那麼請求就會變成命令。孩子從中得到的助力就是要大人服侍他。從他自己的軟弱——依賴感的來由——就生出統治及指使的觀念【註47】。

那麼，應該如何解決這種兩難的困境呢？盧梭的說法仍然萬變不離其宗——要研究兒童的需求是否根據自然。千萬別不分青紅皂白的只顧方便行事，一個巴掌就解決問題，或順兒童之欲而變成兒童的工具，使兒童專斷、蠻橫、倔強，肆無忌憚的性格於焉形成。別讓兒童拿眼淚當武器，否則「眼淚竟然有這麼多好處，又何必吝惜使用呢？」【註48】

在「哭」的處理中，從小就應養成只讓孩子在自然需求有所欠缺時才准哭的習慣。成人也只提供兒童自然的需求，超過自然的範圍，都非幸福人生所應為。而一個人的欲望如控制在自然需求的限度之內，他將感到非常滿足。只有需求無度才會造成不幸。總而言之，

「不要反抗自然所定的鐵律」【註49】。

## 四　嬰兒的表達方式

### 1. 哭是嬰兒的語言

嬰兒還不會說話，他的「話」就是哭，聲音洪亮而意義也豐富。盧梭提醒大人不要因為習慣了成人社會的語言，而疏忽了嬰兒哭聲所代表的各種不同的表達意義。只有善加體會與觀察，才能知悉嬰兒各種哭聲所代表的各種自然需求。例如尿布濕了、肚子餓了、身體疼痛了，其哭聲皆有差別。有經驗的保母都能在聽見嬰兒哭聲時，立即判斷嬰兒的需求而予以回應，並且還能十分一致的與之對話。雖然保母以「話」來與嬰兒的舉動作溝通，但那些話對嬰兒是無用的，嬰兒並不靠「話」的文字意義來領會，而是依「話」的音調來了解【註50】。我們經常看到作媽媽的對著嬰兒喃喃耳語，事實上，嬰兒對於大人唇邊所發出的語言，是不懂其含義的，嬰兒的自然發展，還未到此階段。

### 2. 姿態表情也是一種語言，這叫做身體語言（body language）

盧梭發現嬰兒身體的一切表現，更富有動態意義，尤其嬰兒面部表情之變化多端，非但令人驚異，也相當迅速，幾乎很難察覺。有時露出的是微笑、期望、恐慌，但卻如同閃光一般的瞬息而逝。「倒是他遲鈍的眼睛並沒有告訴我們什麼。」【註51】也就是從嬰兒眼睛裡瞧不出他的喜怒哀樂，這點倒是與大人不一樣。

盧梭的這種描述，在當時的教育著作中是比較細膩的。當然，其後「兒童研究」風起雲湧，如果我們看看近代兒童心理專家對嬰兒期孩子的觀察——如皮亞傑的研究（詳後），則盧梭的說明就顯得有點粗枝大葉了，但是開創兒童研究之功，卻非盧梭莫屬！

# 第五節　二歲至十二歲

　　盧梭以說話作為二歲以前及二歲以後的分水嶺，是具有相當意義的。二歲以前，屬於「嬰兒期」（Infancy），二歲以後，就是「兒童期」（Boyhood）了。「說話」開啟了兒童非常遼闊與優雅的空間，他的自我因說話而擴展，他的心智也因與他人可作較方便的意見或觀念之溝通，而有了突飛猛進的改變。兒童期是人生的黃金時代，也是吸收外界經驗最為重要的時期，此一階段的教育，在整個教育過程中是相當重要的。福祿貝爾也認為兒童學會說話，是人生中絕頂重要的階段。他說，嬰兒從不會說話到會說話所邁的這一大步，比一位普通的學生變成牛頓，所要邁的步伐還大【註52】。

　　到了十二歲，一般而言，孩子又進入人生另一重要領域。所以盧梭以二歲到十二歲作為一個段落。在這一期間內，教育工作者應仔細研究如下數端：

## 一　學習語言

　　二歲左右，兒童的發音器官已漸成熟，在這裡，盧梭提出他的下述看法：

### 1. 鄉下生活較有利於兒童的語言發展

　　他說，城市孩子說話的流暢度，較鄉下孩子晚了許多。並非二者發音器官不同，而是由於二者練習狀況不同所造成。「在我窗前有一塊小丘，當地小孩聚在那兒玩，雖然離我有一段距離，我卻十分清楚地分辨出他們所說的話……。每天我的耳朵都誤導我對他們年齡的判斷，我聽到的是十歲兒童的聲音，但我仰頭一看，姿態及個子都是三、四歲兒童。這種經驗並非我所獨有，城市的朋友來看我時，我也請他們試看看，結果大家都犯相同的錯誤。」

「怎會如此呢？城市的兒童在五、六歲時，因爲生長在屋內，且在監護人之呵護下，只要輕動嘴唇，別人就想盡辦法去猜測；只要稍微張開小口，別人就努力去聽到底他要說什麼，反覆練習的機會又少；加上陪他的是同一人，由於太關心孩子，結果只在揣摩孩子說話，孩子根本就不必說什麼。在鄉下，情形就不同了。農婦不可能常與孩子在一起，孩子勢必學習如何清楚且大聲地說話，以便使媽媽知道他在說什麼。在田裡，孩子散在四周，遠離父母親以及其他兒童，因此練習著如何在遠處也可以使他人聽到他在說什麼，在廣闊的空間中說話音量要大，別人才聽得清楚。這就使得一個孩子知道如何學習發音，而不是單單在聚精會神的管家耳朵中，口吃地說幾個母音即可。因此，一個鄉下農夫的孩子被別人問話時，羞怯可能是阻礙了他回答的原因；但只要他一出口，都說得極爲清楚；而城市的孩子就需要女傭當翻譯了，否則別人不知他從牙縫間咕嚕些什麼。」【註53】盧梭將城市的孩子與鄉下的孩子在學習語言上有如此重大的相異原因，作重點式的解析，實在鞭辟入裡。當然，說話的第一任務，就是希望別人聽懂。在這方面，力倡鄉下自然環境凌駕於城市人爲社會的盧梭，又有了一個支持其論點的例證。

## 2. 以話代哭

會說話的孩子就不准許他再用哭來表達。盧梭說：「當孩子開始說話時，他們就少哭了，這是自然的進步，一種語言已取代了另一種語言。一旦在他們有痛苦時能用語言表達，則又何必哭呢？除非痛苦太甚以至於無法用語言形容。假定兒童繼續哭個不停，那就是因爲大人的錯了。當愛彌兒有一次哭著說：『我痛』，那已顯示出疼痛甚巨，迫使他非哭不可。」【註54】

當孩子學會說話時，就應儘量給予練習機會，告訴他用語言來換取哭聲或其他姿勢，並且鼓勵孩子說清楚及完整的話。萬一此時孩子仍習慣以哭來作爲訴求，大人就絕對不能因此就範。就如同上面所述，孩子若「毫無所求的哭，那麼就讓他覺得哭是無益也無效果。我

立刻要斷絕他們這種資源。一聽他哭，我就不到他那兒；只有不哭我才去。不久他就知道，要我去的方法就是安靜，頂多哭一聲即夠，孩子會以哭的效果來衡量哭的意義……。當他只有一個人時，他是很少哭的。」【註55】二歲以前還可以哭，二歲以後就不應該再哭了。

盧梭又發現，伴著說話的學習，兒童也同時開始學會吃東西（不必餵奶）及走路。以教育的觀點來說，說話的重要性大過於其他。

## 二 掃除零故障的保護措施

孩童自學習走路後，他的活動範圍增加，難免會發生一些危險。不少家長或成人以保護孩子的立場來防範孩童的各種意外，殊不知此種行徑，已不符合盧梭自然教育的旨趣。盧梭說：「保護愛彌兒免於受傷的這種關注，我並不十分同意！卻反而認為如果愛彌兒從來未曾遭受傷害，或在成長過程中從不知什麼是痛苦，這倒令我苦惱及擔心。吃苦是應該學習的，也是他應該知道的。孩子由於年幼及體弱，因此在遭遇這些痛苦時，應該不會造成重大傷害。比如說孩子掉下來，是不會跌斷腿的；他用棍子打自己，也不會打斷手腕；若他攫取一把刀，他也不會握得太緊，更不會把自己割得太深。我不知道一個孩童在自然狀態下會殺他自己，把自己弄成跛足……。除非大人粗心大意的把他放在高處，或把孩子獨自置於火邊，或將尖銳工具放置在他可以拿到的地方……。別以為孩子在遭受第一道傷痕時就認為他已死去；看到他流第一滴血時就以為他已昏厥！」【註56】

在自然狀態中，孩子是不會發生有死亡之虞或不可救藥的後果的。相反的，會產生不可彌補的傷害，都是大人造的禍。孩子從不到三尺的高度掉下來，難道會腦震盪嗎？除非他從高樓大廈（人為建築）上跌下來；而且孩子的生長力強，破了皮或流了血，何足大驚小怪呢？倒不如准許甚至鼓勵孩子自由遊樂。「與其置孩子於陳腐空氣的屋子內靜坐，不如讓他每天在田野中漫跑，越多越佳。那種方式，他就學到如何加速成長。自由之利可以彌補許多傷口。我的孩子將會有許多瘀傷……。孩子傷痕少，他們一定是被禁錮的，被鐵鍊鎖住

的，且經常處在憂鬱狀態中，我懷疑後者之利大於前者。」【註57】
盧梭的文字難免有過分誇大之處，但衡諸事實，他的說法也不無道
理。

　　臺灣有一些幼兒機構，標榜富有最昂貴的設備以保護兒童在遊玩
跑步時絕對不受一絲一毫的皮肉之傷。比如說牆壁沒有稜角，又安裝
上彈性的墊子；且空氣調節到讓大人小孩都覺得相當舒適的程度。食
物的清洗及營養成分之估計，都合乎兒童生理的需求而分毫未差。換
句話說，兒童的一切，悉數控制在人為環境之中。但是除非整個宇宙
都是如此精心設計的，使得兒童步出此種人為環境之外，也走入另一
人為環境，否則孩子在這種幼兒教育機構接受教育，將會是個很不健
康很不幸福的孩子。曾有消費者組織抗議兒童遊樂場所的水泥滑板太
過粗糙會傷及幼兒皮膚或屁股。其實這些都是「天下本無事，庸人窮
操心」。

　　保護太過分，是希望兒童絕對不會遭遇傷害，即令小傷害都不
容許發生。這種設計，猶如零故障的機器一般。但是即令機器都不
可能達到零故障的完美程度，何況人呢？並且為了減少甚至根除孩童
之危險而所作的努力，是令人厭倦的。食品商業界打出一種兒童奶粉
廣告，星期一到星期日七天各有不同種類與性質的奶粉分配給孩童飲
食，實在是把簡單的兒童生活予以複雜化，真是多此一舉，且毫無實
質意義。

　　果真造成傷害時又當如何？「別心慌」，盧梭認為兒童所受的
肉體痛苦不大，但是他目睹大人那種氣急敗壞緊張兮兮或一副大難
臨頭的模樣，因而在心理上烙下了焦慮與不安，才是揮之不去的痛苦
陰霾。「假如他掉下來，頭腫了、鼻子流血了、手指割破了，雖然我
因此警覺，但絕不在他旁邊驚慌失措，我保持冷靜，至少在短時間內
是如此。傷害已造成，忍痛是必要的。我的手足無措更使他害怕，增
加他的敏感度，基本上，捶打的痛苦所造成的傷害，小於因恐懼而造
成的心理煎熬。至少我會減少他對後者的焦慮，他會以我的反應作為
他受傷嚴重程度的判斷，這是十分肯定的。假如他看我激動的跑過去

想安慰他、可憐他，他會以爲完蛋了；假定他看到我泰然自若，他就立即重新擁有自己，並且相信傷害是可治療的，而不再覺得痛苦。就是在這段年齡中，使他獲得第一種勇敢的教訓，忍小痛而不恐慌，以後就漸漸地學會忍大痛。」【註58】看完這段話，洛克的「論叢」觀念，又昭然若揭！

不少家長一看孩子不愼跌倒，就大叫道路沒有鋪好，還歸咎於他人的推擠，並顯示出一股憤怒的樣子來呵護孩子，孩子也表現出楚楚可憐模樣。成人這種做法，會使孩子行爲乖舛，把過錯都推在他人身上，這種怪罪於別人的觀念一旦養成，將是品德上的重大瑕疵。

### 三　兒童期是理性睡覺期

對孩子講「理」是洛克的中心思想，盧梭雖然服膺洛克的兒童教育主張，但在這一點上，二者卻各持己見。他開門見山的指出：「與兒童講理，是洛克的偉大格言。此格言今日大爲流行，不過它的風尙卻不能使我想去建立它的聲望。對我而言，沒有一件事比用理太多的小孩更愚蠢的了。人的全部能力中，理性是所有能力的整合，是最困難也最晚出現的，爲什麼要過早發展孩子的理性呢？良好教育的要旨乃在培養一個講理的人，他們也說要用理性培育學生，這是把末放在本之前、把產品置於工具之先了。如果孩子了解理性，他們就不用你培育了。」【註59】在這段話中，盧梭的意思非常明確，理性是頂重要的，但是孩子未到發展理性的時候，就不應對他用理性。

(1) 盧梭舉了一例以說明孩童時期不要用文字的說理方式與兒童爭辯，否則他們會習於語彙上的炫耀：

教師：你不可那麼作！
學生：爲什麼？
教師：因爲那麼做是壞事。
學生：壞事！什麼是壞事？
教師：禁止你做的事，就是壞事。

學生：禁止我做的事就是壞事，指的是什麼？

教師：你會因不聽話而遭受處分。

學生：我會處理得沒人知道。

教師：總會水落石出的。

學生：我藏起來。

教師：人家會質問你。

學生：我就說謊。

教師：你不可以說謊。

學生：為什麼？

教師：因為說謊是壞事。……【註60】

這就是邏輯上所說的「丐詞」（begging the question），把問題當答案，又把答案當問題，形同「繞圓圈」而無法加添新意義。就如同上述的例子，師生如此一問一答之後，又回復到原來的問題上，對問題的解決毫無幫助。

(2)「理」比較抽象而且間接，非兒童的領悟力可及。所以盧梭也非常反對「寓言」式的教學。顧名思義，「寓言」有「寓」藏的深意，學童不明就理，經常取寓言的外表而不能深究其「寓」意。當兒童真要應用寓言時，他們的表現就與寓言作者的本意完全背道而馳；比如說在「烏鴉與狐狸」這個童話故事中，學童所喜愛的，竟然是狡猾的狐狸，而非忠厚老實的烏鴉；孩子嘉許狐狸用腦筋想盡辦法把烏鴉嘴上早已入口的奶酪騙出來【註61】，這已經失去童話寓言教學的原意，甚至不是「教育」而是「反教育」了。但這是不能深怪孩子的，應指責教育的程序「本末倒置」。

本來寓言教學含有濃厚的道德教訓意味，只要「深一層去想」，良好的寓言的確是適當的教材。但是問題在於孩童階段還未及「深一層去想」的地步，大人如欲給兒童一種道德上的約束，不必拐彎抹角，應該以乾脆的直言告之。若有兒童的行為不妥當，必須予以禁止時，就語氣堅定的說「不」，而不必再說「為什麼」。並且「讓

『不』一旦說出口，就猶如銅牆鐵壁一般，兒童使出力氣去攻擊，頂多五、六次之後，就沒有意圖去推翻它了！」【註62】如此又何必徒費口舌在文字上，與兒童你來我往呢？

盧梭痛恨當時歐洲尤其是法國的死板文字教學方式，即令幼童也難免遭殃：大人每每搬出一套兒童尚未能領會的大道理來訓誨兒童，所以他不願愛彌兒重蹈覆轍，只希望他在童年發展他的四肢，充分接受自然的教育，「感官教學」而非「理性推論」，乃是兒童教育的全部。「以學童不解的文字說詞塞滿學童的頭腦」【註63】這就犯了大忌；獲得知識的唯一來源，如同洛克所說，就是經驗，尤其是感官經驗。感官經驗取之於自然，來之於自然。「哲學的第一主人翁是我們的腳、我們的手、我們的眼睛；以課本代替這些，等於不是在教導我們的理性，卻是要我們運用別人的理性；雖然教導我們許多事，但是我們卻不知許多事。」【註64】切記，理性萌芽之前，只以感官印象為主。「環繞孩子四周的，都是物理世界。」【註65】依盧梭之意，如果「理性」教學指的是在孩童感官經驗所及的範圍內，給予孩童實際例子予以開導，則他也會同意於洛克所呼籲的了。

《愛彌兒》一書風靡歐洲學術界，由於筆調犀利，用字造詞頗富煽動性，堪稱教育史上對傳統教育的積弊，產生猶如秋風掃落葉的作用。即令當時法國學界的巨星伏爾泰（Voltaire, 1694～1778）與他見解大有出入，不時的攻擊盧梭，卻也不吝嗇的指出《愛彌兒》——「這部拙劣的小說，其中也有五十頁值得用摩洛哥皮革予以裝訂。」【註66】保守之士及衛道之徒指斥不遺餘力，認為「他在教育上沒有推展半步，他的構想如果是正確的，也多半來自洛克；至於屬於他自己的，不是錯誤就是誤導。觀念荒謬，影響當然是既有害且反動。」【註67】不過，這種無情的非難，並無減低盧梭在教育史上的地位。兒童教育工作者實在應該深入閱讀該書。《愛彌兒》這部教育小說自出版之後，各種外語之翻譯甚多，中文先有魏肇基的譯本（商務），但文筆不佳，且不完整。最近中國李平漚於北京商務印書館出版的《愛彌兒》（上、下冊，1986年），譯筆流暢，且屬全譯，可供讀者

參閱。

　　盧梭之後，實踐他教育理想的實踐家陸續出世，但對他的女子教育主張，則不少女性教育家群起嘩然，感感訝異與不可領會。英國女權運動者Mary Wollstonecraft（1759～1797）於一七八六年出版《女子教育思想》（*Thoughts on the Education of Daughters*），一七九二年又寫了《女權之維護》（*A Vindication of the Rights of Woman*），斬釘截鐵的認定男女兩性不是如同盧梭所說的「互補」（complementarity），互補是「不平等」（inequality）的。男剛女柔，男強女弱，男陽女陰，男外女內，男上女下，甚至男唸理工，女學文學美術，男重理，女主情等，這些都是傳統留下來的刻板印象，不是天然的「實情」。父嚴母慈，更是數千年累積下的觀念，「柔順的太太一般來說是愚蠢的媽媽！」（Meek wives are, in general, foolish mothers）（*Fifty Major Thinkers on Education*, 71）。即令到了二十一世紀的今日，男女田徑賽、游泳、網球、足球、排球、棒球、壘球等競技，都男女分開計分；就平均現象來說，是女無法勝過男。但此種男子稍勝一籌現象，到底是「天性」使然，還是後天環境的訓練所造成，頗難有客觀又科學的實驗可以證實。至於有些女子不服輸，還想在男人天地裡與之拼鬥出突出的健身肌肉，若看在男人眼裡，有噁心之感，這或許也是中了傳統遺毒吧！

　　大唱「人性本善」的盧梭，犯了基督教會最無可寬恕的大忌。一七六二年盧梭花了不少篇幅在《愛彌兒》及《民約論》（*Emile, Social Contract*）兩書中提出本性即善的主張，立即遭到查禁，巴黎教會當局下令逮捕，焚書，日內瓦也跟進，咸認兩書都是「頭殼壞掉的、惡名昭彰的、褻瀆神明的，企圖毀基督宗教及一切政府。」盧梭並不因此退縮，反而激起了他的倔強性格。次年他提出答辯，重申「所有道德的基本原則……乃是人類自自然然的，且是一種善良的東西，喜愛秩序及正義；人的原本並無什麼邪惡（no original perversity in the human heart）。並且人性的第一種運動，通常都是對的。」（ibid, 55）

　　設想人類歷史上如有一種時代，所有的人只有孩童存活，皆無大人或年輕人在，則不知那時的孩童社會將會成為什麼樣子。人的幼兒期比其他動物長，人一出生，若無大人的照顧，則存活率將遠遜於猴子或小雞。現在的人群社會中有老人、成人、年輕人、孩兒、嬰兒。至少，「大家」都受一套由過去的成人所制訂的「成規」而活，成人中有超凡入聖的哲學家，高瞻遠矚的思想家，要不然，他們也會搬出「神明」、「上帝」等來要大家就範。不知若世界只存在著兒童，兒童之中是否也會出現超群的精英，由他（她）們制訂法規或準則要大家一起過有秩序且朝向真善美的目標邁進。二十世紀是兒童的世紀，瑞典的愛倫·凱（Ellen Key, 1849～1926）這句口號，風起雲湧的鼓動了不少新式的學校設立，歌頌兒童的自發自動、兒童自治、自我立法、自我司法、自律等名辭紛紛出籠。英國的尼爾（Alexander Sutherland Neill, 1883～1973）在倫敦辦的「夏山學校」（Summerhill），就是最典型的代表。這所實驗性質的學校，還收容有臺灣的學生。該校的「管理」，都由師生一起開會決定行為準則，校長或老師，如同孩子，票決時也都「票票等值」。只是若其中有一孩童不認帳，則罰則又不知是什麼？「成長」有賴時間，這是不錯的，但「船到橋頭」會「自然」「直」嗎？又有誰敢保證大自然都是趨善止惡呢？小孩要聽大人的，大人聽誰呢？大人中有「聖人」「哲學王」啊！小孩中有「孩子王」嗎？

　　「我相信利用權威來要求作任何事都是錯的，孩童自以為想做才做，孩子該自有意見。」（*Sumerhill*, Harmondsworth: Penguin Books, 111, 1968）

　　歌頌「自由」也是「自然」的盧梭，只是個思想家，但受他影響的人一大夥，其中直接興學以實踐其理想而引發全球注視連臺灣都不例外的，尼爾是首選。

　　尼爾是蘇格蘭人，是家鄉附近的學校教師，他也在該校就讀，十四歲畢業後作了二年工作，於一八九九年成為校長助手，後入學於愛丁堡大學（Edinburgh University）專攻藝術，一九〇五年畢，主修

卻是英文學。在一蘇格蘭公立學校教十二年書，一九一七年入伍，戰後成立一新式實驗學校（King Alfred School），一九二一年成為《新教育伙伴》（*New Education Fellowship*）主編Mis Ensor的助手，時間雖不長，卻使他投入新教育的實際工作。

一九二一年受邀參加在德國的Dresden一所進步式學校當成員，一九二三年該校轉到靠近維也納（Vienna）的一所廢棄修道院，由於當地人民反彈，一九二四年他返英，開始自辦學校，取名Summerhill，進行革命式的教育實驗工作，名聲大噪，雖註冊孩子不超過四十名。一九二七年搬到離倫敦約100哩的Leiston（in Suffolk）。一九七三年Neill去世，由第二任妻子Ena經營，一九八五年，Ena退休由其女Zoe承接。我在1990年時與政大教育系教授黃炳煌率領一群大約三四十位由臺北縣國中小校長、主任，及教師的參訪團赴該校，由她向我們作簡報並回答問題。

一九一五至一九七二年撰述清晰及直截了當的理念共二十冊，最具影響力的就是*Summerhill*，先在美問世（1960），後來一九六二年在英出版，一九六八年有企鵝平裝版（Penguin Paperback）。首章即開宗明義的指出：「我們開始創辦一所學校，校內我們允許兒童自由自在，免除所有約束，所有指揮，所有建議，所有道德訓練，所有呆板教學。」絕不逼孩子學習，上課完全持自願式的，任何年齡皆如此。只有自願學習，才具任何價值，孩子自己也知道什麼時候他們準備就讀（緒）。

兒童的幸福，只有在他們自由時才能享有。多數不幸，乃因內在的敵意，那是外在的壓抑所產生，這是大受弗洛伊德（Sigmund Freud, 1856～1939）的影響。孩子內心存恨意，不敢公然向父母或權力之士表達，乃把恨意轉向內，成為恨自我，反社會傾向開始明顯。「問題兒童」（Problem Children）現象遂生。Neill說Summerhill收了許多此類的孩子，他們也在該校獲得救治。幸福是一種「內在感受」（an inner feeling），有平衡感，對生命滿足。傳統教育重視知能（intellect），忽略情緒，結果是記得許多事實而已，卻無生命

感。「學校應重心而非頭」（Hearts not head in the schools），這也是一九四四年他的一本書書名。

傳統課程也有，但並不注重，美的領域較受垂青。藝術、手工、舞蹈、戲劇等可以培養創見力，想像力。一方含有治療效果，一方也給學業表現較差者有機會大展長才。

他堅信人性本善，四十年來此信念沒動搖過，幾乎是最終的信仰。孩子天生是聰明的、現實的（Wise and realistic），因之德育及宗教教育不需要。該兩種教育，反而把孩子教壞了。相反的，若無這兩種，壞孩子也會變成好孩子。

「自由的孩子渴切面對生活（命），也勇敢的面對生活（命）。一點都不需上帝。」因之處罰，大可不必，處罰帶來了恨。社會行為若有「劣行」，如「霸凌」（bullying），則由眾決定，一人一票，連校長也只一票，方式是罰錢（a fine）或算是一種罪過（penalty），如把錢袋交出來，或不准看電影而已。

創校五十年之後，他才看*Emile*這本名著，卻頗不滿意，因為*Emile*只在由他的導師設置或規定的環境中才自由。Summerhill也是一種設定的環境（a set environment），但那是成員團體（Community）作的決定，而非「一位導師」（the individual tutor）。

### 功過

1. 適合於外向型的孩童。

2. 自由（freedom）及縱容（licence）之區分，二者有別。

3. 孩子較具獨立性、不怕生，與長輩或有權者相處，較自由自在，也較有寬容度量。

4. 孩子「真」能自理一切，若成人都消失，孩子王國不知會變成什麼樣；在摸索中或錯誤中長大嗎？代價如何？

一九九九年三月，OFSTED（教育標準局，Office for Standard in Education）來督察，提出許多建言，該校回覆，若採用該建言，則立校的哲學概念全失或折衷。二〇〇〇年三月，法院判決，該校可以

繼續營運,基本原則不受影響。【註68】

綜合言之,尼爾的夏山學校有下述三大特色:

## 1. 自由（free）

一九二一年建Summerhill位於Leicester,Suffolk,England。收五至十六歲兒童。住宿性。「當我太太與我首先建此校時,我們有個主要用意,學校要適合於兒童（to make the school fit the child）,而非孩子適合於學校。」【註69】（*Summerhill, A Radical Approach to Child Rearing*, N.Y. Hart, 1960, 4）學生第一優先,然後才學校,學生當主人翁。

權威挾以懲罰,令孩子懼怕,不得埋怨、反抗、批評,這是傳統教育的寫照。在Summerhill中「放棄既有的紀律、導向、建議、道德訓練、及宗教等等」（ibid）。

孩子穿著什麼、住居如何、說什麼話、玩什麼事、口出什麼言、咒罵、三字經、髒話、對神不敬,悉聽尊便,可抽菸、咬口香糖、吃糖果、手淫。當被問及兩校有何差別時,Neill說:「在我的學校的孩子可以說fuck（姦）這個字。蒙特梭利的孩子是不准的。」（A.S. Neill, *Neill! Neill! Orange Peel!*（N.Y. Hart, 1972, 339）

報紙稱該校是「你喜歡做什麼就作什麼的學校（do as you please school）」,粗野又原始性的結集。Neill說:「我認為用權威要求的都是錯的（that to impose anything by authority is wrong）」「只依自己的意見」才做。他本人是創校者,但在校內與師生平起平坐,身分如同孩子,他就是Neill而已。一切依自然來定奪,大人也會有「自然的權威,但也在他的笑話、坦誠及交談中的平實舉止中沖淡。

一次我請一位十四歲的男孩來,與他交談一下,他剛到校,是從一所典型的私校轉來的,我注意到了他的手指是尼古丁黃色,我從口袋裡掏出雪茄交給他。「謝謝」,他結結巴巴的說:「先生,我不抽菸。」

「抽一根吧！你這個該死的騙子（You damned liar）」我微笑的說，他取了一根。在私校，他因偷竊而被開除。「聽說你是會耍詐術的（a bit of crook）。什麼是挖走鐵路局金錢的最好辦法。」

「先生，我從未嘗試過要挖走鐵路局的錢！」

「喔」我說：「沒有作過，你必須試一次啊，我們有許多策略。」我告訴他一些，他張口驚視（gaped）。（*Summerhill*, 35-36）

創校之前，尼爾本人是個iconoclast（打破偶像者），深信人人都犯有過錯性（human fallibility）。在一九三四年的 *The Problem of Child* 一書中（1934, 217）說：「沒有人好到足以告訴別人如何生活，無人聰明到足以引導別人的步伐。」（No man is good enough to tell another how to live, No men is wise enough to guide another's footsteps）在自然的環境裡，孩子就能夠自然的長大成人。

但自由之活動，不能擴大到危及個人的安全、或讓生命陷入險境。不要求一個六歲大的發燒孩子決定出門，也不要求一位疲憊不堪的孩子要不要上床休息。他禁止孩子爬上屋頂，也限制玩槍以及造成傷害的武器使用。六個小孩有個救生員在才准游泳。十一歲以下的孩子不准單獨在街上騎車，後兩項規約，來自孩童自訂，在「學校大會」（Genenal School Meeting）宣誓遵守，那是該校的最高權力單位，即立法及司法。因為是所有孩子參與的會，因之他們享有的自由度，不減反增。而該大會的「週六晚會」（Saturday Night General School Meeting）規定社會及團體生活規約，師生每人一票，票票等值（質）。前主席指定後主席主持開會，申訴、控告、建議，或新法規皆可提出，每週開大會之教育價值，比上一週的學校科目還來得高。

咒罵（Swearing）是否可經立法而予以禁止。Neill說一有錢富婆拒絕送她的孩子入校，因學生說出咒罵語言。有些笨蛋（fathead）在有錢人家長面前說出咒罵語言，使學校收入受損。Neill希望立法不准孩子說出咒罵的語言，但一位十四歲孩子說：「Neill的話好無聊（is talking rot）。顯然的，若該富婆因之震驚莫名，她就不會相

信Summerhill的所作所為，即令她把孩子帶來入校了。但若這位孩子
首次返家而說出『該死』、『下地獄』（damn or hell），她也會把
他帶走離校。」大會同意他的看法，Neill的提議沒通過。（*Summer-hill*, 48）

　　學校是有功課的，但若學些無用的科目，則是一所壞校。Sum-
merhill的學習，都是學生自願的，上不上課，悉聽尊便。有一女生三
年不上課，平均從「厭學」（lesson aversion）回神過來的時間是三
個月（125）。不上學者儘在玩或騎車，肯上學者參加國家考試，成
績都優秀。孔子說「十有五而志於學」。尼爾的學校，學生開始奮力
讀書之時間，大概比孔子早一年（十四歲）。費二年功夫，就可以
克服並趕上一般學校的學生學八年的時光（125）。教育應偏重的層
面，該是affective emotion（情感）。

　　盡情的玩，但不可妨礙他人（*Summerhill*, 155）否則就是「縱
容」（license），溺愛了、寵壞了（spoiled）。


　　一位媽媽帶了七歲的女兒來我這裡：「Neill先生，」她說：
「我讀了你的作品，幾乎每個字都記得，即令Daphne未出生前，我
早就決定完全依你的方式來養育她。」

　　我向Daphne一瞥，她穿著厚厚的鞋坐在我的大鋼琴上，雀躍
式的跳到我的沙發，幾乎穿過發條。這位媽媽說：「你看，她是多
麼的自然。」我倒怕得很，感到報顏的說：「這位Neill的孩子。」
（*Summerhill*, 107）


## 2. 注重社會及道德上的「反應行為」（responsive environ-ment）

　　在這個社區裡，任何人不管是什麼身分，只要妨礙他人，則被害
者皆可抗議、埋怨、指責、反擊，此種「反應」（response），可以
使冒犯者知悉，他的行為犯了錯。

把最好的鋸子借人，卻發現該鋸淋到雨，Neill乃告訴鋸的主人，其後不可再借那種人。

一天，我剛入遊戲房，發現孩子聚在屋子的一個角落，另一角落則有一小暴力份子手持鐵錘，恐嚇要是有人靠近他，就要錘那個人。

我厲聲說：「停止下來，我的孩子，我們是不怕你的。」

他丟下了鐵錘，衝向我，咬我，踢我。

我靜靜地說：「你每咬我或擊我幾次，我也會擊回去。」我也真的做了。

很快地，他放棄了這場比賽，快速的衝出門外。

這不是懲罰，這是必要的教訓：學到一件事，即一個人不能攻擊他人來取樂。（Summerhill, 167）

Neill是大人，被小孩咬、擊，無什麼傷或什麼痛，他反咬反擊，孩子當然受不了。因為兩人之體力失衡，若同屬小孩，則雙方你打我鬥，勢均力敵，情況恐不如此樂觀。

一男孩嘲弄一新來的跛足者，其他小孩乃召集開一特別會，告訴那位罪犯者，他的行為引來「公憤」，學校不容許有惡行惡狀者（ibid）。懲罰方式大部分是罰款，把口袋的錢交出，罰期一週，或不得看電影。

以矛攻盾，是常有的處罰方式：

三個小女生打擾他人之睡眠

處罰：她們一週每晚上床要提早一小時。

二個男孩被控以向其他男孩丟泥土

處罰：他們必須載泥土去填平曲棍球場。

當秘書被控以未得允許就騎Ginger的車，他及其他兩個也騎車的職員，被命令推動Ginger的車環繞前草坪10次。（ibid, 51）「行為」（action, behaviour, conduct）與人（自我，self），二者分離，不是合一（selfdistance），雖然個人的行為透露出行為者之人品及個性，但「行為者」不一定就等於「行為」。行為者作此一行為，也可作別一行為，行為者作何種行為，是自由的，可以挑選的，可以做

這，也可作那。（129）把「壞孩子」這名稱帶在孩子身上，別人及自己就自認自己是「壞」的，洗刷不掉。把「壞」與「孩子」分離，「壞」行為只不過是孩子的行為之一，當孩子「知悉」行為是錯的，他就可以挑另一行為，該行為或許也是壞的，但也有好的可能。當新行為又是壞的，而他又知悉那是壞的，則他又可去挑。減少錯行為，則善行為就增加，最佳的方式就是「玩」（play）。不管是自玩或是團體玩，如投球，投錯了，投太慢，太遠、太晚等，他都會會修正。錯誤並不嚴重（不是大事）（big deal），但可從中了解自己的錯誤，「壓力低」（low-pressure），後果如何，自己一清二楚。

此種德育，自立規劃、自我批判、自己知錯的過程，就異於傳統教育了，尤其在Motessori學校，孩子本身的行為之自動性，有別於傳統學校之由師長「灌輸」或「傳授」德規。Summerhill也是，因此具有社會化意味（Socialization），全部都由孩子自己來，學校大會決定一切。如何處理用餐前的吵雜聲，有人參與，民主式的討論，產生社會責任感，人人都不是自我閹割或受了他人閹割（castrated）。

但並不一定要學生日後從政，在*Neill! Neill! Orange Peel*一書的243頁中說：「若有一個我的老學生成為英首相，我就會覺得本校的教學失敗了。」但畢業生在各行各業的各種社會團體都更自由、更負責，更具批判性。（132）

### 3. 提供一種支助的環境（a supportive environment）

預防（prophylaxis）勝於治療（therapy）。Neill自豪入校生本來有偷竊、說謊等不良行為前科者，來校後變好了。不接受他解析的個案病症，也因為「校風」自由而自然而癒。「一位新男生說髒話，我微笑的說：繼續說，說髒話不是壞事。因為像手淫、說謊、偷竊，以及其他社會不許的行為也如此！」（*Summerhill*, 254）「站在孩子這一邊」（Thon shalt be on the child's side），這是座右銘。施予愛，則孩童的童心自然生。不入虎穴，焉得虎子。孩子惡作劇行為若不惹他人厭，則讓他我行我素。他療治一名偷竊生的開始，就是與他合夥

去偷竊鄰居公雞，或搶學校「錢櫃」（*Summerhill*, 297）。讓孩子有被愛感，他就會自慚、羞愧、自責，則就會自愛，自我糾正。

　　無問題孩子，只有問題家長及老師。善用獎勵，少處罰或責罵，勿以大人標準衡量小孩。在校過七年的學生無一舛舛者或行為不檢者入獄、強姦，甚至反社會。是因為環境治癒了他們。信賴、安全、同情、少責罵、少評斷（*Summerhill*, 284），但治不了憂鬱恐懼症（claustrephobia）或自殘症（sadism）。偷竊食物、金錢、香菸、玩具，則Neill先是不只不罰且予以獎賞，猶如尿床一般的自然，正常的孩子都會尿床。

　　一女生偷一英鎊，學校三人小組看到她花錢買冰淇淋及菸，乃向她質問，該女生說：一英鎊是Neill給的，他們帶她到我處，「你給Liz一英鎊嗎？」抓住此情況，Neill坦誠直率的說：「是啊！我給的，有什麼好奇怪的，若出賣了她，她就永不信賴我了。我要證明，我都站在她這一邊。」（ibid, 149）

　　「正常」的孩子入校，都有一段反社會行為，因為內心藏有怕及慮，擔心失去親情之愛，一旦發覺Neill及其他大人的言行，就把壓抑的怕及憂慮發洩出來，因之短暫時刻的反社會而已。對剛入校的學生之行為，一切皆以寬容、忍耐待之。但在校較久的孩子如依舊有不良行為，Neill則予以反擊，不客氣。（139）

## ■ 附註

1. J.J. Rousseau, *Emile or On Education*, translated by Allan Bloom, N.Y.: Basik Books, Inc., Publishers, 1979, 33.

2. ibid., 43.

3. ibid., 43～44.

4. ibid., 44.

5. ibid., 46.

6. ibid., 33.

7. J.J. Rousseau, *Confessions*, translated by J.M. Cohen, Penguin Books, 1954, 19.

8. Rousseau, *Emile*, op. cit., 12.

9. ibid., 13.

10. 柳其偉譯，羅素教育論，臺灣：商務印書館，1967，166～167。

11. Rousseau, *Emile*, 87.

12. ibid., 87.

13. ibid., 69.

14. ibid., 69.

15. ibid., 55.

16. ibid., 48.

17. G.H. Bantock, *Education and Values*, London: Faber & Faber, 1965, 73.

18. Rousseau, *Emile*, op. cit., 33.

19. John Dewey, *Democracy and Education*, N.Y., The Free Press, 1916, 41～53.

20. Rousseau, *Emile*, op. cit., 38.

21. ibid., 39～40.

22. ibid., 41～42.

23. ibid., 79.

24. ibid., 80.

25. ibid., 93.

26. John Locke, *Some Thoughts Concerning Education*, (116).

27. Rousseau, *Emile*, op. cit., 87.

28. ibid., 100.

29. ibid., 101.

30. ibid., 中文譯本，157.

31. William Boyd, *The Minor Educational Writings of J.J. Rousseau*, N.Y., Teachers College Press, 1962, 67.

32. 吳俊升，教育哲學大綱，臺灣：商務印書館，1988，143。

33. Rousseau, *Emile*, op. cit., 中譯，104～107.

34. ibid., 中譯，225～230.

35. Bantock, op. cit., 97～98.

36. Israel Scheffler, *The Language of Education*, Springfield, Ill., Charles C. Thomas, 1960, 49～50. Also in Bantock, op. cit., 73～98.

37. Rousseau, *Emile*, op. cit., 59.

38. ibid., 60.

39. ibid., 67.

40. ibid., 82.

41. ibid., 47.

42. ibid., 55.

43. ibid., 55～56.

44. Rousseau, *Confessions*, op. cit., 363.

45. Rousseau, *Emile*, op. cit., 48.

46. ibid., 65～66.

47. ibid., 66.

48. ibid., 69.

49. ibid., 83.

50. ibid., 65.

51. ibid., 65.

52. Irne M. Lilley, *Friedrich Froebel, A Selection From His Writings*, Cambridge: Cambridge University Press, 1697, 139.

53. Rousseau, *Emile*, op. cit., 72.

54. ibid., 77.

55. ibid., 77.

56. ibid., 78.

57. ibid., 78.

58. ibid., 77～78.

59. ibid., 89.

60. ibid., 90.

61. ibid., 129～134.

62. ibid., 91.

63. ibid., 98.

64. ibid., 125.

65. ibid., 89.

66. Oabriel Compayré著，梁天詠譯，盧梭與自然教育。上海：中華，1939，62。

67. Quoted in F.H. Hayward, *The Educational Ideas of Pestalozzi and Froebel*, Westpoint, Conn: Greenwood Press, Publishers, 1979, 9.

68. 引自*Fifty Modern Thinkers on Education*, London, Rowfledge, 2001, 4.

69. Henry J. Perkinson (N.Y.U.紐約大學教育史教授)，*Learning form own Mistakes* (《從我們的錯誤中學習》*A Reinterpcetation of Twentieth Cenlury Educatronal Theory*. Greewood Press 1984.) 其下的資料皆從本書得來。

# 3 教育愛的實行者
## ——裴斯塔洛齊

裴斯塔洛齊
Johann Heinrich Pestalozzi
1746～1827

# 第一節　裴斯塔洛齊的教育愛

在教育史上能永垂不朽而為後人景仰的教育家有兩種類型，一是著有深邃的教育理論著作，能啟人深思、研究、批判或討論者，如盧梭；一是實際從事教育工作而精神感人者，如裴斯塔洛齊（Johann Heinrich Pestalozzi, 1746～1827）。這兩種人之中，尤其以後者的教育影響力較大。因為，一位教育工作者如具備有無比的教育熱忱，則所散發「教育愛」的氣氛，將能溫暖學童的心房，進而陶冶性靈、變化氣質。在西方教育史上，實行教育愛最具代表性的教育家，就是與盧梭同為瑞士人的裴斯塔洛齊。

裴斯塔洛齊早年喪父，由慈母呵護長大，他深深感受到母親溫柔的愛，因而醞釀出一種觀念──母愛的發揮最能表現教育的意義。他的教育小說《賢伉儷》中的女主人可以說就是裴氏的慈母，他不但以愛心與耐性糾正了小說中男主人的酗酒及懶散的惡習，還以她的一言一行與循循善誘，使村民個個勤奮、純樸、無欺。只有愛的滋潤，才可以使他人回心轉意而心甘情願地接受教導。這不是最好的「教育」嗎？

歐陸當時正值拿破崙鐵蹄蹂躪各國之際，瑞士當地充斥著浪跡街頭、孤苦伶仃的孤兒。當時也有一些機構，如教會團體及慈善人士所設置的孤兒收容所，但是由於主持人缺乏愛心及耐性，經常對這批不幸的兒童拳打腳踢，或採取嚴厲的打罵教育。所以，孤兒收容所非但不能改善兒童的悲慘境遇，反而更製造仇恨，試問在這種條件下，社會怎能和平與祥和呢？

裴氏有感於此，遂決心獻出其愛心來關懷這批為社會所遺棄的一群。他不但傾一生積蓄來從事教育孤兒的工作，更日夜跋涉，不惜千山萬水地向富豪貴族募捐。他說：「為了照顧四、五十個像乞丐的兒童，我幾乎也變成乞丐。」裴氏經常在日落西山時，仍然東奔西走地想盡辦法籌備金錢，以便為孩童購買麵包、牛奶。

　　裴氏一生充當孤兒的保母，數十年如一日，終生不疲。而裴氏在瑞士各地所設立的教養所，也因為顯出裴氏教育愛的特質散發著愛的氣息，所以他的兒童教育場所與眾不同，教育成效廣受大眾注意。不但瑞士政府派員觀察獎勵，日耳曼王后也親自誇讚裴氏的教育貢獻。其後英國、美國更派遣教育人員前來接受「裴氏教學精神」的訓練。他的影響力遍及歐洲並遠播至新大陸。

　　裴氏主張教師應特別關懷環境差的孩童。因為這些孩童本來已甚為不幸了，如果教師再予以忽略、冷落，則對他們是相當不公平的。裴氏認為教育愛的精神在於「付出」與「奉獻」，而不計較報酬。因此，他忙碌工作而無暇作學理研究，雖有著作，卻思慮欠周，他自承書中可能充滿錯誤，而請求讀者予以原諒，因為他三十幾年來無法看書。一個整天操心於實務推行的孤兒教育家，是無法分心去做深奧的理論探討的。但裴氏的教育愛卻為世人所崇敬，其墓碑上的一句話最足以描述他的教育精神：「Everything for others, nothing for himself.」（犧牲自己，服務他人！）就是這種教育抱負，使他的教育場所中，迷漫著一股引人的氣氛。

　　裴氏這種教育榜樣，使得其後辦理教育事業的人以及各國政府，特別著重教師應具備「教育愛」這個條件。也就是說，老師如果教學意願不高，就無法滿足「為人師」的要求。國民教育要成功，尤其當前教育要能上軌道，教師尤需具備「教育愛」。

## 一　教育愛的真締

　　大家都說教育工作者應具有「教育愛」，但什麼叫做「教育愛」，卻未必為教師所了解。

　　依大教育家裴斯塔洛齊的行誼來看，「教育愛」應包括兩種特色：一是教育愛的對象，是指那些教育條件較差的學童；二是經由教育愛的滋潤而提升了學童的價值。簡述如下：

### 1. 條件差的學童尤需教育愛

從教育的角度來看，所謂條件差的兒童有三類：一是貧家子弟，二是品學兼劣者，三是身心殘障者。這三類學生，本身遭遇已相當不幸，如果教師又不能以愛心、耐性對待他們，兒童的心靈會受到很大的傷害！試問家貧或殘障，是兒童自己應負的責任嗎？而品德不良，可能是兒童自小即飽嘗歧視與虐待，嫩弱的心靈受盡摧殘，又哪能身心平衡地發展呢！至於學業成績低落，一方面可能孩子本身資質不佳，另方面也許是師資水準差，教學方法拙劣所造成，也不該一味地譴責學生。

教育史上告訴我們，寒門子弟中優秀者極多，給他們相同於富家子弟的教育機會，則他們的才華就可展露無遺；而激發潛能的最大原動力，乃是「愛」。即使學生性格乖戾，也應諄諄告誡、循循善誘，只要經過父母溫暖的照拂，教師慈祥的關懷，必然能「浪子回頭金不換」。許多世界上頂尖的學者或一流的發明家，小時學業成績並不好，甚至多數還被評為劣等生呢！至於盲、聾而有傑出表現者，比比皆是，這是毋庸置疑的事實，而心理不健全的孩童，正顯示出他缺乏師長的呵護，這類兒童對獲得「愛」的渴望，更是十二萬分地迫切。作為一位教師，面對這類學童的遭遇時，卻不能掬出同情之淚或憐憫之情，那就「心如鐵石」了。這種「硬心腸」（tough-minded）的人是不配作「良師」的。只有「慈悲心腸」（tender-minded）的人才有資格指導「教育條件差」的孩子。

不幸，歷來多數教師，多半喜愛眉清目秀、家長有錢有勢的子女，或是品學兼優及身心正常的學生。其實這些學生早就很上軌道了，不必師長刻意奉獻愛心，他們就能夠獨立自主。倒是上述三類型的學童才急需師長的照顧。偉大的教育家裴斯塔洛齊有感於此，才以身作則地特別關愛那些不幸的孩子，希望藉此將教育愛的重點轉移到那些等待師長指導的學生身上，這才是「教育愛」的真諦。凡俗的愛，是對方條件越佳，愛的程度就成正比例增加；反之亦是。教育愛

恰好相反，是特別要去愛條件差的孩子，如此的愛才具神聖的教育價值。

### 2. 提升學童價值

教師在奉獻一段時日的「教育愛」後，必然會獲得可貴的成果。比如說，孩子可以自發自動，不仰求他人；而經過感化後，他會自愛且樂於助人；如果再加上資賦優異，很可能因此出類拔萃。付出教育愛的教師，感受到此種教育收穫，豈不是相當心滿意足嗎？這是其他行業無法體會到的意境，也是教育工作令人肅然起敬的重要原因。當一位學童經過教育之「愛」而奮發上進，終於能造福人群時，則這位學生之所以能夠有此成就，他也往往會將今日的成就歸功於「恩師」不計辛勞的教誨。此種師生關係，不正是最優美的畫面嗎？

裴斯塔洛齊的教育觀念，正是為「教育愛」的真諦作了最典型的詮釋。

# 第二節　學校像家庭

「愛」是教育氣氛中最重要的條件，也是教育成功的最主要因素。「愛」更是人與其他動物之所以差別的地方；而「家」就是一個愛的窩，在這愛的窩裡，父母對子女的慈愛，最能令兒童感受到長輩之可敬。嬰兒出世後，不但可在「家」裡獲得雙親的關懷，更在這個「避風港」中不受外界的侵擾與傷害。人自出生後，他的倚賴期比其他動物長，要不是有個「家」做為寄託之處，又有父母之保護，他早為自然所淘汰，或為野獸襲擊，而在世界中消失。小豬出世後即會爬行，小蛇出母胎後即會游走四處找食，唯獨人類的嬰孩誕生後之無助，是所有動物中最為軟弱的。幸而人類組成了家，在這種社會結構單元中，嬰兒接受哺育與教導，人才能發揮他的特有稟賦。

　　裴斯塔洛齊所定的「家」（home），是與「屋子」（house）不同的。屋子只不過是建築物，家卻是「人」住的地方，且有父母子女。而父母子女共住一處，必須表露出一股濃郁的親情與愛意，因此「家」就產了「向心力」。在外的遊子一心一意惦念著回家，這種現象的主因，就是人類除了理性的運作之外，急切的需要情愛的滋潤；這種感情的訴求，也是所有學校教育的張本，更是學前教育或家庭教育所不可或缺。相反的，如果家裡無情愛，則已沒有資格稱為「家」，子女離家都已迫不及待，哪想多留在家中受苦或嘗受冷落的滋味呢？有些「屋子」美侖美奐，室內布置相當豪華，陳設的家俱價值連城，但父親忙於應酬，母親又勤於交際打牌，子女經常看不到爸媽影子，這種環境已經不是住家環境了。真正的「家」是父母相親相愛，因此也愛及子女，這種住處雖然房子有些破舊，沙發已無彈性，用食也不是山珍海味，又無汽車代步，更無傭人服侍，但只要瀰漫著愛的氣息，就已足以彌補許多物質設備上的不足。並且，缺乏愛的子女，物質上的有利條件，更助長了孩子的敗壞；而在愛的家庭中長大的孩子，物質生活雖然較差，卻更能散發善良的天性。

## 一　學校如同家庭

　　裴斯塔洛齊在他的祖國瑞士各地創辦數所學校，由於特別強調要以愛心來照顧孩童，所以「學風」異於他校。在當時及更早的歐洲社會裡，也存在著不少的孤兒收容所或初等教育學府，但是負責教學的人卻多半是一付非常嚴厲又殘酷的模樣，對於孩子的管教，採取無情的打罵與壓制措施，使孩童生活在如同鐵牢與囚房中，不似裴斯塔洛齊之慈祥與溫和。基於這種特色，他所創辦的學府乃引來了許多人——包括政府要員及學者專家的圍觀，他主持的學府變成遊客觀看的目標。每當參觀者看完校內措施之後，都會說出心得或評語，其中一位說，裴氏所負責的機構，簡直不是學校，而形同一個家【註1】。裴氏聞之，興奮異常，他說平生辦理教育，就是要達成此一目標。如今，目標已成，當然他是雀躍不已的。

家裡有了愛，不但不會想離家出走，還非常懷念老家呢！學校如果是家的縮影，則學生不會逃學蹺課了，畢業典禮後也不會拿石塊、斧頭、木棍，返校來破壞門窗玻璃，而是唱驪歌時會痛哭失聲，離情依依而捨不得與母校分別。裴氏在一八一八年一月十二日即七十二歲生日那天說道：「兒童教育沒什麼，只不過是回復到教育藝術中最為真正也最為簡單的形式，那就是家的教育。」【註2】換句話說，教育中付出愛，那才是最簡單也最純正的教育。缺乏了愛，既非學校，也非家庭，更非人。

家的教育成員彼此之間的關係，就是父母與子女的關係；學校的教育成員彼此之間的關係，就是教師與學生的關係。一位稱職的教師，就應該在基本上如同一位真正的父母一般，以愛作為師生之間的橋樑，使二者沒有什麼間隙與鴻溝。孩童一有問題，就樂意向教師表明請益，遇到困擾時教師就是他第一位求教的對象。這種和諧關係的建立，非但孩子如沐春風、如淋化雨；且教師也認為教學活動極具意義與價值。他說：「我的第一項努力，乃是使這裡每個小孩感受到如同在一個大家庭中的兄弟姐妹一般，彼此敬愛。」【註3】

在所有人群當中，大概只有父母及教師對於子女或學童之成就高過自己而不覺嫉妒的。沒有一位父母親，眼看子女的社會經濟地位優於自己而大為眼紅；也沒有一位教師，發現他的門徒之表現比他傑出而大表不滿的。相反的，卻應喜不自勝才對，由於付出的愛有了結晶，這不是辛勤耕耘之後的代價嗎？！並且學童或孩子由衷的敬愛父母師長，這不是用金錢可以買得到的。所以裴斯塔洛齊也說，學校應該向家庭看齊，模仿家庭的親密關係，【註4】因為家有愛意與人味。

## 二　母性的光輝

兒童的教育，由於孩子年幼且心靈還處於相當嫩弱的階段，猶如裴斯塔洛齊所比喻的種子萌芽一般【註5】，不能面對冷酷嚴厲的處置，所以以具有柔性而非剛性氣質的人，來教導子女或學童，會比較

健全，盧梭以生理原因要求母親擔負養育子女的責任（母親有豐滿的乳房可供應子女乳汁，而男性則無此項特徵），裴斯塔洛齊則從心理學的角度，認為母親在教導子女的優先順序上，占較有利的地位。一位真正的母性，就像盧梭在《愛彌兒》最後一章所描述的，是要發揮體貼、溫柔、耐心、奉獻、犧牲等美德，這些條件也就是為人師表當應銘記在心的。

裴氏出生不久，他的父親即去世，剩下的是慈祥的母親與忠心耿耿的女僕（名為Babeli）；尤其是後者對裴氏的無條件奉獻，使這位平民教育之父感動不已。在他潦倒、孤立無援、貧病交加，且眾人交相指責聲中，這位女僕繼續負起先主人彌留之際的請求，留下來幫忙其妻及其子，實在令人動容【註6】。從此，男性的裴斯塔洛齊卻在眉宇中顯現愛的面容，母性的光輝反映在裴氏的個性上，女友也因此不顧家庭反對而傾心於他，且在日後辦理貧民教育發生經濟危機時，其愛妻也不惜變賣疼惜不置的嫁妝首飾，這種情懷更加令人欽敬。

裴斯塔洛齊可能就在這種家庭環境中，孕育出他的母性教育愛的觀念。他的教育作品，主角幾乎就是扶助他大半生的女傭，或者就是他媽媽或妻子的寫照。她不是男人的「愛人」，也不是丈夫的「太太」，卻是孩子的「媽媽」【註7】。他本人也身體力行，在學校教育這個階段上，任用具有女性特質者來為教師，的確比較能夠稱職。

### 三 教育愛是良師的「必要條件」

教師擁有了教育愛，才可走入教室、踏上講壇；他擔任教職，乃是如魚得水一般的適合其天性。不過，不是所有的人都具有愛的強烈氣質，讓這種人去作培苗紮根的幼兒教育工作，就怨聲載道，一方面他痛苦萬分，一方面孩童也遭受池魚之殃。這種人不是一看孩童就眉頭纏緊，一副晚娘或閻王面孔，就是遇有別種職業機會，馬上便掉頭而去。他不屑於孩童教育工作，認為與孩童為伍，是貶低了身分，為人所瞧不起。一個人既對工作環境牢騷滿腹，他哪裡又有熱情去為他人服務呢？

　　裴斯塔洛齊的工作表現，十足反應出他是典型教育愛的發揮者。他看到孩童，不管這孩子多髒、多醜、心智多魯鈍、肢體多殘缺，他都一視同仁。憑著一股愛，他說：「現在我有機會來實現這個目標了，我確切地感受到我的情意可以改變兒童的氣質，而改變之迅速，如同春天冰凍的大地接受陽光普照因而融化一般的快；我的看法是錯不了的，山上積雪化為冰河之前，孩子早已前後判若兩人了。」因為「積長時間之觀察，在兒童粗糙、害羞、及顯然能力不足的狀況下，卻潛藏著最為精緻的心理官能以及最珍貴的力量。如今即使是貧無立錐之地的可憐幼童，環繞在學校（Stanz）附近，卻也各自表現了傑出的心智能力。我知道，在教導人們各種事物的關係時，滿足他們生活上的共同需要，是多麼的有用，並且可以把他們的天然智力帶引出來，塑造他們的判斷，喚醒他們埋藏已久的潛能；要不予以解開束縛，並提供自由，否則這些稟賦就無法積極主動為人所用了，這就是我的目標。」【註8】這種目標最先可以在家庭教育上實現，然後擴大到學校，最後延展到整個社會。

　　良好的教師，有些是天生的，有些須賴後天培養。在先天具有母性情懷的人們中，讓他們有從事教育工作的機會，這就能「人盡其才」了。當然，光有教育愛，並不一定是個良好的教師；但缺乏教育愛，則即令他是學富五車，知識淵博者，一定不是良師。在先天的良師氣質上，女性或具有教育愛的男性來作為幼童的教師，乃是最佳的選擇。另一方面，擬從事幼童教育者，如能多多研讀諸如裴斯塔洛齊的小傳，看看感人的小說、戲劇或電影，則他可能在猶疑不決或態度不堅時，而立下恆心與毅力，終生與孩童為伴。

　　以家庭為核心，孩子在家庭中飽受父母之愛；學童一入學校，師長就是父母的化身，同學形同兄弟姐妹，大家和樂相處，彼此體恤扶持，畢業離校後，整個社會也是一個大家庭，試問這種環境，不是大家夢寐以求的嗎？這種理想境界的達成，應該從頭做起；這個頭就是「家」，如果父母把家變成不像家，以虐待甚至出賣兒童為業。在學校裡，教師視學童如眼中釘，同學之間爾虞我詐，孩童把教師看成為

仇人。在社會上，大家彼此防範，以戒慎恐懼之心相互猜忌，不得不私帶武器以自衛或勞動大批警察來維持治安，則這怎麼能算是「人」的國家？追根究柢，家庭早已失去家的原意，學校更變本加厲的助長天性的失落，整個社會自然就沈淪頹敗了。

「愛」是一道神聖的光芒，普照大地，它可以掃除人性的幽鬱與晦暗；這道光芒，首先由「家」散發出來，盧梭也說家庭生活之幸福，乃是社會一切罪惡的解毒劑。「關懷他人，喜愛兒童，就能贏得他人的敬愛，錢不可能買到別人的尊崇，我從未看到金錢可以買到敬重。不應吝嗇，你不先打開你的心，則別人也會把心關起來。公正、富有人性、仁慈，不只施捨，還應慈善。同情心的功效，比金錢更能治病；愛別人，別人就會愛你；替別人服務，別人也會替你服務；作他們的朋友，他們就會作為你的學生。」【註9】裴斯塔洛齊在大學時閱讀過《愛彌兒》一書，受到盧梭的影響很深，還取盧梭小名Jacques稱呼其子。不過，裴氏發現，一般正常的家庭，父母大概還能將天性中的愛施捨給子女，倒是學校中的教師是否能具備教育愛的條件，學校環境是否真如家庭一般，倒令他憂心忡忡。他已看出幼兒教育問題的癥結所在，就是師資不良。而師資之要求，尤以教育熱忱為重點。這也難怪裴氏數十年來努力創辦的學校是「形同一個家庭」的學校。所以該種評語最為裴氏所喜愛，他的用心沒有白費。

讓子女有個愛的家窩，讓學童有個溫馨的幼兒學校，則下一代就在幸福與美滿的歡樂中度過童年。愛早已深植其心靈最深處，人性的善良就永不會泯滅！

## 第三節　知識的「直觀」

裴斯塔洛齊的教育觀念中，特別強調因教育工作者所散發出來的教育「愛」，而感動了學生的教育功能。教育活動是表現老師與學生之間關係的活動，教育效果能夠顯著，教育目的可以達成，師生關係

的和諧與親密是最不可或缺的要件。所以，老師的角色不可能由機器完全取代，聽錄音機總比不上親聆授課來得印象深刻，這是人盡皆知的事實。

　　一般教育史家稱頌裴斯塔洛齊的教育思想爲「直觀」理念。「直觀」（intuitive）可分兩個層面來闡釋：

　　一、知識的「直觀」
　　二、品德的「直觀」

　　學者獲得知識，最簡易也最可靠的方式，就是「直接觀察」。「直觀」這個名詞，用「直接觀察」予以說明，最明白易懂。換句話說，「直觀」教育思想就是准許甚至鼓勵學童充分運用感官與大自然界接觸。裴斯塔洛齊經常帶他的孩子Jacques到山川溪流去「直觀」大自然。孩童在這種無拘無束、活動空間又寬闊的場合中，可以接觸天然環境的刺激，目睹耳聞四周情況的變化而引發他的思緒，這是知識研究取之不盡、用之不竭的寶庫。知識教學不必透過中介媒體（如書本、文字、或抽象的符號），而應直接從實物的觀察中下手。如此的「直觀」必能提供孩童無比的興趣使他樂此不疲。這種「直觀」資源，實不應斷絕。

　　裴氏此種「直觀」知識教學的主張，並不新鮮。西方早在十六、七世紀所流行的「感官唯實論」（Sense-Realism）就已大唱此調，盧梭又高呼「返回自然」更是蔚成風氣，裴氏之「直觀」不過是踵事增華而已。

## 一　以植物生長爲比喻

　　所有的植物，只要種子栽下之後給予充分自由生長，它就可以自然地長成龐然大樹，枝葉扶疏。人的潛在力量亦然。「讓孩子儘量自由……能提供事物的實際經驗時，不要用文字教學。讓他去看、去聽、去發現；跌下來了再起來……。他能自己做的他一定會去做，讓

他充分忙碌、活動；大部分時間讓他自由。他將發現自然比人更是較佳的教師。」【註10】裴斯塔洛齊帶他的孩子到溪邊、草叢、森林裡面對大自然，經由孩子敏銳的感官接觸，他就可以充實許多可貴的第一手知識。教師的人爲措施不能增加絲毫的深度【註11】。

「就如同樹木一般，園丁負責播種，花草就生長及開花了，其實他對植物的生長並無實際貢獻，因爲生長的原則就在植物本身，他下了種子、灌水……，他只是觀看有無外力來妨礙植物的根或擾亂自然的秩序，以免各部分的發展有礙於整個樹木的繼續生長。教師的工作亦然，他並無給予學生一點一滴的能力，他既沒給生命也沒給呼吸，他只是觀察，不要外力侵犯或打擾。他只是關心而已，而發展早就按自己的法則在進行。」【註12】在這裡，裴斯塔洛齊採柏拉圖以來的哲學家所深信的「先天觀念」說，承認人的心靈裡早已預藏了人性本有的各種官能——如推理、想像、判斷、記憶等，只要給予自由發展，這些當然都能發展到極限。其次，裴氏又取洛克以來的經驗論，讓孩子在自然環境的刺激下，充分運用他的感官知覺，他也服膺盧梭「消極教育」的主張，不要求人爲干預措施，只是把阻礙生長的外力予以去除，就算已完成了教師應有的任務。「人的生長猶如樹木的生長，人甚至在出生之前，未來能力的種子早就存在，其能力持續在整個人生中發展，如樹木的長芽茁壯一樣。」【註13】

把老師比喻作園丁，孩童比喻爲花草樹木，學校形同花園或大自然界，這種教育比喻，變成歐美教育思想家的風尚。

裴氏的直觀，乃是以行動直接與自然環境接觸，中間都不必假手任何人爲的媒介，所以他的教育作風是「實際的行動」優於「靜態的文字言語」。看看下面的例子即可了然。他要求母親對孩子的教育，不說「孩子，這是你的頭，這是你的鼻子。那麼你的眼睛在哪裡？」卻說：「來！孩子，我要洗你的手，我要梳你的頭髮！」【註14】而在說這話時，媽媽也動手去洗孩子的手，梳孩子的頭髮。這種感受最爲直接，孩子的印象也就最爲深刻難忘，總比光說不做來得有教育效果。他在獨子三歲時親自予以「直觀」教導，還將孩子的一言一

行及各種表現登載在日記（Diary on the Education of His Three-year-old Son）中。其後由於要教導眾多的孤兒，乃無暇專心指導自己的孩子。他卻認為如此反而更佳，因為盧梭說過十二歲時不會寫字不會讀書，乃是自然的結果，無足掛齒【註15】。（支那的孔子也說，他到了十五歲才「志於學」）

## 二　直觀的程度之別

自然是有持續性的，「不可跳躍，也不准許有間隔。」【註16】確定循序漸進，根基才能紮穩。因此他乃提出由易及難，由簡入繁，由淺入深，由近及遠等心理的認知原則。配合孩童的心智發展，某種階段的認知對象並不適宜於孩童的「直觀」，否則印象模糊，觀念當然曖昧不清了，所以學習是不能躐等的。

裴斯塔洛齊發現在所有自然知識中最基本、最不可分、最淺易、也最自然的，有三種「元素」，即是「數」（number）、「形」（form）、及「語」（language）；這些就是「數字能力」（numerical ability）、「空間能力」（spatial ability）、及「語言能力」（verbal ability）的本源。

### 1. 數

單位數、二位數、三位數……，加、減、乘、除，四則綜合運算；先以具體實物開始，然後及於推理與思考等能力。

### 2. 形

即幾何圖形。點、線、面、角、曲線、方形、三角形、四邊形（福祿貝爾加上立方體）、測量，然後是繪圖、寫字等。

### 3. 語

即文化的基礎，也是「人類心智發展的正當結果」。先是各字母如a、e、i、o、u；然後二連音字母，如ab、ad、af；三連音字母，如

bab、gab、……。裴氏此種語言分析，被時人評為如同傳統語言教學「似鸚鵡般的嘈雜聲」（parrot-like jabbering）一般，頗受非難【註17】。

　　其實，裴斯塔洛齊的這種「元素的分析」是多此一舉。在標榜唯實論的自然感官教學中，只要訴諸實物教學或圖書教學，就已足夠，尤其學前教育階段。裴氏也說過：「當他聽到鳥兒唱歌，昆蟲在葉上低鳴，你就應該立即停止說話。」【註18】以便傾聽大自然免費所提供的美妙悅耳且意義豐富的樂章，那總比將一首歌解剖成為單音、複音、1/4拍、1/3拍、1/2拍、全音符等的練習來得「自然」。並且裴氏該種分析方法，也不合乎自然程序，那只是「邏輯」上的連續（logical process）而已，卻非「心理」上的連續（psychological process）。現代心理學的研究，證明兒童所喜歡的，並不是細小不可分的對象。比如玩具，兒童所高興的是大玩具而非小玩具。至於語言學習，裴氏的論點更是錯誤連連，一種快速有效且能滿足兒童需要的語言學習法，是從整句開始，而非從單音字母、多音字母，字、句子如此層層而上。學習英文打字的人都知道，傳統asdfg的打法已屬陳舊，現在較正確的方法是直接將「整個字」（如The）打出。如果把裴氏所倡導的「數、形、語」應用在兒童教育上，的確不是一種進步的教育方法，他的這種理念，也為後人所詬病。比如說，學童如學繪畫，不先學畫人物或山水，竟然先學畫直線、斜線、曲線、角……，這些是構成繪畫的「最基本元素」，但卻光學這些是無聊的舉動【註19】。

　　幸而裴斯塔洛齊的教育重點不在於「知識的直觀」上，他與盧梭一樣，文字知識或有形知識的獲得，不是這兩位學前教育思想家的注意焦點；並且裴氏雖然在數處辦理學校，他也很少實際進行教學，教學活動多半假手他人，他只是學校的「精神堡壘」，加上他所收容的學生，絕大多數都是流浪街頭的孤兒，形式上的知識學習對他們而言非常不切實際。裴氏長於想像而拙於理性推論，著作文字又經常翻來覆去，常有前後不一致或相互矛盾之處【註20】。不過，裴氏在學前

教育思想上的貢獻，並非在此，而是在他的直觀理念上的另外一種，即品德上的直觀。

儘管如此，我們也可以從裴氏知識的直觀理論中，摘取下述較為進步的說法：

(1) 感覺印象是所有教學的基礎。
(2) 語言一定要與感覺印象連在一起。
(3) 教學一段時間之後必須休息片刻，以便激發了解與掌握新教材。
(4) 學童個別的差異性教師應予尊重。
(5) 知識要與力量結合在一起，知道什麼就訴諸於應用。
(6) 只根據文字而不求諸第一手經驗的知識，觀念就會混淆與擾亂。【註21】

最後，讓我們引下面兩句話作為裴氏直觀知識教學的具體原則與實例：

(1) 裴氏一名學生（名為Vullimein，在Yverdun求學）說：「裴氏的教學在於『啓發』而非訴諸記憶。」裴氏對同事說：「要努力啓發學童，但非像訓練一條狗般的訓練人。」【註22】
(2) 不用課本來教地理：「他教給我們的地理基本知識，乃是土地本身的知識。他帶我們去附近的山谷，那裡有河水流著。研究山谷的一般性及特殊性之後，學童乃抓取了泥土回到學校作業室去作一個完整的山谷模型。等到浮雕完成之後，我們才看地圖。」【註23】

利用自然資源，並注重鄉土教材，正是學童教育的要點。

# 第四節　品德的「直觀」

　　品德的「直觀」是裴氏思想上的創舉。任何教育，尤其是學前教育，品德之價值總高於知識，而最高尚也最具尊嚴的品德，莫過於「愛」。

　　「愛」是教育的核心，但「愛」必須能讓孩童「直接感受」，這種「直接感受」的愛，也就是「直觀」。如此才能在童稚心靈上植苗紮根。「愛」不是只掛在嘴邊或寫在紙上，而是要讓學童直接領會。因此，教師之關懷、照顧，乃是學童最能觀察得出的感受。中文之「體貼」，頗能傳達雙方「愛」的意境。師生了無間隙，這是雙方融合在一起的表示。

　　幼兒需要有人關照，因此教師必須能在需要時伴隨學童左右，才能滋生彼此的情誼，要是只能從遙遠的地方傳來一聲：「孩子啊！我愛你！」【註24】卻經常無法使兒童「直觀」老師關切的臉孔，則孩子總會感到渺茫無依；父母早出晚歸，忙於應酬，耽於交際，兩代之疏離於焉形成。相同地，教師擺出冷漠臉色，一副懍然不可侵犯的模樣，則師生之芥蒂已生。這都不是家庭、學校或幼兒園應有的氣氛。

　　裴氏基於個人的特質及神聖的抱負，終生為學童教育奉獻的精神，就是他的「直觀」教學在品德教育上最好的榜樣。學童教育有此根基，學生之求知欲必大增，有朝一日當「有狀元學生，不一定有狀元老師」的現象普遍存在時，我們還怕子孫不長進、不成器嗎？

　　「愛」是原動力；研究裴氏哲學者稱裴氏哲學有所謂「動物人」（Animal man）、「社會人」（Social man）、及「道德人」（Moral man）三級【註25】，兒童「直觀」了「愛」，才能上臻「道德人」之境界，這也是歷來教育家孜孜以求的目標。

## 一　道德發展的三個階段

裴斯塔洛齊在一七九七年發表《論人性在自然的發展過程》（*My Inquires into the Course of Nature in the Development of Mankind*，原書名為*My Book on Man*）中指出人性從「動物狀態」提升到「社會狀態」最後抵達「道德狀態」。這種發展階段，配合他的一生教育事業，正足以說明他本身就是最好的榜樣。

### 1. 動物狀態（animal state）

人的動物狀態就是一種本能，性善論者如盧梭認為人處在此種狀態中是含有明顯的「仁愛」（benevolence）之心；但性惡論者如霍布斯（T. Hobbes, 1588～1679）或荀子則以「自私」或「私欲」作為人的動物性之表現。這段時間屬兒童期，與自然狀態無異。人的動物狀態反應了生理的需求之滿足，餓了想吃，渴了想喝，累了想睡，這種基本需求，與道德發展無涉。

### 2. 社會狀態（social state）

人開始過集體生活，強欺弱，大欺小的現象發生，以武器或心智來征服他人的現象遂之產生。青少年時期已脫離自我為本位的兒童動物期，社會正義或社會契約相繼出現。離群索居既不可能，他人之存在乃滋生出權力的衝突與占有欲的相互衝突，為取得和諧的平衡點，溝通與協調乃為必要之舉。

### 3. 道德狀態（moral state）

自由意志的發揮使得仁慈的善性重新獲得定位，這是成熟的特徵，卻是道德發展的極致。在動物狀態中，人憑本能做事；在社會狀態中則依賴利害關係，視人為工具而非目的；以後果來衡量行為的善惡。但在道德狀態裡，只見付出而不請求酬勞，不惜任何代價的作奉獻與犧牲；這是最可歌可泣、也是人強過其他動物的主要原因。牛、

馬有動物狀態，蟻、蜂則有社會狀態；唯獨人不能停止在上述兩種狀態中，牛、馬或蟻、蜂卻不能臻至道德狀態。教育的宗旨，就是要促使人類早日完成道德境界。如此的人，真正才可以稱為「人」。品德的直觀，也是希冀學童抵達道德狀態，而不由動物狀態或社會狀態作為行為的抉擇。

## 二 以身作則

能夠促使學童領會甚至也願意履行道德狀態的最有效方法，莫過於師長的以身示範。在這方面，裴斯塔洛齊的表現是很獨特的，在教育史上幾乎無人出其右。首先讓我們來看看他所收容的孩子是什麼樣子：「不少兒童長期生病，走路艱難，有些頭上有傷口，還包紮毯子，因為疫病叢生，許多幼兒骨瘦如柴，幾乎可以數數他們的骨頭。憂鬱、痴呆、臉上有懼容、眉頭顯示焦慮、皺紋表示不信賴；有些則膽大驕傲，久作乞兒，是騙子，說謊者。許多小朋友抑鬱寡歡，疑心重重，面孔上顯驚慌與暗淡、懶散、遲緩，心智未及開展，這種現象極為平常。十個中沒有一個懂得ABC。」【註26】但是裴氏在面臨這群還停留在「動物狀態」或「社會狀態」的幼兒，非但沒有退避三舍，還張開雙手接納他們，樂意與他們生活在一起。「我決定要使我的孩子們從我的臉上及唇上知道我的心就是他們的心，他們的幸福就是我的幸福，他們的快樂就是我的快樂，這種時光，在一天中的任何一分鐘都是如此。」【註27】

早為裴氏夫人看出這位平民教育的偉大教師，「大眼睛中散發著愛、抱負及善心的光芒」【註28】，不忍這批可以發展潛能或應可抵達道德狀態而未抵達道德狀態的幼兒乏人教養，殊為可惜，乃許下宏願終生與他們為伍。「從早到晚，我都在他們之中。任何有利於他們身心的，都從我手中拿去，任何方式的幫助或迫切的需要，也都直接來之於我。我將我的手放在他們手中，我的雙眼也注視著他們，我的眼淚與他們的眼淚同流；他們微笑時，我也伴著微笑。他們是被世界所丟棄的……但我卻與他們廝守在一塊。他們喝的湯就是我喝的湯，

他們飲的水就是我飲的水，我一無所有，無僕人、無朋友、無助手，我只有他們。假如他們健康，我就與他們同在；假如他們生病，我就陪侍在側。黃昏時，我最後上床；晨曦一來，我卻第一位起身。」【註29】

　　不少具有教育愛的教師都以校為家，裴斯塔洛齊則不僅視孩童如同己出，還做價值提升的工作。「多年來我的四周環繞了五十多位像乞丐的兒童，我們太窮了，我與他們分享麵包，我活著也像乞丐，為了要知道如何使乞丐活得像個人。」【註30】人窮志不窮，正是裴氏辦學的旨趣。物質上的貧乏難不倒裴斯塔洛齊這種使命感甚深的教育家，並且他比較喜歡教導貧民子弟，因為窮人比較接近自然，實行自然教育較為適合。在一八二二年討論窮人學校（poor-school）中指出只有窮人才能顯示人性的尊嚴與光輝，培育母愛（家庭之愛）也較具可能性；而良師也在窮人中較多【註31】。

　　同情心與「愛」是一體的兩面，絕大多數富有「人性」的人是同情弱者的，而由於貧家子弟或身心殘廢或品學兼劣者大都受盡歧視，他們被拋棄在家庭、社會及學校的角落，沒人看管，更乏教育，不少人基於仁慈之心擬施以援手，但也多半力有未逮。只有裴斯塔洛齊奮不顧身的全力以赴，他實在是上帝遣送給不幸者的福音，從此，這批可能就是社會寄生蟲或是為害人群的新生一代，雖然未見有棟樑之材出現，但也有少許學界菁英（裴氏門徒當中有一位是當時名地理學家），至少也能讓他們「認命」、安分守己。他說「扭轉你的孩子進入他們日後得進入的困厄中，在他們能夠分辨左右之前，只要引導他們進入善途，並因應貧窮的環境，他們至死也會感謝，甚至在他們知道原因之前，皆是如此。」【註32】裴氏的教學，無形中平息了許多社會上的亂源。教育工作者被稱為「無名英雄」，他們默默的為整體社會的改善與生活品質的提升作了長期的抗戰與奮鬥，裴氏的心血即在於此。雖然裴氏要「價值層次低」的學童安心認命之論，不無可議，但他發揮的道德熱忱，卻撫慰了不幸者的心靈。其實，只要不幸的兒童接受愛的滋潤後，他們會自己追求高層次的價值。即以其門徒

史密德（Schmid）為例，他本是個「野孩子」，卻於裴氏六十二歲
（1809）生日時發表史上第一本教學科目的書——《形狀與數目的
元素》（*The Elements of Form and Number*）【註33】。

學童在親自「目睹」裴氏這種盡瘁於斯的情懷，無不打從心中油
然生出一種感佩之情。這種「身教」，就是品德的「直觀」。

### 三 毅力的考驗

道德上的極致，並非一蹴可幾，經常是曠日費時，而挫折連連。
俗云：好心沒有好報，好馬被人騎，好人被人欺；但並非善心人不該
得到應有的酬勞，而是「時間未到」！裴氏一生辦學，並沒有嘗到成
功滋味，卻是波折時起，毀謗交加；這種歷程似乎與「教育」或「成
長」同義。每當裴氏在極度痛苦與失望中，看到小孩無邪的眼神，頓
即找到活力。「一股愛的深深感受，強過於任何事情給予我的困擾，
把我從毀滅當中救過來。」【註34】

愛，既是無條件的，當然是不求回報。甚至面臨的是非但沒有
回報，還惡言以向或忘恩負義時，也只好忍受。裴氏千里跋涉為孤兒
尋找經濟支援，竟然有一些他所收容的丐兒搶奪了裴氏費盡千辛萬苦
才掙來的麵包，然後就不辭而別，揚長而去；有些家長也煽動子女去
偷取裴氏節衣縮食而購置的器物。裴氏又不擅長於理財，對於這些行
徑，卻也沒有搖頭嘆氣。俗話說，行善就必須要有被騙的心理準備。
改變一個人的行為，不是一舉就可以立竿見影。人性是有缺陷與弱點
的，但只要假以時日，總有一天，就是惡貫滿盈者也會回心轉意。

所以教育愛必須配合耐性，要沈得住氣。裴氏希望孩童都能找到
他自己的良心，如此就能徹底的悔過。這種意念大受德國大思想家康
德的支持。孩童偷取麵包，三番兩次之後，可能遭受良心的譴責，這
種譴責比外力的制裁都來得有效。

其次，孟子不是也說：苦其心志、勞其筋骨、餓其體膚、空乏其
身；正是「天將降大任」的具體象徵嗎？裴氏辦學，在傳統積弊及風
氣未開之時，自然就備受指斥與攻擊。讓我們引一段友人在他於「新

莊」（Neuhof）開辦失敗後的描述：

　　別人在家用餐時，他還在田野漫步，吃一塊麵包，喝一口從溪流中汲來的水，他不敢到教堂或城市，因爲身上已無一件較體面的衣服，他變成人民的笑料，村民稱呼他爲瘟神或稻草人，譏笑他，說只要他到的地方，鳥都會飛走。街上熟人看到他從一端來，必然轉向而去，不擬與之碰面；因爲勉強跟他打招呼，是件頗爲尷尬之事！一位書商（名爲Caspar Füsli）曾當著我的面說：友人認爲他如果死於貧民窟或瘋人院，那是理所當然。【註35】

　　但善心人雖不準備別人的回報，別人卻自然會給予報答。燃燒了自己，卻已照亮了別人。歷史上開風氣之先的大師，以及在社會沈淪、人心頹廢的環境裡，出污泥而不染且擬淨化惡劣習俗者，在他所處的時代裡每不得善終，悲劇一再上演，這就是歷史教訓。我們忍心看到類似裴氏那種爲貧民教育而百折不撓的教育好人不能出頭天嗎？文明演進的指標，乃在於好人得好報的遲速上。換句話說，好人立即得到好報，這是相當文明的社會，反之則仍然停留在野蠻的階段了。

### 四　熱忱可以彌補其他缺失

　　裴斯塔洛齊並不是一位完美無缺的教育工作者，他的缺點不少。其貌不揚雖無傷大雅，但不修邊幅卻是他的特徵，服裝不整也是他的標誌。學童看到這位他們都稱呼爲「爸爸」的教師，是個「極爲骯髒的人，頭髮散亂，滿臉天花斑痕，凸凹不平；鬍鬚頗不規則，不打領巾，時有散落鈕扣的褲子，似乎是穿在破舊的鞋上，也好像是吊在襪子的外邊。說話帶點氣喘，走路匆匆；雙眼時則露出閃光，睜得大大的，時則緊閉，陷入沈思……。」【註36】「他的口齒不清，自然知識也不足且有錯誤，但是卻瑕掩不住瑜。」「我們都愛他，就如同他愛我們一般。我們愛他如此之深，以至於一時一刻未能看到他都覺得遺憾。每當他返校時，我們都目不轉睛的看他。」【註37】

　　子女愛父母，也是因為父母的哺育之勞，並非因父母在知識上高人一等。當然，如果學、行都是兒童的楷模，這是上上之選，但退而求其次，教師只要具有服務熱忱，就令兒童受益匪淺了。愛是所有行為的原動力！尼采說天才是地球上的鹽巴，裴斯塔洛齊則認為母親才是地球上的鹽巴【註38】。而母親就是愛的代名詞。子女對慈母的敬愛或孝順，並不因她之口語含混或知行淺薄而稍減！

　　在「愛」的氣氛中，即令體罰，也不會破壞愛的情調。在裴斯塔洛齊的教學生涯裡，以及他的著作中，也曾提及體罰。在教導那麼多身分特殊的學童時，免不了要體罰。他說：「基於我的這些乞丐兒童的不同背景，基於他們的年齡，也因為他們根深蒂固的習慣，並且更想到使用一種既迅速且確實的簡單方法使他們產生一種印象，以便讓他們都能完成相同的目標，體罰的效果乃列入考慮。至於是否因此使兒童失去信賴感，則不用太擔心。因為這不是單一事件就足以影響兒童的感受與態度的，並且使用次數也很少。倒是你平日用什麼樣的姿態對他們，以及你喜歡或不喜歡他們，那種性質與程度，才是一次就決定了他們對你的看法。」一次單獨行動所造成的印象，應該用這些內在感受所得的堅定判斷予以闡釋。如果兒童早知教師頗為疼愛他們，則對於教師以樺木或棍棒來處分他們，非但不會引起心中不快，反而更會造成極大的愧疚感。當學童發現他們所敬愛的師長真正動怒了，他們的挨打是勢所必然；並且，挨了一頓打，罪惡感反而因此減輕，絕對不會在心中產生仇恨的種子。裴氏又說：「我堅決反對教師去體罰一位陌生的孩子，但並不反對父母用相同的方式體罰孩子。有時，體罰不失為最佳途徑，但一定要出之於父母的愛心。一位教師若也有類似父母的形象，他有權力在重要案件中實施如同父母給兒女的體罰。」【註39】愛之深所以責之切，兒童一旦知道教師的體罰也是為使他們改過從善，絕非意氣用事，也就可以領會教師的用心了。

　　裴斯塔洛齊是個感情豐沛的教育家，他即使要打孩子，也絕對不會出手過重以致造成學生耳朵失聰、眼睛失明等現象。體罰確是教育史上頗富爭議性的論題，裴氏舉了一個例子可供學前教育工作者參

考：「我從他那兒拿了一個堅果要弄開給他吃，他以爲我會吃下去，就哭了起來，頓足跺腳，且拉長了臉。我默默的看著，沒說一句話；之後我又取了另一個堅果，並且在他眼前吃下兩個堅果。他持續哭個不停，我乃拿來一面鏡子，他就如同往常一般的跑開而藏起來了！」【註40】孩子在動氣時，作教師的如果也動起氣來，那不就與孩子一般見識了嗎？

　　兒童本來是多麼的純眞，但裴氏發覺他所收容的兒童都已變了質，爲要還其本來面目，他逐用盡各種方法讓他們感受愛的可貴與無價。到了晚年，他的奮鬥終於使他的弟子門徒以及所有的參觀者都浸浴於愛的洪流裡。有一次，他去拜訪附近的孤兒院，受到盛大歡迎，兒童送他橡樹葉作的皇冠，他不接受反而將它戴在一位孩子頭上。「這榮譽應給無邪的人，不應該給我。」當孩子唱起歌德（Goethe）的詩「在天堂的人」（*Thou who art in Heaven*），裴氏激動得淚如雨下【註41】。閱讀裴斯塔洛齊的一生事蹟，諸如此類的描述，指不勝屈。有人說看《三國演義》而不流淚者是沒有人性；我們也可以說，研讀裴斯塔洛齊傳記而不動容者，此人必是鐵石心腸。這種人千萬別爲人母或爲人師，尤其是學前教育的教師。稍懂英文者，請看下面的裴氏墓碑：

Here lies
Heinrich Pestalozzi,
born in Zurich on 12th January 1746,
dies in Brugg on 17th February 1827.
Saviour of the Poor in the Neuhof,
Preacher of the People in "Leonard and Gertrude"
In Stans Father to Orphans
In Burgdorf and Münchenbuchsee
Founder of the New Elementary School;
In Yverdon Education of Mankind.

Man, Christian Citizen.

All for others, nothing for Himself.

Blessed be his Name. 【註42】

此地躺著的

是裴斯塔洛齊，

出生於一七四六年一月十二日蘇黎世，

一八二七年二月十七日辭世。

貧窮人家的救世主，

平民的福音傳播師；

孤兒之父。

在瑞士的兩鄉鎮

設立新式小學

爲貧苦者進行教育。

他，一位男人，一位基督徒。

一切爲他人，無一爲自己。

他的名，爲上帝所賜福！

　　孩子在「家」中最迫切需要的，除了生理上的滿足之外，就是父母的一份關懷，讓他心理上有一份安全感。學童入幼兒學校之後，他們也不必在學校教師中獲得充分技巧，如彈琴、繪畫、舞蹈、寫字、心算等，卻要獲得父母般的慈愛與照顧。如此學童的天眞活潑性就會保留。學前教育的目的不在造就一位小博士，更不是一個四眼田雞的小大人。從這個角度來看，裴斯塔洛齊提供了學前教育的兩大觀念，一是知識上走盧梭的自然主義路線，一是特別強調幼兒教師必須富有教育熱忱，而後者的重要性更是不可忽視。各級學校的改革千頭萬緒，但師資的提升永遠都是革新教育的首要之途。而教育愛的有無，正是師資良窳的效標。學前教育更是如此！

## 五　愛，人為的傾向

裴斯塔洛齊以身作則的以「身教」來散發他的「道德我」，並提升「動物我」及「社會我」，這份情操及理念，已有明顯跡象與崇尚天性及自然之看法的盧梭，有顯著的不同。他雖然宗師盧梭「萬物皆善」的主張，但卻得靠人力予以發揚。他說：「在我內心中有個內在的力量，使我能夠在看萬事萬物時，不受我原始動物性的欲望及對社會的義務所拘束；而純然基於一種觀點，即如何有助於提升我的精神界……。此種力量是我之成為我的中心理念，它完全獨立於所有其他力量之外……，這就是我為什麼是我；如此的我才是我的原因。此種感覺，在每當我做該做的事，以及我將它放在我的心意中如同法律一般時發生；我的品德完全與之接觸。」【註43】這也說明了他命運多舛但仍然毅力十足的原因。歷史上多少英雄豪傑之赴湯蹈火，就是這種精神支柱作為行為的原動力。人不可以只停留在牛馬等動物性而已。「嬰兒的善性須予以激勵，盡早的抗拒漸漸增加的動物本能。動物本能，我認為是人的下等本性。」【註44】試問動物也曾為「價值領域」作忍受肉體痛苦的煎熬嗎？

盧梭將自然世界的「敘述性」（descriptive）與「規範性」（prescriptive）予以混同，裴斯塔洛齊並不以為然。在「教育」的過程中，「人為」力量隱約可見。除了不應只作個「動物我」之外，「社會我」也是不足的。成為公民只不過是半個人，過著集體生活，群性又壓過個性，裴氏認為此舉相當危險。只有根植自我意志才能自我實現，只有經由道德狀態，人才是自己的主人。人除了是環境的產物之外，也是創造環境的主角。裴氏擬用教育愛來扭轉社會習俗，不囿於「經驗的我」，更追求「超驗的我」，無怪乎大為康德所讚美；前者就是康德所謂的「現象界」（phenomenal），後者則屬「本體界」（nounenal）了。裴氏還特別指出，嬰孩第一次體驗到這兩層世界的衝突，是在「斷奶」時。母親要孩子在斷奶時，培養「不完全相信自然」的適應能力【註45】；其後更要偏離「自然」的「黑暗」與

「死寂」，還要「改造」自然【註46】。

裴氏的著作，難免出現語焉不詳或一語翻來覆去，甚至前後矛盾的現象。但是基於上述，裴氏「直觀」的中心理念，不只將知識作「人為」的方式分析成「元素」，在品德上還力抗自然所施予的壓力，此乃修正了盧梭完全追隨自然的傾向。盧梭之強力反對「人為」，有其社會及歷史的背景；而裴氏的遭遇，不似盧梭之領受文明蹂躪，二者論點有異，是不能同日而語的。自一八五九年達爾文的進化論問世以來，世人漸體會自然界所顯示的並非如盧梭所言之溫和、美善，倒是殘酷的競爭及弱肉強食的悲慘局面，「自然」的確不能為人之師。盧梭及其從者所舉的自然之純淨面（福祿貝爾也以百合花為例，見後），也只不過是自然的部分而已，卻非全部實情【註47】。「教育」本待「人為」，且「人為」色彩甚濃；裴斯塔洛齊的「人為」方法或有待改善之處，但他在步盧梭後塵之際，卻能不陷其泥淖，也自有他的創見。

「自然」（nature）或「人為」（nurture）一向都是教育思想界爭執不休的話題，研究學前教育思想的人，不得不特別予以關注。

## ■ 附註

1. Kate Silber, *Pestalozzi, The Man and His Work*, London: Routledge & Kogan Paul, 1960, 211.

2. Roger De Guimps, *Pestalozzi, His Life and Work*, translated by J. Russell, N. Y. :D. Appleton & Company, 1890, 332.

3. J.A. Green, *Life and Work of Pestalozzi*, London: University Tutorial Press, 1913, 237.

4. Quimps, op. cit., 152.

5. J.A. Green & F.A. Collie (ed). *Pestalozzi's Educational Writings*, London: Arnold., 1912, 195.

6. Silber. op. cit., 4.

7. ibid., 42.

8. Quimps, op. cit., 151.

9.　J.J. Rousseau, *Emile or On Education*, translated by Allan Bloom, N. Y.: Basic Books Inc., Publishers, 1979, 95.

10.　Green, 1913, op. cit., 41.

11.　Green & Collie (ed). 1912, 76.

12.　ibid., 195. James Bowen, *A History of Western Education*, Vol. Ⅲ, London: Methuen & Co. Ltd., 1981, 225.

13.　Green & Collie (ed). 1912, op. cit., 189.

14.　Silber, *Pestalozzi, The Man and His Work*, op. cit., 259.

15.　ibid., 27.

16.　ibid., 140.

17.　ibid., 142～145.

18.　Quoted in S.J. Curtis & M.E. A. Boultwood, *A Short History of Educational Ideas*, London: University Tutorial Press Ltd, 1970, 322. also in Great Educators, 477.

19.　F. H. Hayward, *The Educational Ideas of Pestalozzi and Froebel*, Westpoint, Conn., Greenwood Press, Publishers, 1979, 18～19.

20.　Siber, op. cit., 91～92.

21.　H.C. Black, K.V. Lottich & D.S. Seakinger (ed). *Great Educators*, Chicago: Nelson-Hall, 1972, 476～477.

22.　J.H. Pestalozzi, *The Evening Hours of a Hermit*, 1780, translated by R. Ulich, Three Thousand Years of Educational Wisdom, Selections from Great Documents, Boston: Havard University Press, 1968, 480.

23.　H.G. Good & J.D. Teller, *A History of Western Education*, London: The MacMillan Company, 1969, 262. Also in Gabriel Compayré, *The History of Pedagogy*, translated by W.H. Payne, M.A., London: Swan Sounenschein & Co., Lim, 1900, 436.

24.　Good & Teller, ibid., 262.

25.　Quimps, op. cit., 113～116.

26.　Silber, op. cit., 112～113.

27.　Quimps, op, cit., 153.

28.　Silber, op, cit., 12.

29.　M.R. Heafford, *Pestalozzi*, London: Methuen & Co., 1967, 20. Also in H. C.

Black, K.V. Lottich & D.S. Seakinger (ed). *Great Educators*, op, cit., 213.

30. *Great Educators*, ibid., 213.

31. Silber, op, cit., 196.

32. Pestalozzi, *Leonard and Gertrude*, 1781, Quoted in Silber, ibid., 44.

33. Silber, ibid., 209.

34. ibid., 76.

35. ibid., 26.

36. Heafford, op. cit., 34.

37. ibid., 34.

38. ibid., 178.

39. Heafford, op. cit., 71.

40. ibid., 72.

41. Silber, op. cit., 266.

42. ibid., 270～271.

43. Quoted in G.H. Bantock, *Studies in the History of Educational Theory*, Vol. Ⅱ. London: George Allen & Unwin, 1984, 66.

44. Green & Collie (ed). op. cit., 213.

45. Pestalozzi, *Leonard of Gertrude*, op. cit., 161.

46. Hayward, op. cit., 29.

47. Ibid., 26～28.

# 4 幼兒學校的始祖
## ——福祿貝爾

福祿貝爾
Friedrich Wilhelm August Froebel
1782～1852

# 第一節 幼苗要紮根

在西方學校教育發展的過程中，十二、三世紀產生了高等教育機構——大學，十四、五世紀則興起中學運動，十八世紀以來，由於盧梭及裴斯塔洛齊等學者之鼓吹，小學教育遂風起雲湧。在此種狀況下，學校制度已粗具規模，人民接受教育，已有一套較為完整的系統，由下而上地完成學校教育。

一般而言，大學、中學及小學，稱之為「學校教育」（school education）機構；而西方兒童入小學的年齡，多半是以五或六歲為主。孩子既然五、六歲才入小學接受教育，難道五、六歲以前的教育就應予忽略嗎？五、六歲以前的教育，重要性不但應與小學以後的教育相提並論，且更凌駕其上。提出此種看法並訴諸實際行動的偉大教育家，就是幼兒園的創辦者福祿貝爾（F.W. Froebel, 1782～1852）。

一八三六年當福祿貝爾五十四歲時，他忽然頓悟到在世上有必要成立一種教育機構來培育幼苗。這位德國神學教育家當時內心裡所孕育的學前教育（pre-school education）名稱，用德文寫起來相當冗長——*kleinkinder beschäftigungsanstalt*，其意即為「兒童活動學校」，一八四〇年簡化後稱為「幼兒園」（kindergarten）。他說：幼兒園是「兒童的王國」，即充滿和諧、安詳、快樂，及活潑的園地。

## 一 學前教育自具價值

福祿貝爾特別強調，忽略兒童教育，就好比幼苗不良，難期望長成大樹而枝茂葉疏，更免談開麗花結碩果。他譴責傳統只重視五、六歲以後的學校教育，而罔顧學前教育的價值。為了糾正歷史上的錯誤，他花了畢生精力為幼兒教育獻身，期望由此產生「教育革命」。福氏在一八二六年出版了他的教育代表作《人的教育》（*The Education of Man*）一書，對於兒童教育的重要性，有清楚的剖析。他認為：「早期，尤其是最早期的發展階段之價值，與其後發展階段之關

係，若欠缺考慮的話，乃是造成從事兒童教育工作者，深感困難之所在。這種困難極應予以克服。」成人多半認為五、六歲以前的兒童，沒什麼好重視的，也不需要什麼「教育」，就讓他平白地活了五、六年。福氏痛詆這種觀念之不當。他說：「每一發展階段都應全心全力地在該階段發展，不必躐等，但也不可延遲。本階段如發展得好，就可作為發展下階段的準備。」【註1】

　　上述引語，也許有點抽象，但以植物生長為例，卻相當明顯。幼苗必須紮根，如果它在初期受到良好的照顧和愛護，則它便能萌出它應有的嫩芽。而嫩芽本身就有崇高的價值，它還為其後這棵植物能否開出芬芳撲鼻的香花，結出甜美豐碩的果實做預備工作呢！

　　幼兒教育不僅為正式學校教育鋪路，且本身也自具價值。福祿貝爾深受盧梭影響，還親自在裴斯塔洛齊辦的學校經過裴氏洗禮，他一再強調幼兒「本身」絕對不是成人的工具或附庸，卻具有神聖而不可侵犯的自我價值存在。「兒童是天堂之王」【註2】，兒童的發展階段自有其本身的內在價值，絕對不可等閒視之，也不可以成人的眼光、標準或角度來衡量、批評兒童的發展，卻應基於兒童天性的「開展」，來予以了解與研究，如此才能達成學前教育之鵠的。因此福氏的幼兒園觀念別具一格，學前教育因福氏之提倡而奠基。當前實施幼兒教育的人，不得不向福氏行最敬禮。

## 二　潛力猶如神力（福祿貝爾的開展說）

　　幼兒園的創辦者福祿貝爾的教育思想中，含有濃厚的宗教意味。因此，他的教育觀念中，神祕主義的色彩非常明顯，一般讀者想要了解他的著作，就比較吃力。

　　「開展說」（Theory of Unfolding）可以說是福祿貝爾的核心思想。開展說的主旨是強調一個兒童的內在潛力，如果能藉用適當的教育方式給予「開展」，則他的成就可能非凡。但很不幸地，由於歷來的教育工作者或是家長未能善體斯旨，因此潛能遭扼殺、被壓抑、受埋沒的比比皆是，的確令人痛心無比。

潛力無可限量，是信而有徵的。寫文章的人若靈感湧至，則行文常有「神來之筆」；一個人遭逢奇境或親臨險地時，也會使出自己所料想不到的力氣，猶如神助一般地孔武有力，事後自己也茫然不知何以致此。生理力量的潛存性已有客觀的證據，而心理能力的表現，也是例子繁多，不容忽視。母雞護小雞的神勇，《史記》李廣射箭入石，這些是「體力」的開展；科學家解決難題，衝破困難瓶頸時的「頓悟」，就是「腦力」的開展。當然，腦力的開展，價值要遠勝過體力的開展。

### 1. 內在外在化

福祿貝爾的「開展」說，有兩條途徑，一是「內在外在化」（inner-outer），一是「外在內在化」（outer-inner）。「開展」是把本來捲起來的東西打開來。潛能本來是捲著的，潛藏不顯、無法知其究竟、明其底細。如果一個學生有優秀的天分，有傑出的才華，但一生中都無法展現，那不是相當可惜嗎？因此，教育工作者應該採取兩種措施來打開那捲起來的能力，讓它曝光，去除它的束縛，則潛能就活力十足地伸展開來。

福祿貝爾所建議的「內在外在化」方式，一是「自由」，二是「鼓勵」。只有在不加限制及充滿讚美的活動中，兒童潛力才能力大無邊。並且在兒童活動中如發現阻礙因素，在力求突破障礙之時，師長應助以一臂之力。兒童是具有表現欲及創造性向的，就讓他自由自在地奔馳其想像力吧！腦力的開展，如果施以惡毒的語言、斥罵的聲音，則早就畏縮不前。不但不能舒展，反而越捲越緊，導致生機盡失。

### 2. 外在內在化

幼兒教育的師長並非無所事事，卻應布置各種有利於「開展」學童潛能的環境，以刺激學童的思索潛能及想像潛能，幫助兒童的外在予以內在化。外在環境甚為複雜，變化繁多，如果不經學童的內在

化，則顯然外在環境對兒童是不具任何意義與價值的。兒童的外在環境如果貧瘠、單調，也會禁錮兒童的心靈。

福祿貝爾一生努力設計許多「玩具」——福氏稱之爲「恩物」與工作活動（occupation），目的在豐富兒童的心靈空間，希望藉此外物之刺激來引導潛能的發展。所以幼稚園的教師仍然是相當忙碌的！

「內在外在化」是指兒童心靈有極爲寬闊的生活天地；「外在內在化」則讓心靈能吸收外界的滋養料。內在與外在相輔相成，則潛能開展的目的已達。福氏的這種理念，無疑是後世學前教育家奮鬥的指南針。

# 第二節　恩　物

「童玩」之系統研究及製作，始於福祿貝爾。以前的兒童，大多以大自然環境的周遭一切，作爲玩的對象。依福祿貝爾的宗教教育觀念來看，大自然係上帝的傑作，萬物都賦有神性。無論是花草石頭，或是泥沙土壤，都可作爲教育的材料，這些都是上帝賜予兒童教育的「恩物」。教師及家長應多提供這些「恩物」，以造福兒童；兒童有機會利用「恩物」，也就能夠「開展」其內心無窮的潛力，並獲得安寧靜謐的心境。「恩物」正是福祿貝爾教育的主要內容。

## 一　自然「恩物」

福祿貝爾的「恩物」就是現在所說的兒童「玩具」。玩具若來自於大自然，的確最適合於兒童的天性發展。一方面不費錢，另一方面又無人爲災害。把兒童納入大自然之中，與「上帝」爲伍，這是福祿貝爾教育的最高旨趣。兒童觀賞大自然，將大自然的各種資源加以運用，製作許多自己心愛的各種小玩意，自得其樂，玩起來不只興高采烈，還有成就感呢！眞是一舉數得。比如說，孩子在玩沙，他可以憑自己的想像或思考，用手或其他簡單的工具，弄出無數形狀的沙堆，

沒有一個小孩會厭倦玩沙的。

許多鄉下小孩自己做陀螺，那種集中心神的模樣，以及製作完成之後的喜悅，不是一幅頗令人欣賞的天眞畫面嗎？又如兒童利用鐵絲圈成圓形，然後找一根竹竿裝上一個小鉤，鉤住鐵圈四周，一面奔跑一面轉動，那種高興眞有「快樂似神仙」的境界。這就是快樂童年的由來，成人千萬別剝奪上天所賜給兒童的恩物。

兒童在取材於大自然界中的「恩物」時，他自會發展他的感官知覺，因此視覺比較靈活，聽覺比較敏銳，觸覺、味覺及嗅覺等也可以獲得健全的發展。並且還可以引伸出傑出的判斷力與鑑賞力呢！就以堆泥或做陀螺爲例，他可以憑經驗之所得，而辨別出泥沙及木材的特質，在與朋友比賽打陀螺時，更能區分自己與他人的陀螺成品的優劣美醜。

現在有許多人造或機器製作的玩具，一方面不是由兒童親自製作，他只享受成品，卻失去了欣賞成品的愉快；且變化不多，兒童頂多玩一個禮拜，就「棄之如敝屣」了，且花費昂貴，稍微不愼則玩具「失靈」，有時還挨父母一頓罵。但是自然「恩物」是取之於大自然的免費產品，又是自己製作，所以曉得珍惜愛護；如果使用壞了，可以再作一個，在製作過程中就具有無窮的教育意義，眞是何樂而不爲呢！

另外，福氏幼兒園中也養有許多小狗、小貓、小鳥、小魚等。這些都是兒童的「寵物」。在幼兒園裡，孩子與寵物相處，培養出愛護小動物的心理，就不忍拿彈弓予以射擊；看到鴿子，內心也不會興起「大快朵頤」的念頭。

家長與教師要先告訴孩子，這些小動物都是上帝的傑作，與人一樣都具有不可侵犯的「動物權」。孩子朝夕與小動物爲伍，也能看出牠們的可愛處，因此一看到小狗來，就予以撫摸，且以笑臉迎之；小狗也善體人意，遂以搖尾巴的親暱狀依附在兒童身邊。看！這不是頂美的嗎？！千萬別把金龜子的腳折斷，用香頭插入金龜子的肚子裡，再搖晃它，逼使它無助亂飛，小孩如以此當樂子且無動於衷，這種虐

待動物的行徑，就大大違反教育目的了。看到小狗就想踢牠，則小狗看到小朋友也就想咬，這種狀況，令人痛心，而「寵物」也變成敵人了。

## 二　人爲恩物

除自然界恩物外，福祿貝爾認爲教師及家長應提供人爲的玩具給兒童，才能加速學前教育目的的達成。換句話說，讓兒童透過恩物的把玩，從「自然」的孩子，進步到「人類」的孩子，最後則成爲「神」的孩子。

簡言之，幼兒園中的人爲玩具主要有兩類，一是代表和諧的「球」，一是代表對立的各種「方形、菱形，及立體圖形」。

### 1. 球

球是圓的、是完美、單一及整體的意思，具有神性的統一與和諧。福祿貝爾特別注重球的恩物價值。福氏認爲球無角度，它是所有形狀的原形及整體；球的圓滑性使視覺舒暢，觸覺柔和，而它的跳動更具秩序及優美感。成人社會應該多獎勵製作許多球以及球形物體給兒童作爲感官印象及身體發展的工具。兒童沒有一個不喜歡玩球的，他在拍球、拋球及掌握球時，那種愉悅及滿足的表現，就可以培養出和平和安詳的心態；更可訓練孩子注意力集中、反應靈敏，並了解靜止、動作、時間、空間、上、下、左、右、前、後、進、出、高、低等觀念，在品德教育及知識教育上都有莫大的貢獻。兒童只要有一球在手，就終日樂此不疲。

福祿貝爾對兒童之「玩球」行爲，也給予「象徵」意義，他說：「對兒童而言，球是一個整合的中心，也是萬物的代表。在他天性發展趨爲衝動時，具有調整作用。在玩球當中，他立即發現，沒有其他的東西能比球更能顯示出萬物的一般性代表，如：靜、動；一般與特殊；全部及一個角落；可見與不可見……。球也是他內在生命的外在代表，模仿外在世界來實現內在生命。」【註3】

在天花板上懸一個球，孩子就會激動得想站起來去拿球，如此可以訓練他的腳力、臂力。球代表一切，包括形狀、顏色、動作、重量、聲音。玩球具有創造性、思考性及感情性，不只有用，還有美感、真實感及和諧感。

### 2. 方形、菱形及立體圖形

球代表同一，但兒童周遭的世界並不如此和諧。學前教育總不能只給孩子這種美好的印象，仍然要讓兒童了解在現世社會中，有許多對立及多樣性存在。方形、菱形及各種立體圖形正與球形相反，兒童從中體認出「異中有同，同中有異」這種較為高深的哲理。

球無法堆積，方形、菱形及各種立體圖形卻可以。而後者的轉動也與前者大為不同，其變化也較不複雜。兒童可以在把玩這些有稜有角的圖形時，觀察出非常奇妙的創作成果，對於激發好奇心與求知欲，更有幫助。當然，兒童在觸摸方形、菱形及各種立體圖形時的感受，與觸摸球形是大異其趣的。孩子也可以在此不同的感受中作異同的比較，甚至產生優劣的判斷、美醜的衡量等較高層次的理念。

不過，福氏特別聲明，「同中有異」只是過程，「異中有同」才是目的。不管方形、菱形及各種立體圖形的變化多端，但以整體來看，它仍然以「一致性」為歸趨。比如說，許多方形的積木在建構起來之後，它可以是一個房子、一部車子等等，這種整體的代表意義（用福氏的術語而言，就是象徵或符號意義），與「球」的整體概念毫無差別，二者是殊途而同歸──同歸於上帝的統一與和諧。

和諧與安詳是福氏的兒童教育宗旨，恩物的提供絕對不可違反此目的。現在許多玩具如槍、刀、砲、劍等都與此方向背道而馳，福氏如果地下有知，一定深深感歎成人所提供給兒童的人為玩具，非但無法達成神聖的學前教育目標，反而形同「反教育」一般。

福氏的人為玩具正打開了一條成人社會製作兒童玩具之大道，福氏此種貢獻是有目共睹的。

# 第三節 幼兒教育的神祕意義

　　一八○八年，福祿貝爾到依夫頓（Yverdon）直接受教於裴斯塔洛齊，深受這位教育慈善家的教育愛所感動。不過，福氏基於他自己的宗教哲學理念，除了欽仰裴氏之外，卻也不無微詞。他說：「裴斯塔洛齊主觀地將人視爲在地球上的存在而已，我則把人看作一種永恆，人是永恆的存在物。」【註4】其意即指裴氏的「人」是短暫的，現世的；而福氏的「人」則是與上帝同在。

　　福祿貝爾出生後九個月，母親即去世。此一不幸「限定了我整個未來的發展。」【註5】繼母相當嚴厲，父親又忙，彼此非常陌生與遙遠；但教堂神祕鐘聲及歌唱、儀式程序之莊嚴，滲透他的內心深處，「生命的夢猶如一種相互聯繫而無矛盾的整體。」【註6】十五歲到十七歲時又做過森林學徒，對於自然界的奧秘發生了莫大的興趣。一七九九年入學於耶拿大學（Jena University）、哥丁根大學（University of Götingen）及柏林大學（Berlin University），深受當時德國哲學界神祕主義風潮所影響。哲學講座謝林（F.W.J. Schelling, 1775～1854）說過：「自然是看得見的精神，精神則是看不見的自然。」【註7】由於福氏自己的身家遭遇以及思想大師的啓迪，遂孕育出他神祕色彩的教育主張。

## 一　萬物皆有神性

　　上帝是無所不在，祂的神力表現在萬物中，「甚至我看到了榛樹的花蕊，也正如一個天使；在榛樹的花蕊中，我看出了自然界中也有上帝的莊嚴廟堂。」【註8】不僅如此，「在翅膀、蛋殼、雲霧、雪堆、晶體、石塊或爲冰所覆蓋的水、山裡山外、植物、昆蟲及人類……或磁鐵銼屑裡」，都可以找到神性的表現【註9】。福氏這種萬物有神論，可以與中國古代哲學家莊子之「道」在「螻蟻、在稊稗，在瓦甓，在尿液……。」（莊子·知北遊）的說法相互呼應。即

使是不起眼、微不足道或一般人棄之如敝屣的東西或穢物，都含有神妙不可測的意義在內。

　　人是上帝依自己形象而創，所以人的神聖性最高。福氏步盧梭後塵，堅信人性本善論，所以他認為兒童之天性比成人更善良。教育的程序，不是裴斯塔洛齊所說的「動物狀態」、「社會狀態」而後是「道德狀態」，卻應是從「自然兒童」發展為「人類兒童」，最後達至「神的兒童」【註10】。福氏此種說法，雖然是不滿意於裴斯塔洛齊的教育缺乏宗教氣息，不過二者的三種狀態卻可以彼此對照。

　　依福祿貝爾的觀察，「萬物皆有神性」最恰當的表現，就在兒童的「象徵」、「符號」或「想像」（symbolism, mysticism, imagination）的言行當中。兒童認定他所看到或注意到的對象，都有生命存在，這個觀念也就表現在兒童的自言自語或一舉一動中。「孩子與造物主間的親切性，是有跡象的，孩子不只認定他周遭的一切含有生命潛藏在內，他還賦予生命在他所看或所製作的東西上。因此就有了小雞、小老鼠、小鳥或小魚。視白色石頭為白楊花，柳樹為山羊。手杖代表樹木，木塊象徵人，就是他的手指頭也一定變成諸如魚或鳥等動物。」【註11】各位只要看看兒童在遊玩或辦家家酒的情形，就知道福祿貝爾所言不虛。

### 二　發展的有機性及整體性（organic and holistic development）

　　神性既彌漫宇宙，又附生於萬物，祂絕不是散亂無章、分崩離析，卻是銜接緊密及趨向於整合的實體。福祿貝爾攻擊洛克之人性如臘板論，認為人性絕非如同器物般的可以任意由外力予以塑型。「我們必須像鑄造銅幣一般的來鑄造我們的兒童嗎？為何吾人不能視兒童好比上帝的形象一樣？」就是「幼苗或小動物，只要給予時間及空間，它們就可以根據賦予的內在法則正確的生長出來。」【註12】

　　不幸在福氏時代，歐洲各地的教育仍然處於機械式的背誦時代。「一位裁縫師威嚴地坐在他的工作椅上，下面則是兒童在背誦

ABC：一位老木匠在多天的暗房子裡，一面鋸、劈木頭，一面在口述路德所寫的教義問答書。」【註13】這樣的教師既不深悟教育的神祕意義，教學方法呆板，教材內容又乏味的教育現象，與兒童生長的有機性及整體性背道而馳，福氏禁不住要說，這種教育簡直是令學生「魯鈍」，甚至是毀了學生【註14】。

神性統括一切，並且也主宰萬有；它具無窮的發展潛能，不可逆料，絕非固定不變的成規可以預測其限度。兒童的所有表現，無不顯示出上帝眞善美的傑作，也都富有神祕的意義。生長的有機性及整合性，最能具體比喻的，莫過於同盧梭或裴斯塔洛齊所提的植物或樹木。只是他們視樹木或植物是「自然」的一部分，福氏卻視自然爲上帝。樹木或植物的生長本能使得枝幹發展，且其有機性及整體性不但未失，反而越形牢固。

這種自然現象給人類活生生的教訓。福氏在《人的教育》一書中感慨萬千地說：「人啊！假如你在花園或田野上漫步，經過草原或樹叢，你爲何不注意那種默默的自然教育呢！即令那些小草，生長在阻礙及限制中，但是內在法則也絕少有讓步的表示。觀察花園或田野上的自然物，它們是完全的符合法則啊！植物的生長非完全被動的，那種有機性是活力旺盛的，更不用說人的發展之主動性更爲強烈。」【註15】而樹木花草之枝葉若與根脫離而失去整體性，不但部分漸漸枯萎，本體也受到損害。有生命的東西，本性都不脫離這兩種特徵。而探究其本，原來都是神性的運作：「田地裡的百合花，照一般俗人的眼光來看，似乎沒奮力去表現什麼，但卻由上帝加上一套比索羅門還更光彩奪目的衣飾，百合花不也長出枝葉花朵嗎？它不也在外表上顯露出上帝的內在性嗎？空中的飛禽，在一般人的心目中，既不耕耘也不做工，但不也以唱歌築巢等行動來顯示上帝所賦予它們的靈魂及生命嗎？」【註16】福祿貝爾之鍾情於百合花，已到了神迷的地方。

一八一三年他從前線回來（他參與拿破崙的戰爭）。他寫道：「在步行回家途中，我的內心充滿著一股不停、無法解釋的、不休止的追尋。我們走過許多美麗的地方及漂亮的花園，但心靈總是不滿

足,突然在一個地方我走進一個小花園,那裡開滿許多美麗的花朵,我全神貫注觀看那種生存力旺盛的生長,展現了清新的花苞,只是沒有一種花朵令我感到平靜,所有的花只不過瞬間停在我的內心而已,這裡的花越是如此,越使我感受到為何沒有百合花。我向園主人詢問,他說沒有,且又說:『也沒有人想念那種花』——用一種自我防衛的怒氣回答。」【註17】

中世紀以來,不少思想家也以宇宙的秩序性及和諧性來證明上帝的存在。看看四時之運行,山川之雄偉,無機物及有機物之環環緊扣;以及內省動植物本身生理結構之奧妙與神奇,都足以顯示出整個大自然所預先安排好的系統之完美無瑕。人是大宇宙中的一部分,絕對不能拂逆這種有機性及整體性。福氏此種說法,頗適合於盧梭的口味,只是多加了一層濃厚的宗教佐料。

### 三 兒童自由的神聖性

就如前述,教育既是在將兒童內在的神聖性予以「開展」出來,心性的本質就有一股主動自愛的神祕衝動。因此教育的原則是「不予干預」(passive),而非處處予以約束(prescriptive)、騷擾(interfering)、或命令(categorical)【註18】,「教育應強調自由,與其注意法令,不如讓兒童自決;與其外在逼迫,不如內在的自由意志;與其外在的仇恨,不如內在的愛;因為仇恨經常帶來更多的仇恨,法令帶來更多欺騙的罪犯,逼迫則形成奴隸性,指令則製造卑屈心態。有壓抑的地方,就是毀滅與下賤之處;嚴厲及殘酷就會興起頑固及欺詐——這時,教育就要宣布破產了。」【註19】因此讓學前時期的兒童自由自在,是當前教育的重要原則之一。這不只有益於心智發展,且也帶有深邃的宗教理念。福氏說:「兒童自己努力的結果若只得到四分之一的答案,價值也高過於別人告訴他全部答案。(對於後者)他只懂得一半、只聽一半,並且還常導致心智的懶散。」【註20】有問題,兒童自己解決,不需別人提示或明言以告。兒童不是痴呆,他看在眼裡、聽在耳中,且「感受」(caught)在心底,不必憑

他人之教導（taught）才能領會。他又舉出一個例子：「從嬰兒時期開始，他就有了一種『團契感』（feeling of community）：自覺與父母、兄弟、姐妹連在一起。這是最原始的宗教情懷。當母親放嬰兒於床上時，她的慈祥面貌、臉龐出現類似天主的笑靨，或向上帝禱告祈求神恩以保護並關懷這位甫出生的幼兒，這種氣氛對孩子的感受相當的大。一位真正的母親，不願讓別人抱著已入眠的孩子上床，也不願假手於別人抱起已睡醒的孩子，她要自個兒做這些事。別以為孩子不懂這些，他不是靠腦筋來了解，而是仰賴內心的感受。假如嬰兒的這些感受被剝奪了，長大成人就不會有充滿生命力的生活。設若從嬰兒期開始，就培育並教養此種宗教精神，則在生活的狂風暴雨或處境艱險中，就能有崇高的表現。」【註21】所謂「有子萬事足」，不少為人父母者手抱嬰兒，那種快樂及滿足的「神」情，就會傳染給早已蘊藏在初生嬰兒體內的「神祕」因子，從而開始發酵、滋長。

　　嬰兒對於這種表現，是有所回應的。依福氏的觀察，嬰兒的回應方式有二：

## 1. 笑

　　嬰兒以無邪的笑容來回應懷抱他的人，他又感受到父母及親人更因嬰兒的笑而展現神性的光輝，這種交替反應，就牢固了上述所說的「團契感」，他體認到環繞在他周圍的都是如此善良，一股「愛」意充沛地洋溢其中，使他了解他在家庭中或人群裡的地位，並漸漸知悉他與他們之間的親密關係。其次，嬰兒的笑，也是一種自我的發現（*sich-selbst-findens*，即physical finding-of-self）。從此，「我」與「他」之觀念漸生；但彼此之間卻也融合了父母之愛、兄弟之情及姊妹之親。這段時間，福氏稱為「吸取時期」（*säugling*, suckling），除了吸奶之外，也吸進了外界環境的所有印象；這些印象儲存在嬰兒的意識中，無法磨滅。基於此種理由，可見嬰兒時期之照顧，是多麼重要。並且此階段的教養，也作為下一階段教養的基礎。「新芽就好像在健康的蓓蕾中萌出。」【註22】有了好的開始，就成功了一

半。一個人成長後的身心健全與否，嬰兒時期是其關鍵。福氏的這種說法，爲其後佛洛依德（S. Freud, 1856～1939）的潛意識（subconsciousness）之心理分析（psycho-analysis）理論找到了註腳。事實上，若生活在彼此皆是笑容可掬的環境中，就有如生活在天堂一般。

## 2. 遊戲

兒童漸長，就以遊玩方式與成人或外物建立關係。福祿貝爾說：「遊戲是內在性自我活動的表現——代表內在需欲與衝動，遊戲是兒童期中最純淨也最具心靈性的活動，同時更是人類整體的向外表達的方式。遊戲帶來歡樂、自由、滿足，是內在與外在的休憩，使世界充滿和平，是萬善之源。一個孩子玩得過癮，自動自發的作決定，且持續到筋疲力竭才停止，才算是一個徹底又堅毅不拔的人。在遊戲中，他會爲自己或爲他人著想，甚至他也會自我放棄。遊戲是兒童生活中最美妙的一個項目。一個完全專注於遊戲中的兒童，一位玩累了而沈沈入睡的孩子，看起來不是頂漂亮的嗎？」【註23】

玩耍是兒童的生命，福氏從兒童的玩耍中發現「神意」的作用其中。雖然這種論點爲哲學家康德所反對，康德說：「孩子學到用遊玩眼光來看萬物，這是非常壞的事。」【註24】但福氏之注重遊玩，是與他中心思想之教育理念息息相關的。

總之，大自然的神祕性充斥宇宙；兒童活動的奧秘性也隨時表現其中。一般人都不能深層地領會此種境界，就好比人們不覺空氣的存在，卻仰賴它生活一般，這是福氏大感不解的【註25】。史上未曾有人研究過兒童遊戲及活動的特殊價值，其實，若窺其堂奧，它們的確極具「宇宙及人類學上的意義（cosmic and anthropologicl significance）。「所以我期許日後有人應該寫一本書討論『兒童的遊戲及活動』。兒童在進行這些工作時那種心無旁鶩以及快樂無比的狀況，我就認爲個中必有原因。」【註26】的確，兒童心靈上的神妙，有待學者去「尋芳探秘」以公諸於世。福祿貝爾這個願望，不久就由蒙特梭利及皮亞傑來進行。不過，兒童心靈這塊田地，因爲荒廢已久，耕

耘技術還有賴推陳出新。早期洛克以經驗主義的立場對兒童心性之了解作了一般性的整理，盧梭以浪漫式的筆調，對兒童的早期心態作了文學式的描繪；裴斯塔洛齊則以「愛」灌注於兒童心靈上；如今福祿貝爾更以神學及宗教的角度來闡釋兒童的心靈。這些學者的努力，多多少少讓我們更加認識兒童，依此來進行學前教育也就有個依據了！

## 第四節　學前教育的重點

　　學前教育依生長程序來說，可以分為兩個階段，一是家庭教育階段，一是福祿貝爾所創的幼兒學校階段。前者的教師就是父母，家庭就是學校；而後者的教育也與前者無多大出入，只是場所不相同而已。

### 一　父親、母親、子女三位一體

　　福祿貝爾以宗教術語「三位一體」（Trinity）來描述家庭成員。一個家庭只有父親，或只有母親，或只有子女，都不算完美的，都有欠缺，只有三者兼具才是理想的家。孩子在此種家庭中，承襲了父親的是「智慧品質」（intellectual quality），承襲母親的是「情感品質」（emotional side of his nature），二者合於一身，他自己則是「整體性、個體性、及分殊性」（unity, individuality, diversity）的綜合體【註27】，「三」對福祿貝爾而言，太富神祕意義了。上帝造人並非要他獨身；亞當及夏娃終將結合，所以孤男寡女終其身，並非造物主的旨意，男女結合必有孩子，這也是天然現象。所以父、母、孩子三者合一，就足以說明宇宙的神祕性。在西方「四」以上的數目都可以說是「三」所延伸的，若有數個子女，也只是代表一個數目，「三」就可以代表一切，一切都在三之中。婚後喪偶，或子女失怙，都不算圓滿。福氏有此體認，大概也深受自己童年遭遇所影響。

　　由於「三」代表完美，它的完美性就如同「圓」一般。在福氏「恩物」中，他特別推薦兒童玩「球」，因為球是圓的，天衣無縫。

「三」與「圓」二者合一，他說：「三這個數目字對我而言，象徵著一種絕對又不可分割的整體，也是忠誠不二的代號。而我認爲圓也完全具有符號的意義。球或圓就是極致、完全、終點，我認爲教育及生活的原則即在於此。」【註28】人生的一切包括生活與教育，都奠基於這個原則。父母親如能體會這點，相信必能給予孩子天性上應有的照顧與愛護，讓孩子感受「安全」及「信賴」（security and confidence），在三歲定終生的歲月裡，童年生活的幸福與否，的攸關人生大局。

## 二 兒童具有發展的無窮潛力，但必須磨練，且不可妄想他目前的言行如同大人一般

了解並尊重兒童的潛能是一回事，但期望兒童如大人，這就大錯特錯了。孩子有孩子的王國，大人有大人的世界，二者雖有連續性，但卻非完全相同。福氏追隨先賢盧梭的見解，在這方面沒有比盧梭說得更淋漓盡致，盧梭也贊同洛克的主張，潛力雖無窮但需經過「磨練」；小時忍受痛苦，也是一種教育，盧梭說：「人在發展上所必須的是，要忍受成長中的一些微小的不悅，才可以漸漸地承擔嚴重的痛苦。所以，當滿足了孩子所有的需要並且去除了他所有足以傷害的東西之後，就應該讓無法靜下來的孩子自我活動──由他去吧！讓他自個兒安安靜靜的去尋找自我原則，當他知道裝出來的痛苦或不舒服就能得到雙親的同情，久而久之則雙親在孩子實在迫切需要關照時，還要付出多少關愛才能讓孩子滿足呢？這小不點兒具有極爲敏銳的觀察力，他看出周圍人群的弱點，因此偏愛運用自己的內力來控制他們，如此總比發展自己的耐性與努力，來得輕易簡便。」【註29】福祿貝爾雖力倡人性本善，但凡是觀察入微的兒童教育工作者，都承認孩子是寵不得的。寵壞孩子絕非兒童「本性」所該有的發展方向，且與兒童的「神祕」潛能背道而馳。

更不可掉以輕心的是，父母望子女成龍成鳳，難免露出等不及的模樣，這就如同孟子「揠苗助長」的教訓以及盧梭所言「這未成熟的

果子就要摘下來吃，既酸且澀」的比喻一般。請謹記「萬丈高樓平地起」，並且「凡事起頭難」。一方面童年時期未予重視（一個三尺孩子怎可能瞬間長大成六尺大漢？），另一方面也是循序漸進（沒有地基怎能蓋高樓？）。這也就是福祿貝爾提醒世人應該研究並普及幼兒教育的主因。

### 三　勿干擾兒童活動的領域

兒童活動的空間不需很大，只要給他一塊地盤，他就不會去侵犯大人的世界；「他的王國，可能只是田野上或屋內的一個角落，也許只是一個盒子或是一個櫥子，一個洞穴或一個畜棚而已。」【註30】就自由自在的支配自己玩樂一段時間，大人不可吝嗇到連這麼小塊的領域都捨不得割讓給孩子去統治，否則就是太過自私而無視兒童的存在了。

其次，兒童基於好奇與好動，他會去探索成人視為平常但兒童認為神奇的對象；「他把玩玩具，扭轉它使它彎來彎去的，把它撕成碎片，放在嘴裡咬咬看。我們向他喊叫，說他是個笨瓜，其實他比我們聰明多了！」【註31】千萬別以為孩子幼稚，竟然將一個簡單的東西玩個沒完；有時孩子探究其中奧秘，把玩的東西拆開，此舉動並非破壞，更不是有意的予以毀損，大人絕對不可因此斥罵或譴責兒童。至於孩子爬樹也不要禁止，「下來！你會跌倒的！」這種命令並不妥當。因為他可以在爬樹所站的位置當中環顧四周以便衡量如何移動身子以防止摔下來。如此不但可以訓練體力，並可增強判斷力。只要按部就班，他以後就有勇氣冒大險。

福祿貝爾提到一種兒童喜愛的活動，就是攀登山洞、岩縫，在陰沉沉的樹叢或森林裡漫遊。因為「他們要找尋未被發現的地方，要看別人未曾見過的事物，了解暗處到底隱藏什麼。從這些行為中，他帶回來許多很不尋常的石頭與植物，以及窩居於洞穴的小動物——蚯蚓、甲蟲、蜘蛛、蜥蜴。『這是什麼？叫什麼名字？』我們回答這些問題的每一個字都豐富了他的世界。只有一件事我們不應該做的，就

是當他走出來時，立即對他說：『快把它丟開！』或『放了它，它會咬你！』設若他果真照你的意思行事，則他本身可以獲得基本知識的機會也就因此絕緣了。以後，每當你告訴他去看看一個絕對對他無害的小動物，或他自己的常識也可以判斷該小動物不會傷害自己時，他卻轉移目光而去，因而許多知識從此失去獲得的機會。相反的，一位不足六歲的小孩可能敘述一隻甲蟲的許多奇異動作及其神妙的機體組織。當然，你從前未曾注意過的，應該是警告小孩要小心的抓那些不常見的小動物，但絕不該讓他產生懼怕。」【註32】

這段話說明得極為傳神與逼真。兒童特別喜愛小動物，經過他們的仔細觀察與長期研究，他們就變成一個小小的動物學者了，他們對這方面所擁有的知識及經驗，多半非成人所能與之相互頡頏。難怪像盧梭、福祿貝爾，以及蒙特梭利等人，都聲稱兒童是成人的教師。僅僅看到他們那種聚精會神的模樣，以及興高采烈的神情，有時為飼養小動物——如蠶等，而廢寢忘食，大人也應該網開一面，不應予以阻止了。

碰到孩子求教，要有耐心予以解答，千萬不可發出如下的言語：

走開！不要在這裡礙手礙腳的！

遇到孩子要幫你的忙，也不可回以「我在趕時間，我自個兒做比較快！」兒童經由此種打擊，就會與大人產生疏離感，並且反應遲鈍【註33】。

此外，為人父母者應該記載子女生活上的一切。福氏認為即使是才出生的嬰兒，其行為都具有極大意義。他的表現極有可能被遺忘或混淆不清。因此家長實在應該保存一本簿子，把孩子的生活記錄下來；將孩子的各種動作、表情、吃喝時刻、排泄份量等悉數登錄，予以說明並解釋孩子各方面的發展及變化狀況【註34】。如果家長早就有心作這項資料的書寫工作，相信是一種珍貴的教育研究題材。自古以來的父母如能注意及此，則提供給幼兒教育工作者極大的方便，因

爲可以比較今昔兒童在不同年齡階段上心理及生理的發展差異。可惜的是，福氏的這項建議在當時並無人聆聽。就是現代的父母也把它當作耳邊風，沒有心神去奉行福氏的呼籲。

## 四　幼兒學校的教育

　　福祿貝爾對「學校」的功能提出他的哲學主張，配合他的宗教神祕意義，他說：「學校是一個盡力使學童感受到宇宙基本性質與他自己之間關係的地方，教導學童了解存在於物質世界中各部分之間的聯繫，應使他自己與大自然連在一起作爲領會萬物的基礎。」【註35】基於這種理念，教師應該「內在外在化，外在內在化，以及二者合而爲一，永恆的合一，並以有限來考慮無窮，最後則在生活上將有限無限建立於平衡點上。」【註36】福氏的此種說法，太過抽象與晦澀。不過，綜合本章所提的各種具體例子所展示的觀念，讀者大概可對他的學校教育宗旨有了通盤的了解。他說學校的特色，並不在於灌輸給學生各種特殊學科的知識，卻在於精神的統合，並以有機的一體性爲終極目標。「這個觀念太不受重視，導致學校有許多『教書匠』（schoolteachers）而絕少出現眞正的『師傅』（schoolmasters）；也出現許多教學機構（teaching institutions）而很少『學校』（schools）」【註37】。這個意思是說，不少教師及教學機構只偏重「教學」（teaching），卻忘了培育邁向神性統一的「教育」旨趣。

　　其次，幼兒教育機構的教師，在心態上較不能保證如同父母般的疼愛子女；所以裴斯塔洛齊所要求的「教育愛」，對幼兒學校的教師就更形重要了。萬一教師心術不正，缺乏教育熱忱，不具耐性，虐待學童猶如虐待動物一般，則兒童入幼兒學校反而遭殃。福氏發現有些孩子之過錯，教師才是元凶禍首。原因是「不幸，有些教師經常認爲是孩子惡作劇、故意搗蛋，是個狡猾的小惡魔。」【註38】兒童心性之可塑性頗高，當教師先入爲主的對兒童有了成見，在他的心目中已把孩子看成令人厭煩的對象，則怎敢奢想孩子在「上樑不正」的環境裡產生良善的品德呢？這種教師對兒童很凶暴，就如同自己弄斷金龜

子的腿後還自言自語地說：「看！多馴良！」【註39】

傳統權威型的學校，因為教師頻向學童施暴，或以記過壓人，學童當然「乖乖的」，但那已非人的本性了。

這也就涉及創辦幼兒學校所應注意的焦點。幼兒學校的師資，只要具備母愛天性即可，不必經由專業學科訓練來取得幼兒學校的教師證書。在英國宣揚福氏觀念的普里斯特曼女士（Miss O.B. Priest-man）說過：「管理六十名五歲以下的孩子，二位具有母愛天性的媽媽可以做得如同一位有證書的教師一般的好。」【註40】

## 五　福氏幼兒園教育實況

福祿貝爾親自經營的幼兒園，我們苦於缺乏資料，不知其詳。但福氏之姪女兼門徒（名為Madame Henrietta Schrader）於柏林創辦一所福祿貝爾學校（Froebelian Institute）；一八八〇年，一位法國訪客作了如下的報導：該幼兒學校分成三個班次，第三班（即臺灣所實行的小班）收容二歲半到四歲的幼童；第二班（中班）招收四歲到五歲的孩子；第一班（大班）的學生年齡則為五歲到六歲。

### 1. 小班的教學狀況

我們到了遊戲室，在那兒孩子任意的自己遊玩；有些圍在一起做遊戲，有的則單獨自己玩。他們各自都有很簡單及普通的玩具，如娃娃、小椅子、桌子、茶具等。一位老師看管他們，但除非有特殊需要，否則並不積極主動地參與孩子的活動。

對二到四歲的孩子而言，遊戲是他們主要的工作。遊玩可以使孩子藉助於一些玩具來表達自己的觀念，同時也可在遊戲活動中，抒發自己的精力。裴斯塔洛齊說：「除非透過遊玩，否則沒有其他方式可以發展自己的行動。」我們可以依此而下結論：假設我們希望孩子發展他最大的潛力，就應准許孩子充分利用他的精力與能量在遊玩上。孩子在他的天性與外在世界發生關係的時候，所表現的第一種工作，無論如何，都不應該予以阻止。這個階段的發展，孩子努力的結果，

除了活動本身之外，沒有一樣是他更感興趣的。基於此種理由，成人的影響儘量是越間接越好。

當孩子將周圍的東西，根據自己的觀念予以把玩時，為了能讓他具備健全和健康的觀念，我們可以為孩子營造周遭的氣氛，也就是說：提供足夠的房間或空間，好讓他充分自由的享受；提供適合其體力的玩具及東西，讓他可以輕易的把玩、製作。尤其重要的是，關懷與愛。孩子一定能感受到我們隨時準備走入他的世界。成人是他歡愉世界中的同伴。同時，要給予他適時的照顧，但使他不覺得拘束，也不覺得是受到別人直接或特別的逼迫，這種充分的自由，是兒童絕對需要的，也是教師所能提供的最佳管道。如此可以使兒童充分表現其真正的天性，這種天性是經由各人的愛好或品味自然顯現出來的。

雖然家庭一直是孩子受教育的最佳場所，但由於孩子的發展所應具備的必要條件已無法從家庭裡獲得，所以幼兒園必須填補此空隙，並提供兒童所需的東西。

我離開這房間進入另一個房間，在那裡，第三班（小班）幼兒集合在一起，他們圍繞在老師四周，老師拿福祿貝爾所寫的一本書中的圖片給孩子看（是一籃子的花）。她沒有什麼說明，她的目的不在教導他們什麼，只不過是製造出愉悅的印象。孩子一邊看一邊評論，老師回答並給予鼓勵，提醒他們，以引出更多的注意。有人說圖片中有一座花園，在花園裡，母女都是在摘花，要獻給父親……，過了一段時間，老師拿出一大把花來，然後問小朋友願不願意帶一些回家送爸爸媽媽。但是他們必須有籃子，對了！小朋友的手可以當作籃子啊！她要全體小朋友用手圈成一個籃子，同時唱著：「小朋友，讓我們一起來作花籃。」唱完後，她就帶孩子一起用紙製作紙籃，放學後小朋友就帶著小紙籃回去送給雙親。

接著，小朋友又坐在桌子四周，各人都拿著分配給他們的小木條，他們要用小木條做出各種容器——盆子、籃子等。

工作與活動是本班工作的起點，而工作本身就是一種動作，因為孩子不可能全部都做想像式的遊戲，他必須由老師提供材料與空間，

去執行別人給他的觀念。事實上，工作與遊戲一樣是以活動為基礎，但遊戲本身就是主要目的，而活動卻相反，活動是以活動的結果為主旨，所以在活動中孩子不能完全放任自由，他必須接受指導，以便做好有用的活動。活動本身對孩子而言，太令人入迷了。因此在開始時，他難以分辨遊戲與工作之不同，但到了工作漸難後並且有許多限制時，他才覺得工作是煩人的，也是痛苦的。

依孩子的能量與力道，安排他做有用的活動，並防止他免於疲乏，如能使他覺得工作與遊戲一樣的快樂，這就成功了。

孩子與成人一樣具備兩種人格：個人人格及社會人格。人不能離群索居，所以住在社會裡與人共享利益與好處。教育應該考慮這些，這兩樣應同時予以發展，提供完全的遊戲以便發展個人人格及社會人格，同時指導他們的能力往公共福利方向邁進。而遊戲與工作更必須二者合一，才能產生健全與正常的發展。

### 2. 中班的活動

小孩跟著老師走到廚房，各自拿著分配的花盆、土、植物、小圓紙。

回到教室集合在桌子四周，放下他們所帶回的東西，各人有湯匙在手，輪流地取半盆土，種下植物，再以土覆蓋其上，澆上水。當天氣太冷不能完全放在室外時，就把花盆移到窗前，如此孩子一開窗就與大自然直接接觸，讓他們了解人與大自然各自對抗的關係及相互的行動。為了使花朵看起來賞心悅目，開出芬芳撲鼻的花朵，則必須在幼苗之時予以澆水、照顧。此種施與受的關係，都是宇宙相互作用的法則。

另一天，這盆相同的植物——紫羅蘭（violet）又變成孩子工作的新對象，它被縫在一片紙上並作上記號，其後又將它畫在紙上。方式雖不同，但永遠都是紫羅蘭，而所有的實驗都是要孩子留下一個深遠的印象。所有這些活動都與工作有關，我們想讓孩子認識真正的實體，但卻要一步一步的來，從影子到實體，首先是圖，然後是花，最

後是植物；先是工作的外觀，然後是工作本身。

### 3. 大班的活動

　　相同的工作持續進行。老師先講一個有關紫羅蘭的小故事，再念一首紫羅蘭小詩，孩子靜靜地聽並提出問題。故事說完後，老師畫了一幅畫，是一個家庭在享受著春天之美。圖中是母親懷抱孩子，以及美麗的田園和房子。然後，老師開始分發畫板給每位小朋友，讓他們隨意去畫，但他們都盡力想把剛剛聽的故事畫出來。

　　孩子也用心去捕捉那首紫羅蘭小詩的意境，那是代表了紫羅蘭所顯示出來的感情與觀念。此時，孩子不自覺地步著詩人的思緒，產生詩人對紫羅蘭的相同印象，那是一種啟示。不過孩子因為太小，只能半遮半掩地表達他們內心的感受【註41】。

　　福祿貝爾解釋幼兒學校的學童所有行為，都以宗教為出發點，這種觀念，在學前教育廣被於歐美各國時，遭受不少的抗拒。蒙特梭利就以此點來批評福祿貝爾，她說此舉容易使兒童陷入逃避現實的迷障中。「兒童的神遊力帶給他自己的是——每一樣東西都賦有一種象徵意義，孩子心裡就存有幻想式的空中樓閣，海市蜃樓——把手視為馬，椅子當作王杖寶座，石頭視為飛機。」【註42】如此已遠離具體實在世界，不足為訓。美國哥倫比亞教育學院（Teachers' College, Columbia University）的教育系，一位有名的教授克伯屈（W.H. Kilpatrick, 1871～1965）在上教育哲學課時說道：「一提到福祿貝爾，教育已轉到相反方向。」【註43】克伯屈的老師，二十世紀最具影響力的教育思想家杜威更捨棄他對福氏原則的支持【註44】。不過，福祿貝爾的幼兒學校運動，卻普遍風行於歐美各地，而他所製作的「恩物」（教具）更廣為流傳；幼兒既視遊戲為生命，玩具乃為幼兒學校的重要設備。只是我們不應忘記，玩具只是達成教育目的的工具而已，它本身卻不是目的。我們與其把注意焦點放在玩具上，不如來研究並評論福氏的幼兒教育的理念，才更能發揮福氏給幼兒帶來的恩典。

　　現今的臺灣，幼兒學校已到處林立，不少幼兒學校以「福祿貝爾幼兒學校」作招牌，且購買價值昂貴的教具以招徠家長及兒童，事實上，這些學校的負責人及教師到底了解福氏的教育主張到什麼程度，都不無可議。從事學前教育的人，不妨多研讀福祿貝爾的著作，從中擷取精華去其殘渣，而不必以膚面的教具來作為福氏辦學的象徵，否則福氏地下有知，也會感嘆萬千！

　　繼承福祿貝爾宗教神秘意味的實驗式學校，臺灣較熟悉的是匈牙利的斯泰納（Rudolf Steiner, 1861～1925），宜蘭有一所公辦民營的慈心華德福實驗學校（Waldorf-Schulen），重點放在人智（wisdom of men）發展的「人智學」（anthroposophy）。斯泰納於一八七九至一八八三年在維也納的科技大學（Technical University）學數學及科學，一八九四年遇狂人尼采，反對經驗論，強調精神整體性（Spiritual wholeness）。轉向神祕論（mysticism）及玄奧哲學（occult philosoply），神智學（theosophy），側重「精神界」（spiritual world）。不是夢（dreams）也非本能（intuition），而是知識（knowledge）。經由「內在經驗」（inner experience），而非觀察及敘述，體會出身（body）、心（mind）、及靈（soul），是宇宙一體（a cosmic unity），這三個世界各占七年。教育不是「教」（teaching），也不是「學」（learn），而是發展（development），但不是盧梭所說的依「天性」或「自然」（nature）式的發展，也不是皮亞傑擬議的據「心靈」（mind）的發展，卻賴七年一期循序漸進。因教學對象非學前年齡的兒童，此處不贅述。

## ■ 附註

1. Friedrich Froebel, *Education of Man*, translated by W.N. Hailmann, N.Y.: D. Appleton & Co., 1887. (22) ──（代表節次，而非頁數，下同。）

2. ibid., (22)

3. G.H. Bantock, *Studies in the History of Educational Theory*, Vol. II, London: George Allen & Unwin, 1984, 172～173.

4. Irene M. Lilley, *Friedrich Froebel, A Selection From His Writings*, Cambridge: Cambridge University Press, 1967, 19.

5. ibid., 5.

6. ibid., 6.

7. ibid., 9.

8. 田培林，福祿貝爾與孟特梭里的教育學説，臺北：復興，1956，25。

9. Lilley, op. cit., 16.

10. 田培林，同註⑧，28。

11. Lilley, op. cit., 112.

12. James Bowen, *A History of Western Education*, Vol. III. London: Methuen & Co., 1981, 337.

13. ibid., 338.

14. ibid., 339.

15. Froebel, 1887, op cit., (8)

16. ibid., (22)

17. E. Mortimer Standing, *Marria Montessori, Her Life and Work*, A Mentor Omega Book, 1962, 322.

18. Froebel, 1887, op cit., 7. Quoted in Black, Lottich & Seakinger (ed). *Great Educators*, Chicago: Nelson-Hall, 1972, 497.

19. ibid., (12) in 498.

20. ibid., (14) in 500.

21. ibid., (21) in Lilley, op. cit., 61～62.

22. ibid., (22)

23. ibid., (12)

24. I. Kant, *Education*, Ann Arbor Paperback, 1960, 67～68.

25. Lilley, op. cit., 146.

26. ibid., 38.

27. ibid., 58～59.

28. ibid., 45.

29. ibid., 60～61.

30. ibid., 128.

31. ibid., 86.

32. ibid., 127.

33. ibid., 124.

34. ibid., 78～80.

35. James Bowen, op. cit., 338.

36. Lilley, op. cit., 56.

37. ibid., 139.

38. ibid., 135.

39. E. Lawrence (ed). *F. Froebel and English Education*, London: Routledge of Kegan Paul, 1969, 157.

40. ibid., 120.

41. F.M. Binder, *Edrcation in the History of Western Civilization*, Selected Readings London: MacMillan, 1970, 312～315.

42. Maria Montessori, *The Secret of Childhood*, translated by M. Joseph Costelloe, N. Y. : Ballantine Books, 1966, 156.

43. Lawrence, op. cit., 97.

44. John Dewey, *The School and Society*, ed. By J.R. Burnett, S. Illinois University Press, 1980, 49.

# 5 蒙特梭利的
「兒童之家」

蒙特梭利
Dottoressa Maria Montessori
1870～1952

# 第一節 「兒童之家」的成立

蒙特梭利（Maria Montessori, 1870～1952）是義大利兒童教育家，也是名聞遐邇的國際性學前教育家，更是獲得羅馬大學第一位醫學博士的女性學者（1896）。

由於蒙特梭利新穎的教學方法，以及她對兒童心理研究的獨特貢獻，使得世界各國爭相學習。國際蒙特梭利會議也自一九二五年陸續召開。晚年時，曾三度提名為諾貝爾和平獎得主；雖未獲此殊榮，但蒙氏已是全球受人敬仰與推崇的教育學者了。

## 一 蒙特梭利熱中兒童的心路歷程

在舉世教育的對象還十分歧視女性的十九世紀晚期，蒙特梭利以一介女流之輩，不但力爭上游，在求學過程讓她的男同學瞠乎其後，不僅巾幗不讓鬚眉，且裙衩還名列前茅。在童年時期入校時，即對兒童教育抱著憧憬，當教師要求學童記憶名人傳記，鼓勵他們少負大志而後也成為名人時，她卻答說：「我從不想成名，我倒關心未來的孩子，使他們在名人名單中多增加一些。」【註1】

這種少年時的奇幻想法，讓她日後全心全力投注在「兒童期心靈的奧秘」之研究工作上。她自認這種任務若能成功，就是人類文明史上的「最後革命」【註2】。但是這種重擔卻並非輕易之舉，而且更非一人可以單挑。一方面是兒童心靈之奧秘，深不可測；再加上傳統成見之束縛與窒礙，實在是荊棘滿地。「當細菌科學家巴士道（Pastern Louis Pasteur, 1822-1895）目不轉睛地觀察他的血漿實驗品時，他的太太忽然拿著一根麵棍往他頭上一打；這種遭遇就猶如孩童手舞足蹈的用雙手觸摸兩塊地板以分辨其粗滑之差異時，媽媽卻大吼一聲以巨掌拍向他的小臉，大罵手髒。」【註3】的狀況毫無兩樣。兒童研究，雖經康米紐斯以來的教育家大聲疾呼，但還在起步當中，這塊未開墾卻久為荒蕪的處女地，實在有賴大家群策群力共襄盛舉。

　　蒙特梭利是獨生女，家室雖非顯貴，但也是出身知書達禮之家，非屬下層社會階級。她少有「靈」性，有次雙親口角，她就拿了一張凳子放在父母中間，然後爬到椅子上將父母親的手緊緊抓在一起【註4】。福祿貝爾所言，家庭中父母與子女是「三位一體」的說法，在蒙特梭利的行為中具體的表現出來。

二　求學生涯

　　天資聰穎的蒙特梭利，對數學的學習興趣盎然，且成績優異。雙親打算讓她成為教師，但她一口回絕，「什麼都可以，就是不當教師。」【註5】這位橫心不擬作老師的女性，卻因造化弄人，其後變成蜚聲國際的兒童教育家。

　　學醫或學工程竟然是她的志向所在。這兩種事業都有賴高深的數學造詣，這方面她並不欠缺；但是一位本該秀氣文靜的女性，怎可侵犯這種本來就屬男性的專業領域？這真是破天荒之舉，不只家長反對，親族也譁然。但蒙氏毅力十足，不為習俗之見所動，乃親自求見義大利教育部長巴塞利博士（Dr. Bacelli），部長先是當面以堅定的語氣回拒她的請求，幸而在她禮貌的答謝及誠懇的交談之後，鬆動了他大男人主義的作風。蒙特梭利寧靜的表示「我知道我會成為一位醫學博士。」【註6】旋即順利入學，還榮獲獎學金。在當時大學招收了女生，大家都瞠目以視，蒙氏成為校園中十分醒目的對象，尤其在醫學院更是如此。

　　醫學研究必須解剖屍體，學生可以兩人共同擁有一具屍體，但男生都唯恐同伴閒言，或是認定男人至上主義，因而不屑與蒙特梭利相互保管屍體，因此不只她一人獨自觸摸、移動、解剖屍體，深夜還與之共處於斗室。這種膽識就是男生也望塵莫及。儘管她是萬綠叢中一點紅，也受到男生的捉弄與嘲笑，但她卻奮力不懈，勤學不怠，從不氣餒，還因此激發她的潛力，以表示女性的學術研究只要機會平等，不但男女能力相當，有時還能青（女）出於藍（男）。在她的大學生涯中，一日狂風暴雨天候惡劣無比，到校上課相當艱難。但蒙特梭利

為了顯露出她的恆心，冒了大風雨到校，上課鈴響時，始發現全班只有她一人出席，所有男生皆缺課了。她乃向講課的教授提議改天上課以免班上同學失去求學機會，但教授深為她的熱心所感，為補償地的奮力到校的代價，仍決定照常上課不誤，聽課的只是她一人而已【註7】。不久，她以傑出成績畢業。蒙氏的才華出眾，博得了父母之歡心，其父說：「醜小鴨已變成天鵝。」在她畢業論文提出時，由於她的論文之發表甚受注目，父女兩人遂變成大家恭喜的對象【註8】。皇天不負苦心人，她終於獲得了歷史上第一位女醫學博士學位。

### 三 對特殊兒童的興趣

如前所述，在大學求學期間，蒙特梭利的處境有如陷入「苦海」（sea of troubles）裡一般【註9】。一次，她為了解悶，在返家途中經過一個人跡罕至的偏僻公園（Pincio Park）時，遇到一位行乞的婦女帶了一個二歲左右的小女孩在園內角落抖擻著，丐婦衣衫襤褸、髒亂至極，但小女孩卻與其母大異其趣，一臉無邪且滿足的眼神，坐在地上玩弄一張彩色紙，清澈的臉、幸福的表情攫住了蒙特梭利的心，她乃折返解剖室，下定決心要為孤兒工作。「我無法解釋，它就如此發生了，你可能認為這是個傻故事，假如你去告訴別人此番事故，他們可能一笑置之！」【註10】

依福祿貝爾「神祕主義」的解釋，似乎選擇兒童教育工作，是上蒼的旨意，早就安排好要走入作育英才這條途徑【註11】。歷史上倒是不少傑出的教育家本來並無意要從事教育工作，卻有志於在政治、法律或自然科學上一展長才，不過經由一番價值選擇的結果，認定樹人工作的確是人生最具意義的事業。這種史例，也是不勝枚舉的。

蒙特梭利畢業那年（1896）曾代表義大利到德國柏林參加國際會議，爭取女權，抗議童工被剝削權益。一八九九年在一項教育會議上提到殘障教育問題，她打破傳統說：「殘障兒童並非社會以外的人，他們能因接受教育而蒙受其利；他們所受的教育雖然不必比正常兒童多，但也不可比正常兒童少。」【註12】這種論調在當時是

石破天驚的，她信心十足的保證，心智遲滯等特殊兒童，是教育問題而非醫學問題。她同時對於義大利兩位醫生（Jean Itard及Edouard Séquin）在這方面的貢獻推崇備至。

但是蒙特梭利最為世人所熟知的，是她所創辦的「兒童之家」，加上她到處演說以及廣為讀者所研究的著作，遂形成了「蒙特梭利運動」（Montessori Movement），在歐洲及美國都大受歡迎。雖然她也遭受不少批評，但其影響力卻未曾稍衰。我國目前的學前教育機構，也有藉蒙特梭利名義的（就如同借用福祿貝爾之名一般），希望主持人也能擷取她的教育理念來予以實踐，讓兒童能實際享受一段溫馨寧靜的「家」庭教育，使幼兒學校與家庭二者合而為一，共為兒童幸福而努力。

一九○七年，蒙氏為了實驗她的教育主張，在羅馬收容了五十名一貧如洗的幼兒，他們赤足、害羞、膽小，家長又文盲無知。但是經由蒙氏以類似福祿貝爾那種宗教奉獻的毅力與良好的醫學、心理學方法之應用，她的「兒童之家」（Chidren's Home）終於有了傑出的成績。她有感而發地說：「我就像個農夫，放棄好種子在一塊肥沃土壤裡耕種，但卻耘出好收穫來。我一挖土塊，立即出現金子而非五穀。土塊埋著珍貴寶藏。我如同阿拉丁拿著燈籠，不知道這正是掘開寶藏的鑰匙。不過，至少我為那些兒童的工作，帶給了我一連串的訝異。」這是她在一本名為《兒童期之奧秘》（*The Secret of Childhood*）的書中，寫出自己對「兒童之家」的感觸【註13】。

蒙特梭利與幼兒園之父——福祿貝爾相近的一點，就是她同意兒童教育要辦得成功，必須有一股神聖無比的宗教犧牲情懷。但是蒙特梭利比福祿貝爾更具優勢的一項特點，即她以精湛的醫學及心理學等做為實驗科學的基礎，來探察兒童心靈活動的底蘊。根據這種客觀又正確的兒童心靈奧秘之了解，順勢予以開導與教學，才能使學前教育事半功倍。換句話說，蒙氏的「兒童之家」，一方面有感人的教育愛層面，另方面又有可靠且有效的教學方法，加上正確的教育哲學為之導向，所以教育史家評論蒙氏之教育成果凌駕在福祿貝爾之上。

## 四 「兒童之家」的特色

蒙氏的「兒童之家」有下列幾項特色，我們看看她自己怎麼說：

(1) 教師自己進行「消極態度」，排除教師的阻礙與權威；兒童變成主動自主，不受他人干預。

(2) 教師看到兒童積極活潑就心滿意足。兒童活動增多，成人活動減少。就如義大利詩人但丁（Alighieri Dante, 1265-1321）所說：「你們說的話都屈指可數」【註14】，不要嘮叨。

(3) 兒童人格應予尊重。

所以「教師沒有桌子，沒有權威，甚至沒有教學。兒童成為活動的主體，自由自在、隨心所欲地去選擇自己的活動。有人認為這是一種烏托邦，另有人認為這是一種誇張。」【註15】蒙氏卻平實地把這種教育「仙境」呈現在世人眼前，學前教育從此有了嶄新的面貌。

蒙氏之「消極教育」主張，是盧梭教育思想之延續，加上她具有心理學及醫學之根底，所以使她的成就超越前人。本來她是從事低能兒教育工作的，在貫徹其「兒童是主動的」理念時，她發現低能兒的學習成就比一般人所想像的還高。並且，「智能不足，主要是教育問題而非醫學問題。」【註16】她遂信心十足地說，既然「兒童是主動的」說法可暢行於低能兒童的教育，則常態兒童的教育更可引用此種學理。傳統學校教育由於教法不當，觀念偏窄，以致教育成果徒勞而無功。因此蒙氏與福祿貝爾一樣，不以「學校」命名其教育機構，而取名為「兒童之家」。蒙氏對兒童心理之研究開啓了當前教育的新紀元。

## 五 兒童的主動

根據蒙特梭利的觀察與研究，兒童天性即有主動性。善於發展兒童的主動性，是教師最重要的任務。蒙特梭利與盧梭一樣，都警告世人不要壓抑兒童的主動天生。不幸，絕大多數的孩子非但缺乏主

動性，反而淪爲被動消極，非督促與逼迫不爲功，教育這種不能主動自發的孩子，著實非常痛苦。孩子爲何會消失他們天性中的主動本能呢？嚴格追究責任的話，還是成人咎由自取，孩子是無辜的。且孩子從主動變成被動，罪魁禍首並非兒童自己，面是成人。

請看看下述一則蒙氏在她的《方法》一書中的精采片段：

一天，兒童自個兒聚集起來，有説有笑地圍在一個圓形的水盆四周，看著裡面的浮游玩具。校園內有一個兩歲半左右的小孩，他在人群外孤獨地站著，旁人很容易看出他渾身充滿著好奇，我看他走向人群，並試圖用力擠進去，但因力量太小，始終不能得逞。不久，他四下張望尋找解決之道，那種認眞思考的表情顯現在他稚嫩的臉上，非常有趣。他的眼光看到一張小椅子，顯然地，他下決心要把小椅子放在人群後面，再爬上去看。他開始走向小椅子了，臉上充滿希望之光。但就在這一刹那，老師卻用『蠻力』抓住了他（老師可能説她溫和地用力而已）的手臂，把他高高地抬起，指著水盆告訴她：「來！可憐的小東西，你也看到了吧！」

無疑的，小孩因此看到浮在水面的玩具，卻無法體驗到一種依他自己能力來克服困難而感受的樂趣。他看到的東西並無助於兒童的發展，倒是他的智力可以萌發他內在的力量。在這個故事裡，教師阻擋了兒童的自我教育，卻無良好的補償。這小傢伙本來是個征服者，現在發覺自己受束於兩臂之下，無能爲力了。愉快、焦慮、希望等這些我好有興趣觀察的表情，也從他的臉上消褪了，倒發現呆滯的面龐取而代之，因爲孩童知道別人已替他行動了。【註17】

上述這段故事及評語，是蒙特梭利的教育觀察中頗值得後人思考的。孩子自己發現困難，自己運用經驗與腦筋，當設法解決問題時，那種樂趣眞是非筆墨可以形容；即使他自己所構思出來的一套解決方式會產生一些危險，或者那種解決問題的辦法比較笨拙（那是成人自己認定的，小孩子可能以爲是相當高明呢！）；但總應該讓小孩子有

「享受」自己辛勤耕耘所得來的收穫，怎可剝奪他的這種「自我教育」機會呢？千萬別幫倒忙，孩子在玩拼圖中，如果別人代勞，他不但不領情，還會大發脾氣，別人何必自討氣受？【註18】他如果嚐了苦果，也必然會親自反省檢討，何必成人擔憂？從錯誤中省思，是彌足珍貴的教育代價，他的印象最深，並且有一層很難消失的自我體會感。他為自己的活動感到驕傲，感到自信。如果成人能美言幾句，則對兒童的自發主動性更有助長作用。

成人啊！你何不用一種「欣賞」的眼光去看兒童的一舉一動，當他費力地去搬小椅子時，他也是自得其樂的；當他不穩地站在小椅子時，他會練習如何平穩自己的身子，萬一不小心摔下來，別擔心，不會有致命危險的，孩子會從此衡量自己的行動效果。大人緊抓住兒童不放，完全把兒童放在成人的掌握中，孩子雖然安全了，但卻失去了自由。這種損失是相當大的，連帶的，兒童一項非常好的天性——自發自動性，從此漸漸消失。如果大人日後怪孩子為何不主動，實在應該怪大人自己才對啊！

培養孩子獨立自主，是正確的教育觀念，但是要讓孩子不倚賴他人，就得提供他行動的機會及自主的自由。如果成人剝奪孩子這些權利，除違反發展原則之外，還造成痛苦的教育結果。

讓孩子自己來吧！成人不必窮操心，凡事為兒童代勞，兒童也不一定感謝，還弄得成人疲累不堪。蒙特梭利的「兒童之家」鼓勵兒童自己動手，自己用腦筋。比如說，穿鞋、綁鞋帶、扣鈕扣等等，雖然孩子自己處理得有點手忙腳亂，一副笨拙模樣，但這是成長所必須付出的代價，更是珍貴無比的教育經驗，並且兒童還自得其樂呢！自己不動手，卻要求他人服務，除了表示自己無能之外，內心也孕育出一股「奴役」態度，會令人深覺不快。蒙氏不客氣的做了個比喻：「一位癱瘓的人由於有病，不能自己脫鞋；一位王子因為社會傳統的事實，也不敢自己脫鞋，情況就如同那位癱瘓的病人一般。」【註19】

其實，孩子不管出生在有錢人家或貧窮地方，他都有自己操作的原始本性，為什麼不順應這種良好又令人景仰的天賦呢？

## 六　尊重孩子意願

蒙特梭利在她的《方法》一書中舉出她的發現：

在羅馬的一個公園裡，我看到一個約一歲半的孩子，他是一個笑容可掬的漂亮孩子，他正想將沙石放在桶內。旁邊有一位穿戴秀氣的保母，看起來蠻喜歡這個孩子，也看得出她對孩子的關懷和照顧。應該是回家的時候了，保母耐心地勸孩子不要再玩沙石了，準備伸手把他抱回嬰兒車裡，但是這位小傢伙卻無動於衷，仍然興高采烈的玩沙石。這位保母只好將沙石裝滿在桶裡，與孩子一起放在嬰兒車內，心裡充滿自信，以為此舉必能迎合嬰孩之所需。

不料那位小孩子卻放聲大哭，那種抗議強迫以及不公平的表情都寫在孩子的臉上，令我大吃一驚。外力的累積，壓抑了將萌生的智慧。這位小傢伙並不希望桶內裝滿沙石，他希望需要時才把它裝滿，如此才能滿足他生機盎然的活力。兒童所需要的（也許他不自覺）是自我的發展，而非裝滿小沙石這種外表的事實。外在世界如何精采動人，也只不過是一種空靈的現象而已，他自己的生活需要才實在。實際上，假如他把沙石裝滿了桶子，也可能再把它倒空，然後再繼續裝沙石入內，直到他的內在自我覺得滿足為止。自己自得其樂，才是幾分鐘之前，臉上洋溢著紅潤及微笑的原因。精神上的歡樂、活動及日光，才是散發他亮麗與燦爛生活的三道光芒。【註20】

讓我們再引用蒙特梭利在《方法》一書末尾中的警語，以供學前教育工作者參考：「我們常聽人說，兒童的意志應予『摧毀』，最良好的教育，就是要兒童放棄自己的意志而聽從成人的意志。這種觀念，除了不正當之外，還是任何殘暴行為的根底呢！」【註21】沒錯，懦弱、寄生蟲性格，甚至失去人性光輝的那種虐待行為，追根究底就是「摧毀」兒童天性所造成的惡果。尊重孩子，讓兒童自主，勿失良機！成人不應掉以輕心啊！

　　只有熱愛兒童的人才會尊重兒童的意願，也唯有視兒童爲天使的人，才會衷心研究兒童，並且視兒童之研究爲人生最具價值的活動。她希望把教育研究變成科學的園地，她的《方法》一書也以「科學的教育學」（Scientific Pedagogy）取名；但由於教育「科學」的研究對象是「兒童」，因此價值高於自然科學的以物爲研究對象。她在該書中引用了一段聖經的話：耶穌基督正在撫摸一幼童，徒弟問他：「師傅啊！告訴我們，天國中誰最偉大？」耶穌答道：「誰要是能像這個小孩一般，他就是天國中最偉大的。」【註22】

　　孩子的意願，就是孩子的自由意志！這種自由意志本來就是天生的，但不幸卻慘遭後天的荼毒。她以自然科學的研究對象爲例，來警告教育工作者勿把人當成物一般看待；否則兒童就變成役於物的奴隸了，而固定不變就是奴隸心態的特徵。她說：「奴隸原則仍在當前教育學中大行其道，關於這個，我只要提出一個證據就得了——固定不動的課桌椅。」【註23】學童呆坐在固定不動的課桌椅上，猶如昆蟲實驗科學家將蝴蝶標本用圖釘釘在掛圖上，翅膀一動也不動一般【註24】，並且不少人用科學的方式研究課桌椅的高度如何適合於學童的年齡，如何避免彎曲學童的脊椎骨，蒙特梭利認爲這些都是以科學的皮毛應用於教育，更是膚淺之舉。與其研究治療矯形（orthopedic），不如釜底抽薪的解放兒童，那才是務本之道。換句話說，自由的爭取才是當前學校教育之所需。兒童不是蝴蝶，課桌椅不是圖釘。「解除人自加的軛，才是新教育的精神所在。……賽馬的職業騎師先給馬一塊甘蔗（獎），然後套上馬鞍；馴馬師則以鞭打（懲）來使馬依韁繩指示而奔馳；但這兩種馬都沒有草原中的馬跳躍得那麼美妙。」【註25】給予活動的空間，面臨大自然，兒童自己的活動就已經夠他忙碌了，所以「老師除了觀察之外，別無一事。」「利用我的方法，教師教得少，卻看得多。」學習狀況如果像釘在圖板上的蝴蝶標本一般，這還算活生生的兒童嗎？「確實的，兒童的教育是有點亂的，但教師應充分讓兒童自發自動的表現其心智。」【註26】

　　其實，「兒童之家」並不是「有點亂」，只是孩子始終是活

「動」的。靜止是最不亂的，要孩子靜止，甚至長時間的靜止，等於要他的命。而讓孩子靜止不動的最好方式，就是讓他們死掉，試問這個時候的孩子還需要教育嗎？

# 第二節　兒童行為的特徵

## 一 秩序感

　　一般人都以為孩子的房間或遊樂場一定到處亂七八糟，孩子既不會收拾玩具，也缺乏「秩序感」。許多成人因而打罵孩子，並且也處心積慮地運用各種方式來培養孩子整齊就序的習慣。然而，蒙特梭利卻在細心地觀察研究兒童教育的奧秘之後，發現孩子天性上本就有秩序感，不是亂糟糟的。孩子之所以亂糟糟，泰半是由於成人的不良示範或誤解所造成。從事學前教育的人士不妨聽聽蒙特梭利的警告，在進行幼兒教育之時，應該比較能夠上軌道。

　　孩子的「自然」性，就如同宇宙運作之井然有序一般，每樣東西都有它的定位，愉快感油然而生。如果擺錯了位子，就等於擾亂了自然界的秩序，也讓孩子內心產生不安。當孩子無力糾正這種亂糟糟的安排時，發洩焦慮之情的唯一方式就是哭泣。如果他有能力的話，他會堅持物歸原位。

### 1. 洋傘的故事

　　蒙特梭利觀察一位僅僅六個月大的女孩，一天她看到一位婦女進入她的房間，並且在桌上放了一把洋傘。這位小女孩頓時激動異常，婦女認為這位小女孩可能想要那把洋傘，就微笑地將洋傘置於小女孩面前，豈知孩子竟把它推走，並且繼續哭個不停。如何安撫此種壞脾氣呢？孩子的媽媽靈機一動立即把洋傘拿走，放到別的房間裡，孩子頓時止住了哭泣。原來桌上放洋傘，是孩子無法接受（心理還未充分

準備）的秩序，好比放錯地方一般，令她覺得非常不自在。婦人放洋傘的行為混淆了小女孩的記憶型態，在她的記憶中，洋傘從未曾如此放過【註27】。

### 2. 大衣應穿在身上

蒙特梭利有一回隨著旅行團經過義大利那不勒斯隧道，大夥兒提議步行以便多一層感受。團裡有一位媽媽帶著一個一歲半的男孩，由於他還太小，不能走長路。走了一會兒孩子累了，媽媽就把他抱在懷裡。不久她覺得全身發熱，於是停下來脫掉外衣掛在手臂上，然後又抱起她的小孩。想不到孩子卻哭了，且哭聲越來越大。媽媽用盡所有辦法想阻止孩子哭泣，卻徒勞無功，隊員、導遊也用盡力想幫忙，但他們的好意更助長孩子的哭叫聲。最後，蒙特梭利出面了，她深知此種反應，正是小孩內在感受性的表示，這是有心理學根據的，她決定試試看以便印證她的學理。她安詳地走到孩子媽媽面前，告訴她：「我可以幫妳穿上大衣嗎？」因為她仍覺得熱，所以對蒙氏的請求深覺訝異；不過，遲疑了片刻之後，她還是接受了這種請求，穿上了大衣，頓時，孩子安靜下來了，當孩子停止哭泣時，口中喃喃的說：「大衣……肩膀」，意思是說：「妳的大衣應該穿在肩膀上。」是的，媽媽應把大衣穿在身上，這才是理所當然的安排。孩子滿足的臉上似乎在告訴他的媽媽以及所有的旅客：「你們終於了解我了！」他平和的伏在媽媽肩上，很快地沈沈入睡！【註28】

仔細又耐性地去觀察兒童，蒙特梭利說：「孩子玩完玩具後把它收拾好並放回原處，是他們最感愉快也最為自動的行為。東西所放的地方如有一定秩序，則孩子就容易辨認，也明白東西與環境之間的關係。」【註29】

### 3. 捉迷藏

兒童的「捉迷藏」遊戲也顯示出「秩序感」的存在。孩子們親眼看到一個小孩躲在布堆裡，他們到戶外，然後進來把布掀開，發

現躲藏的人仍在裡面，就爆出歡笑聲。蒙特梭利記載有一回她看到一個大孩子與一群小孩子玩捉迷藏遊戲，小孩子躲在傢俱後面，大孩子入內後裝模作樣地假裝沒有看到那小孩而東找西找，四下尋覓，但就是不到傢俱後面試找看看，以爲如此可以取悅這小孩。終於這位小孩叫出來了：「我在這啊！」那聲音如同在說：「你沒有看到我在這裡嗎？」這不但表現了小孩的純眞，還表示小孩遵守既有「秩序」的觀念。底下的一個故事，更表示小孩遵守既有「秩序」的含義。「我（蒙氏）有一天參與了一種遊戲，發現一堆孩子又叫又喊的拍手歡笑，原因是他們發現同伴果然如他們所料地躲在門後，他們走到我這裡說：『跟我們玩，躲起來。』我接受此邀請，他們跑開了，老實地跑出門外，好讓我躲起來。我不躲在門後，而藏在櫥櫃的角落，不久，孩子成群結隊入屋，拼命在門後找，一副焦急的模樣，稍候片刻，我認爲他們找不到我了，才從櫥櫃的角落走出來，結果孩子們一臉困惑且臉露不悅的向我質問：『你爲什麼不同我們玩，爲什麼要自己躲起來！』」【註30】

兒童這種天生的秩序感，似乎在呼應著整個宇宙的和諧與秩序，兒童的行爲是合乎秩序的，破壞秩序並非兒童的行爲現象，卻肇因於成人。換句話說，兒童遵守秩序，大人才破壞秩序，大人實在應該以兒童爲師。難怪蒙特梭利要說：「兒童是人類之父，文明之祖，且是現代人類的教師。」【註31】細心觀察兒童的秩序行爲，他們是按照自然的原有秩序的，絕對不擾亂自然的安排。

筆者有一同事於農曆過年前帶她大約三歲左右的孩子來家聊天，因筆者最小的孩子都已上大學一年級了，所以家無童伴，亦無玩具。這位同事的孩子處在大人世界中顯得孤零零的，頓然喚起筆者的同情心。左思右慮，乃打開客廳抽屜拿一盒跳棋讓這位幼童拿去玩。這位小朋友乃獨自一個人在室內角落安靜地玩弄跳棋，近午時分，同事說要早點回娘家拜年，因時間已遲，乃催促孩子趕緊準備動身。筆者就目睹這位小孩立即收拾好跳棋，並且一步一步很穩重地帶著跳棋盒子往抽屜方向邁進，她要「物歸原位」，因爲她知道，該盒跳棋的本來

位置在抽屜裡，那是屋子的秩序她要遵守，但說時遲那時快，小孩的媽媽卻不由分說地用她的大人手掌抓著小孩嫩弱的手，急急地說：快啊！快啊！然後一直往門外拖走。這景象的確令我記憶猶新，尤其在閱讀蒙氏著作之後，更深覺感慨。盧梭以來的教育思想家一再地譴責大人而衵護小孩，他們的衵護是有道理的。

## 二 聚精會神，自動自發

只要能激起兒童興趣的對象，兒童會聚精會神去閱讀，這種集中記憶力的表現，有時也令成人大感驚異。而引發兒童目不轉睛注視的東西，往往是大人所忽略的「細節」。而且這些舉動，都非外力逼迫所造成，卻是兒童自己自動自發的行為。這種行為似乎變成一種使命感，但兒童履行此使命，非但毫無痛苦或遲疑，還迫不及待且處於興奮莫名的狀態中。

蒙特梭利舉出許多實例，下述是其中數種：

(1) 孩子觀看鴿子孵蛋而守候在旁歷經數小時也不罷休，當孵出小鴿子時，孩子的那種愉快心情，實非筆墨所能形容，因此耐性十足地送食物及稻草到母鴿處。另外，孩子注視池塘中的魚在游水，兒童即陷入神往、神遊或神思裡。蒙特梭利建議兒童生活的場所，應該有長芽的花草及可愛的小動物等，如此兒童會瞪大眼睛注意它的各種變化。即使是一個五個月大的孩子，也會對一塊大理石嵌在一面古老的灰色牆壁上而注視良久【註32】。我們平常也可以看到媽媽牽著還在學步的幼童，漫步於田野小徑時，小孩就掙脫了媽媽的手不走了，而蹲下來仔細地看著路邊一隻小蟲正在蠕蠕而動，他極為興奮地注視良久，也不願離去。

(2) 小孩自個兒玩，不要別人打擾，他甚至也無視於他人的存在，自得其樂且不厭其煩。「一位三歲大的小女孩無休止地玩玩具，我計算的結果，竟重複有四十二次之多，她在重複這些玩具遊戲時，別的小朋友在旁邊唱歌或走動，她都心無旁騖專心一致。那種滿足與愉快，好像從夢中走出來一般。她的眼睛光亮，四下看看，並沒有

注意到我們的所作所爲對她產生什麼騷擾。」【註33】兒童的這種專注，儼然像個「小隱士」【註34】，但他「汲取式的心靈」已忙碌不已。（《汲取式的心靈》是蒙特梭利的一本著作，*The Absorbent Mind, 1949*）。

　　心靈像海綿，可以汲取外界資源。蒙特梭利給心靈（mind）一個形容詞，即汲取（absorbent）。孩子自降世時刻起，就馬上接觸到外界紛杳而至各種令他驚異的訊息，他目不接暇地吸取著這些充實他心靈內涵的感官資料。眞實的世界已夠神奇，不必假藉福祿貝爾那種神祕的哲學，就足以讓兒童接受這些外在的刺激；而不必說「打開窗戶，看到一條龍」，其實「打開窗戶」本身，就足夠令兒童興奮莫名了，因爲他吸取式的心靈已開始運作【註35】，「好比一個錶已上了發條一般。」【註36】

## 三　顯現心靈的奧妙

　　兒童心靈的秘密，奧妙無比。蒙特梭利在《兒童期的奧妙》（*The Secret of Childhood*, 1936）一書中，特別提出研究兒童心靈奧妙的重要性，贊同美國盲女教育家海倫凱勒女士（Helen Keler, 1880～1968），提倡經由感官教育來宣洩兒童心靈奧秘的方式，因而開啓了兒童心智研究的嶄新紀元；也與法國哲學家柏格森（Henri Bergson, 1859-1941）的「生機力」（*élan vital*）學說相吻合。兒童行爲中所顯示的心靈奧秘，有賴學前教育思想家集中焦點予以探討，使它的奧妙能公諸於世。

### 1. 初生時候的哭泣

　　醫學界認爲嬰兒呱呱落地時非哭不可，那是求生本能的表現；哲學界解釋爲悲觀的人生即將來臨，因此就先痛哭一場。蒙特梭利則以心理學角度來說明嬰兒出生時哭泣的意義。她認爲這是小生命無法適應突來的環境刺激，而大人又自私不顧及嬰兒處境所產生的現象。嬰兒甫出娘胎，立即進入一個極爲「陌生的環境」（an alien environment），家人和親朋好友卻儘管照顧產婦，因為媽媽生產受到陣痛或傷害，因此要求她好好休息，避免強光與吵雜，但難道嬰兒不因誕生而受傷害嗎？這個小生命本來是處在一個暗無天日又寂靜的子宮裡，現在卻已置於光線強烈又噪音四起的產房或育嬰間。此外，在出世不久的褓褓期間，還被大人抱來抱去，穿著華麗的緞帶且有花邊的衣服，難道我們也對這躺在產房靜養的媽媽相同的看待嗎？果真如是，似乎是要這位媽媽「生下孩子之後，馬上起身盛裝去參加一項歡迎會」呢？【註37】

這種描述，露骨地表達成人未理解稚齡兒童的心靈，他們的痛哭就是一種抗議或無奈。有些道賀者還將嬰兒抱在懷中左搖右搖，親吻貼臉，不知孩子面臨這生平第一遭的「困境」其心靈的衝擊有多大。孩子本來也是赤身裸體的，現在卻有了尿布與嬰兒衣；還接觸好多「奇形怪狀」的「人」，體膚還受「不明物體」所觸，而五顏六色的光彩直逼而來，還得受針刺之苦，而從未聽聞的聲音縈繞腦際不散；如果不巧生在過農曆年或附近有人婚宴，則震耳欲聾的爆竹聲，的確使這個新入夥的小生命驚異莫名，苦不堪言。試問處在此情此景之下，不是只有訴諸痛哭一途嗎？成人社會何其忍心，從未安置一個適合於嬰兒心靈的環境，以免嬰兒受驚嚇而不知所措！【註38】蒙特梭利認為出生時嬰兒所面臨的變化，如同人從地球降到月球的情形一般【註39】。本世紀當太空船將人從地球送到月亮前，做了萬全的準備，但對嬰兒降世卻草草為之，實在是諷刺之至。

### 2. 童稚之愛

孩子天性熱愛大人，喜歡大人，他要大人陪他；晚上睡覺時希望大人在他身旁而不要大人說：「晚安，再見！」大人吃飯時，小孩高興在旁邊，看到有大人在側就心滿意足。但不少大人無法知悉孩子此種童稚之愛，甚至連逗留在孩子旁邊片刻都不肯，經常說的是：「我不能，我好忙啊！」還大發謬論地說：「你必須糾正小孩此種纏人不休的習慣，否則將來你就會變成孩子的奴隸。」小孩早上醒來，前去

叫醒父母親，不少家長深感厭煩。但是一個小孩到底是受到什麼樣的驅策，導致他在起床後尋找雙親？假如不是孩子童稚之愛的驅使，他會如此嗎？他只是去「看看他所愛的人」，或者「我只想給你們一個吻，而不是打擾你們的睡眠。」【註40】這種天真無邪的善意心靈之表現，不是十分珍貴的舉動嗎？蒙特梭利借用詩人但丁的話，說這就是「智靈之愛」（Intelligence of Love）。

### 3. 熱愛工作（work）

兒童由於生機力旺盛，活動力十足，他的手腳、嘴巴、眼睛、耳朵常不停地在四下汲取新的刺激，除非他睡著了，否則始終都在工作當中。蒙特梭利很正經而又嚴肅地訴說著孩子的活動和性質，就如同講述大人做正經事一般，絕非如福祿貝爾一般的以為是「遊玩」（play）。以大人的標準來衡量小孩，才會把小孩非常具有意義的活動看成是「遊玩」，即使處處為兒童著想的福祿貝爾，也難免犯此大錯。

基於兒童熱愛工作的心靈流露，許多「技術」或「知識」都是孩子自學或模仿而來，教師或大人不必太費心神去「教導」。小孩的心靈如同海綿吸水一般，同時也類似「軟臘」（soft wax）【註41】，可以塑型變模；更好比是一個「飢渴的心」（starving mind）【註42】，隨時隨地都想填飽他的小身軀，他無休止地「工作」，正是知識觸鬚向無邊無際的宇宙伸展的積極表示。根據此論點，蒙特梭利一再地說，教育不是「外鑠」，卻是心靈奧秘的顯現。兒童心靈這塊素材，只要不予外力的干擾，它就漸漸開展出它的底細給成人世界知悉。所以「不是教師教小孩，而是小孩教教師。」【註43】在《兒童期的奧秘》一書中的第廿九節，其標題也是「兒童如教師」（The Child as a Teacher）【註44】。

甚至她還認為，母親只是生小孩而已，並沒有教小孩說話，說話是小孩自己學的【註45】。當她在羅馬主持「兒童之家」時，所收容的是三歲以上的貧苦孩子。有一次訪客問一位小孩：「誰教你寫

字？」被問的小孩一臉茫然，回答說：「教？沒有誰教我，是我自己學的！」【註46】

兒童「自個兒」的「工作」，已讓他終日樂此不疲，忙碌不堪，大人或教師又何必庸人自擾，或自作聰明「設計」一套什麼教學方法與教學教材，來加重兒童的負擔和「阻礙」兒童的生長呢？大人或教師所「給予」兒童的，到底是補品還是毒藥，的確非常值得斟酌！不過，其間最重要的差別要算是，孩子若經由自己所熱愛工作的活動中所獲得之成果，比大人或教師「教」他的，欣喜度高過數百倍。除此之外，只要兒童工作不停，則說謊、膽怯、煩人、貪吃、懼怕、口吃、破壞性、頂嘴、占有欲等不良習性都可消失殆盡【註47】。

# 第三節　蒙特梭利的「方法」（一）

蒙特梭利著有《方法》一書，兒童教育研究者也把「方法」視為焦點予以探討。但是蒙特梭利卻對只顧方法表面（技術），而不求方法底層（精神）者大潑冷水。她說：「我們所看到的不是什麼方法，我們所看到的是兒童。我們看到的是應使兒童免除的各種阻礙，以及兒童心理的自然發展。」【註48】因此替兒童革除各種障礙，應是未來教育的基礎，也是學前教育的出發點。不過，研究兒童心理卻是先決條件。從兒童心靈的研究中就自然伴隨了兒童教育的方法【註49】。

## 一　「方法」植基於「精神」

蒙特梭利看出二十世紀有一種突破性的發現，即原子能量的解放，她希望應該也有個心智能力的解放。前者造成了核子戰爭，人類有毀滅之虞；但只要後者成功，則可以帶來「和平的武裝」（Armament of Peace）【註50】。自古而來的教育只重視成人，而未及小孩，這「就好比一個人只用一腳走路而不用雙腿一般」的遲緩【註

51】。而即使對兒童予以關注，也多半以成人眼光來評價兒童。這種非難，自盧梭為文大聲疾呼予以痛斥之後，情況並未見多大的改觀。

教育的精神，如能「幫助兒童心智、精神、生理，及人格的創造發展」【註52】則即可「造就新人具備優越的品格、新的人種、尼采所描繪的超人」。蒙特梭利的努力，是先要求教育工作者徹底研究兒童心靈的底蘊，就好比培根（Francis Bacon, 1561～1626）說要控制自然得先了解自然一般；想教導兒童，或設計兒童教學法，就必先認識清楚兒童的心靈實況。若在真相不明之前就考慮技術，就猶如不知「方向」但只知「方法」，非但無濟於事，反而有差之毫釐而失之千里之災。

首先，從事兒童教育工作者必先肯定兒童存在的神聖性。兒童絕不是大人的縮影，更不是教師的附屬品，兒童有他獨立的人格。既然「工作」是兒童的生命，教師就得尊重兒童這種不能失去的先天稟賦。蒙特梭利曾記載孩子第一次學寫字時的興奮狀態，「他的欣喜，如同雞下蛋一般」，趕緊請同伴去欣賞他的傑作；緊抓母親衣裙，非要她去評鑑他的得意表現不可。「一位小孩有一天帶一本小冊子給我，裡面都是各種字。孩子的母親告訴我，她的小孩整天整夜都在寫字；甚至在床上睡覺時，紙筆還握在手裡呢！」【註53】主動、好奇，本來就是兒童的天性，也是兒童心靈的寫照，知悉這種狀況，大人還要用「苛責」或「打罵」的態度和「方法」來對待孩子嗎？不幸，就如盧梭所說，大人是很健忘的動物，他已不記得小時候第一次寫字時的狂歡情景，卻每對兒童之類似舉動採取壓制措施，頓使兒童漸漸視寫字為畏途。「有功無賞」斷不是良方。

尊重兒童，是將兒童心靈奧秘所覆蓋的那層面紗予以揭開的不二法門。別以為兒童心靈本質在社會階級上有差別式的表現，其實人生而平等，貧富兒童的心靈運作皆相同。只要付出愛與關懷，即令是低能兒童也可以「改頭換面」（converted）。曾經有人批評蒙特梭利的教學對象為智能不足者，因此不適用於正常兒童。她並不以為然，卻信心十足地認為只要「教育精神」掌握正確，則施用於低能兒童

的方法，也適用於正常兒童。身為醫生的她曾作了個譬喻，許多治療人類疾病有效的藥，都先拿猴子當實驗。當兒童生病時，做父母親的人能夠說：「我的孩子又不是猴子，他無法從此種藥方中獲益」嗎？【註54】事實上，我們對所有兒童都應該一視同仁，這是教育精神更是教育方法。

一九五一年五月，國際蒙特梭利第九次年會（International Montessori Congress）在倫敦召開時，蒙氏已是高齡八十一的老人，與會者預感這是她在世最後一次致詞。在收到許多讚美以及英國教育部長的致意和小朋友獻給的花圈後，她語重心長且不改畢生初衷的向大會人士說：

各位先生、各位女士，你們授給我如此大的榮譽，使我想起一個很單純也很值得尊重的譬喻：當你指揮你的狗時，狗並不注意看你所指的方向，卻注視著你所伸出來的手及手指頭。我不得不想，你們的作為與此有些類似。你們過於注意我本人了，我目前已指向著——如同我四十年來不休止的指著的——除我之外的另個人；結果你們竟然說：她有漂亮的手啊！手上帶著多麼好看的戒指啊！其實最高的榮譽以及你們所賜給我最深的感謝，乃是轉移注意的焦點，從我身上轉移到我所指的另個人——兒童。【註55】

這樣一個對兒童研究念茲在茲的學者，不愧是兒童教育的福音傳播家。觀察兒童、研究兒童，而非「教」兒童，遂成為蒙氏教育方法的座右銘。因此光引用蒙氏片面的方法是不足的，更應強調她的人道精神。蒙特梭利知悉兒童內心的奧秘是一個謎，但這個謎必有答案，如果想解開這個謎，則對待兒童的態度與方法當有所改善；否則在糊里糊塗中運用各種方法，就像是不知射靶的標的在何方，即使射擊技術再精，也無濟於事。蒙氏畢生的努力像是拋磚引玉，希望後繼者能踵事增華，潛心研究兒童！

## 二　注重過程而非結果

　　兒童的活動或工作本身是一種過程，這種過程也就是目的。此現象可說與成人世界大異其趣。成人穿衣時，是想趕緊把它穿好，他注重效率，穿衣服只是工具，而出外或禦寒才是目的。但兒童卻非如此，兒童在穿衣服時是用欣賞的眼光來自得其樂的，他的小手慢慢的（成人眼光）穿衣袖、扣鈕扣，有時穿了一半就去攬鏡自照，對自己衣著的滑稽相笑聲連連；有時則未及穿好又脫下，一副悠哉遊哉的模樣【註56】。幾乎所有兒童的心靈世界皆是如此，大人如果不明究理，會造成雙方認知的差距，有時難免就會產生衝突。兒童洗澡時亦然，他寧願自己洗得不乾淨，甚至肥皂沫都未擦淨，也不願爸爸媽媽快速地將他洗個清潔溜溜。兒童喜歡玩水，他可能就在澡盆裡戲水自娛，觀看水龍頭的出水狀況、水量的大小、熱氣的噴煙情形、手撥水浪的紋動、拍水時的濺水模樣、肥皂擦身的痛快感覺、毛巾浸水之後的變化……，在在都令他樂此不疲，他可能洗了一次又一次，可能只擦洗身體的某部分而未及全身。上節所言兒童之重複動作，也與此有關。大人趕緊洗完澡後要做的工作，兒童是不能體會的。此外，大人洗澡的目的是要洗得乾乾淨淨，小孩卻可能越洗越髒，但卻欣喜若狂【註57】。換句話說，大人是以成敗論英雄，兒童則盡其在我，活動本身與成敗都無關。

　　兒童這種只注重過程而非結果的生活方式，很值得大人取法。兒童的生活方式比較能夠隨遇而安，處處都有快樂，時時都有歡笑。大人則相反，不達目的誓不罷休，因此行為變成一種苦差事。以郊遊旅行為例，兒童心態就是在「旅途」中就賞心悅目、心曠神怡；看看過程中的景色，甚至體會擠車的滋味，也自是旅遊的「目的」，不必一定到達終點才算旅遊的「完成」；甚至可以彈性地考慮變更旅遊地點，反正旅遊目的早存在於旅遊的路途中間，每到一處即可視為旅途的終點；因此即使中途折返，也不足惜。過程本身就是目的，這種說法正是杜威教育哲學的基本觀念。

## 三 自律自主，不矯揉做作

蒙特梭利辦校最成功的地方，就是學生保存純真的兒童天性，對生人不懼怕、不畏縮，動作自然，毫不忸怩作態。

有一次一位重要訪客來參觀蒙特梭利的學校，蒙特梭利向兒童說：「明天學校有個貴賓要來，我希望他認為你們是世上最美好的兒童。」她也向教師表示，一切順其自然不必緊張、更毋須額外給兒童什麼指示，以平常心看待這位訪客的到來。這天訪客來臨時，孩子即用自然的語氣向他說：「請坐，日安！」訪客離去時，孩子也倚在窗戶邊向他道別：「謝謝來訪，歡迎再來」這些禮貌的話，聽起來非常平實柔和。因為該校天天就是這個樣子，沒什麼特別，也沒什麼好隱藏的。「免於恐懼」本是做人的基本尊嚴，又有什麼好膽怯的呢？

義大利內閣總理的千金有次陪阿根廷駐義大利大使來校參觀，他不願意事先走露風聲，是想要證明傳言已久的事實是否可信。當禮車抵達「兒童之家」的大門時，恰好這天是禮拜四，義大利各校早就實施上課五天制（週四及週日放假），所以這天「兒童之家」的大門緊閉，可是這時路上的小孩都圍了上來，其中一位用很自然的語調說：「假日對我們沒什麼差別，我們都住在附近，門房有鎖匙。」孩子隨即四下傳話，互叫同伴姓名且通報他們到「兒童之家」「上課」。大門經打開後，他們就各自地開始工作，與平日的作息毫無異樣【註58】。

獲得蒙氏真傳的學校也都有類似氣氛。為紀念開闢巴拿馬運河，而在美國舊金山舉辦的世界博覽會中，有一部門表演蒙特梭利式的學校活動，參觀者可以透過窗戶觀看室內孩子的活動，由一位女教師（Helen Parkhurst）主持，但無獨有偶的，鎖匙卻放在另一負責人手中，那天該管鎖匙的人因故未到，使得大家都無法入內。女教師說：「我們今天不能工作了。」但其中一位小朋友看到一扇窗戶開著，就向老師建議：「讓我們從窗戶入內工作。」由於該窗戶太小，只可容小孩身體，老師不得其門而入，孩子卻說：「沒關係，妳不必做什

麼，妳在外面坐著看其他的人好了。」【註59】

　　的確，蒙特梭利的孩子非常主動自發，教師「不必行動」（in-activity），教師「在或不在」都無關緊要。反正活動已在進行，兒童已能自立【註60】。教師只要事先準備好足以讓兒童工作的環境，就「可以走了」！一位蒙特梭利式學校的教師，主持一個四十名孩子的班級「教學」，班上一名小朋友有次對她說：「老師，妳除了要登記註冊和管理用餐費用外，在學校裡妳沒有什麼事好做了，我們都會自己做每一件工作。」【註61】蒙特梭利說：「這就好比一位細心的僕人爲主人準備了一杯茶，端來後主人要怎麼喝，僕人不必理會一般。」【註62】

　　不少參觀者眞是百聞不如一見，他們在參觀之前都不相信這種「教育革命」已在蒙特梭利的手中完成，還以爲「棍子藏在那裡？監視者躲在何處？」其實，就是由於蒙氏學校散發著兒童彌足珍貴的童貞純潔，就如同裴斯塔洛齊所說的「學校似家庭」，她的「兒童之家」充滿歡樂與情趣。一位市長到蒙氏學校之後曾向小朋友說：「現在，小朋友們，假如我向校長請求下午放假不上課，你們一定很高興吧？」但出乎意料之外，全體小朋友禮貌地回答：「不，謝謝你！」【註63】

　　實施蒙特梭利的「方法」，學生哪會視上學爲畏途，而放假是一則好消息呢？孩子又哪會蹺課，哪個會是被「強迫」入學呢！？

## 第四節　蒙特梭利的「方法」（二）

### 一　避免競爭，力斥獎懲

　　學童既然打從心靈深處專心一致的注意「工作」，則人人無爭，而外在的獎懲都已不必要。兒童的內在趨力非常強烈，毋須用糖果獎勵或皮鞭懲罰。蒙特梭利說：「獎懲是……對精神的一種奴隸工

具。……它誘導了不自然的努力，也造成強迫式的努力。因之任何與此有關的發展，我們都不能說是兒童的自然發展。」【註64】崇尚自然尊嚴的蒙特梭利必然反對人為的競爭與獎懲。

競爭或獎懲都是「外在因素」（external or extrinsic factors），格調不高，倒不如自動自發（spontaneity）的「內在因素」（internal or intrinsic factors）來得光明磊落。孩子們彼此競爭容易帶來猜忌與怨恨，使本該剷除的性惡種子滋長蔓延；而競爭的過程中，經常傷害了彼此之間的和氣，相互之間在無所不用其極的處心積慮思謀「陷害」的技倆中，絕少用正道方式來比輸贏。在宗教改革時期，耶穌會（Jesuits）所創辦的學校特別注重學生相互之間的比賽，兒童彼此傾聽對方發音的錯誤，並且班上課桌椅的排列，還以成績高下作為座位前後的準繩；此外，不只個人與個人間相互比賽競爭，排與排、班與班之間也競爭得如火如荼。這種「方法」大受「小學校」（Little School）的創辦者指責。競爭的確對人性的和諧面有極大的破壞作用【註65】。蒙特梭利支持「小學校」的論點，競爭只有帶來更多的傷害，而獎懲就是刺激競爭的主要管道。其實，兒童的工作已完全在「自然」的氣氛中進行，他們是不屑於「人為」的獎懲的。真正得獎者就是自由在充分主動自發的人，他們無意於得獎不得獎；而有「授獎」意願者，心中已受物欲的指揮，是「等而下之」的人了，又哪有資格頒授獎品給位居其上的人呢？那豈不是一種侮辱的行為嗎？善良又純淨的孩子或許可能在心中產生一種疑問：「你到底是老幾！難道我不是人群中的前茅嗎？」【註66】按理說，反而應該由孩子頒獎給大人才對呢！

不只是物質上或感官上的獎勵沒有必要，甚至口頭上的稱讚或斥責也都應避免，以防傷了兒童的心。引擎已順利發動，何必再多做「加油」一舉呢？當兒童分辨不出「粗糙」（rough）與「平滑」（smooth）時，不可說：「你錯了！」因為這些字眼比他們所要認識的「粗糙」與「平滑」字眼留在他心中的時間還長，結果不該記憶的倒記憶清晰，而該記憶的卻早已遺忘，這種喧賓奪主的結局，是教

師誤用語言所致【註67】。蒙特梭利的方法是：「對兒童微笑，並給他一個友誼的拍肩動作。」【註68】孩子遇有困難，讓他自行解決；例如孩子舉稍重的東西時，他不需別人幫助，即使看到教師在旁，他也願意獨立完成；即使偶有皮肉之苦，自然的後果對他最有真實感，而他自有一番與眾不同的體驗。「當一位小孩爬很陡的樓梯，辛苦地爬到最高的一階樓梯時，他往下一看，欣賞著自己是如何完成此壯舉。但突然間他因不小心失去平衡而跌了下來，幸好地毯很厚，沒有跌傷，我們以為他要哭了，但當他跌到最低的一階樓梯時卻笑得很滿足，似乎是說：爬上去好困難，下來怎麼如此容易！」【註69】碰到此種狀況，教師或父母的稱讚或斥責都是多餘的【註70】。

## 二 教學技巧

在蒙特梭利的實際教學活動和她的著作中，雖一再請求讀者不要把「方法」看得太重要，但她倒也提供一些「技巧」給讀者參考。不過我們不可忘記的是——她的技巧與她的教學原則，二者是相互呼應的。

### 1. 練習肅靜的方法

孩子的「吵鬧」是不被大人容許的，而且是大人所感厭煩之事。蒙特梭利告訴我們她教導兒童肅靜的方法：她抱著一個四月大的小女嬰，穿著厚厚的衣服，然後向小朋友說：「她幾乎不能出聲，你們沒有一個可以像她這樣。」說完之後，全屋子鴉雀無聲，變得靜悄悄的，「注意！她的呼吸好柔喔！你們能夠像她這樣呼吸嗎？」孩子馬上控制自己的呼吸，平常聽不到的鐘錶滴答聲，現在都響亮起來了。此時蒙氏開始用耳語叫兒童名字，被「叫」到名字的走到她跟前。孩子的面部寧靜清澈，如同陷入冥思一般【註71】。並且對於此種練習覺得非常新鮮有趣，「有一次，我看到一位三歲小朋友試圖抑制打噴嚏而成功了。」【註72】

## 2. 寫字與閱讀

蒙特梭利本來不願意教導兒童閱讀及寫字，但經不住家長的請求，她乃在沙土上寫字母給兒童看，並教導讀法。孩子模仿得非常興奮。一個男孩一邊走路一邊重複不停地說：「要拼Sofia，就是S.O.F.I.A.。」稍長，學的字越多之後，一次聽到義大利西西里大地震，好幾千人死傷的消息，一位約五歲大的孩子走到黑板上寫著：「我好難過……」，大家正以為他要表示多難過時，他繼續寫著：「我好難過，因為我太小，假如大一點的話，我一定去幫助。」這個男孩的媽媽在街上賣花為業【註73】。

寫字與閱讀都採取自動自發的方式，絕不強迫。本來孩子就有旺盛的求知欲；閱讀及寫字開拓了知識的新天地，他們的心又求知若渴，只要不壓抑他們的求知興趣，兒童的閱讀與寫字應是持續不斷的。孩子不只會大聲的說出學校教他的文字，還朗讀街上店面的招牌。「有一天一個小孩上學，手中握著一張皺巴巴的紙，滿有自信的向小朋友說：『猜猜這張紙上是什麼？』『沒什麼，只不過是一張揉碎的紙。』『不，是一個故事！』『裡面有一個故事！』這件事頓時引來了不少小孩的好奇。這位孩子在垃圾堆裡撿了一張敘述一段故事的紙。他就像如獲至寶般地向他人敘述那紙上所寫的故事。」【註74】

兒童發現自己會寫字和會讀書時的快樂，就好比哥倫布發現新大陸一般，蒙特梭利描述她在羅馬「兒童之家」的一段永不磨滅的印象。一個晴空萬里的十二月天，她正在公寓屋頂，許多小孩圍繞著她。其中有一位小朋友「微笑地注視著我，不一會兒，突然激動地叫著：『我會寫了！我會寫了。』然後跪在地板上寫著『手』這個字，之後又寫『煙囪』、『屋頂』，並且一邊寫一邊叫著，『我會寫了，我知道如何寫字了！』」【註75】

此外，蒙特梭利也藉「活動」來表達兒童對於文字的認識。方法是每一個孩子分配一張紙，上面寫著已學過的「睡覺、跳舞、唱歌、

繪畫、哭泣、走路、跑動、跳躍」等字，各人按照所寫的字去表演，然後由其他小朋友猜測所表演的是什麼字【註76】。

### 三 個別活動

蒙特梭利特別強調「自我教育」，她的「兒童之家」裡面的活動，泰半是兒童獨自「工作」，少有集體活動，因此她的「方法」就是個別的教育法。此舉對於兒童個性的自由發展和意志的充分表現，當然有所助益；不過，也基於這層考慮，她不但未能在倡導集體權威統治的法西斯掌權下，順利地推展她的兒童教育理念，終至非遠走異邦不可；甚至她還遭到主張社會傾向的心理學家的批評。歐洲名心理學家司特恩（Wilhelm Stern），在一九一四年就曾指出蒙氏的學童都是單獨行動，其他學童只是「在附近（near）、在旁邊（beside），而非一起共處（with）。」【註77】

「兒童之家」的學童是各人玩各人的，孩子專心於自己的工作，至於別人的工作如何，並非他們所關心的。在蒙特梭利的教育觀念裡即使有此傾向，但如依裴斯塔洛齊之人生三階段說法，兒童期仍屬動物狀態，還未達社會階段，因此兒童只注重個人並非是自私或無視於他人存在的表示。試想，在社會意識未萌芽之前，又如何能進行集體活動呢？

從教育思想的發展史來看，提倡個性大於群性的學者，多半是自由派的思想家；相反的，強調群性高過於個性的教育工作者，每多是保守分子。個性與群性二者之相互補足，誠然是教育的艱巨任務，但是假使在童稚年齡時就大倡群性，似乎也非正途。蒙特梭利對六歲以前的兒童教育，特別請求自動自發，而且此階段兒童個別差異也非常明顯，怎能實施集體式的活動呢？「集體教學都不會成功……集體的課，事實上都是次要的，我們都不採用此方法。」【註78】尤其對三歲以前的兒童，個別活動是唯一方法。蒙特梭利認定從出生到三歲的兒童所要克服和面臨的各種困境總和，不下於其後一生的歲月【註79】，所以假如個別教學法，不在兒童教育時間內占更多的比重，那

就不符合兒童心理發展的原則了。

　　「方法」是應變化無窮的，絕不能一成不改，否則就會失去新鮮感。其次，方法若來之於兒童所「發明」，他才會一而再、再而三地重複該方法；如果是取法於他人，則其重複做的次數會減少。至於像蒙特梭利所製作的不少教學用具，也不是要所有的教師都一味地加以模仿，而是應該多所創新；且運用之妙存乎一心。重要的是了解她的教學宏願，才是學前教育者的焦點所在。具體的說，她對「兒童奧秘」之探討，如同牛頓發現萬有引力一般，這才是她的成名之處，因此大可不必將焦點放在她的「方法」上【註80】。

　　總之，在蒙特梭利的教育方法中有不少發人深省之處；不過，就如同洛克所說，教育的秘訣就是「恩威並重，寬嚴並濟」，在自由與約束二者當中取得恰到好處。她在注重兒童自由的同時，也一再地警告不可放任【註81】；在批評福祿貝爾過分以宗教的神祕意義來闡釋兒童活動，而主張實物本身就是實物的同時，也不免帶著些「象徵意義」的色彩。在訓練肅靜使孩子進入教室默不作聲時，蒙氏曾問孩子們「聽到什麼？」其中一位回答：「春天正要到來！」但另一位則說：「上帝的聲音在我心中說話。」【註82】至於提到「鼓」代表仇恨（戰爭），「鐘」象徵愛（宗教）【註83】，這種論調幾乎與福祿貝爾是異口同聲的。蒙特梭利不喜歡用競爭方法，但是她也提出一個實例，認為孩子喜歡相互睜大眼睛，看誰能先不眨眼睛，相互沈默看誰能先不出聲【註84】。而在力斥獎懲之害時，她自己卻用糖果來獎賞「聽到」她耳語名字的兒童【註85】。上面所舉數例，說明蒙特梭利的著作在邏輯架構上缺乏前後的一致性，有時也常有矛盾出現。這種缺失，與福祿貝爾、裴斯塔洛齊、盧梭等的著作一般，在嚴謹而又清晰的思路工夫上，自無法與一流思想家相比擬。不過蒙氏本其照拂兒童的理念，在她的「兒童之家」中也產生不少「奇蹟」。比如說，上述提到蒙氏給兒童糖果當獎品，孩子收藏起來準備送給更貧窮的孩子，他們還研究糖果的顏色與形狀，依此來辨別三角形、多角形等【註86】。甚至一位四歲的孩子還會向訪客說：「你的服飾是藍

色，就如同隔壁房間裡的花色一般。」並判斷裙子的質料【註87】。兒童用心注意屬於「認知層次」的領域，倒是令人驚異。蒙氏的學童對形狀如此感興趣，假若規定不懂幾何者不能入學院研究的柏拉圖，有一天，他在晴朗的日子裡看到一群蒙氏的孩子走到學院門前，而柏氏指著門牌板上所書寫的入校條件給他們看時，這群小孩可能會認眞地回答：「別以爲我們不懂幾何，告訴你，酒杯是圓形，太陽及盤子也是圓形；你的屋子是四方形，桌子是正方形，廟宇的屋頂則是三角形。」【註88】這時這位西方早期的大哲學家當會喜愛不已，立即收容這些幼童作爲他的得意門徒了。

三歲的孩子學會抹桌椅去塵埃（to desk）、擦乾（to dry）、整齊清潔（to tidy）、安放桌椅，在餐桌上款待別人、洗碗盤、照顧自己、洗衣、洗澡、穿衣、脫衣，安放衣物於自己的衣櫃中，不假他人之手、綁鞋帶、梳髮，四歲半即學會寫字、讀書、還會演算數學。AMI（Association Montessori International）把她的學校神格化（sacrosanct），崇拜到無體投地程度（filiopetistic）。（94, 196）

牢守M的方法，有些美國學校擬稍變動一下，AMT立即詛咒爲M叛徒（anthema），從協會名單中刪除。（94）

她不悉什麼教育理論，只懂方法。其實她的教育主張來之於演化論的達爾文主義（Darwinism），物競天「擇」，後代的人將前代人所傳下來的予以「擇」，淘汰或強化，這就是「教育」。長頸鹿（giraffe）本來頸子不長，但要生存，適應環境，伸脖子往高樹上取葉爲食，一代再一代都一直伸，「用進廢退」，即成「長頸」了。殘足者如數百代皆跛腳，亦然。但「擇」來之於生命體本身，而非外在環境。（94）（*The Absorbent Mind*, N.Y. Holt, Rinehart and Winston, 1967, 246-7）

很顯然的，每個人都會有錯，這是生命最實際的一面，承認之，就往前進了一大步，若踏著眞理這條窄境且繼續保持實質狀況，吾人就得同意，我們都會出錯，否則，我們早就完美了。因之培育一種友善的感受來面對錯誤，這是對的。視錯與人生無法隔離，那是有眼

的，事實上也如此。我們再怎麼看，「錯先生（Mr. Frror）」確就在那，一看即知。若吾人尋求完美，就一定要對我們自己的缺失密切注意，因為只有改掉缺失，我們才能改善自己。

安排教育環境，以便讓師生找到缺失。

### 1. free environment，自由的環境

孩子有錯時，老師以微笑對之，以友善之眼神（愛撫目光）朝孩子看看。（*The Montessori Method*, 109）不予評價，也不予比較。

教具很多，卻都有意呈現的，把玩之，以測長短、方圓、輕重、大小、顏色。

### 2. a responsive environment，引起反應的環境

錯誤不必然由孩童自己所知悉，但大人或師長卻不必「雞婆」式的急於提示出來，而是由環境及自然界來展現。讓孩子自己綁、解鞋帶，自穿、脫衣，老師或大人要有耐心。雖費時，但這是成長的代價。

在 *the Absorbent Mind*（249）中說：兒童可能會說我不是完美的，我也不是全能的，但我可以作很多事，且我也知道如此，我也知我會出錯，我會自我改正、找到出路。

A. S. Neill（1883-1973）對Montessori批評嚴厲：「我看M完成一種死的、靠教具運作的體系」（a dead, apparatus-ridden system），被裝備拖著走。又太重視孩子的智力發展，而欠缺美及創造力。「她常是個科學家，從不曾是個藝術家。」「我倒怕有那麼一天一位M的孩子長大成人了，就完全足以證明，Maud【註89】的雙腳一觸草原，是不碰那花瓣繁多的玫瑰（the daisies rosy）的。不，M的世界對我而言，太科學味了、太秩序氣了、太說教性了（too scientific, too orderly, too didacitic）。說教，這個名稱我好害怕！」（121）

她太在意教育的道德面了，「她的宗教態度嚇退了我（repel

me）。她是個教會婦女（church woman），對正誤觀念太過明確，雖然她准許孩子挑自己所玩的事，卻不容孩子挑戰成人的道德威權。」（121）

德育並非不重要，Neill反而認為德育重於知育，「重要性超過1000倍。」他反對的是把道德的事壓在年幼者身上。她稱之為「人品鑄造」（character moulding）。

在十九世紀學術界上，「官能心理學」（Faculty Psychology）及伴隨而生的「學習遷移」（Transfer of Learning）理論如日中天之時，蒙特梭利可能也大受影響。在她的著作裡，也存在著各種官能能力的訓練（如幾何圖形的認知練習）。在此種學說失勢的二十世紀中葉，蒙氏的兒童教育觀就受到了美國教育家克伯屈的批評。克氏在美國各界瘋狂地接受蒙氏運動之際，不容情地說：「在她的學理中，她只是屬於十九世紀中葉的人物，離當前教育理論落後了五十年。」儘管如此，蒙氏收到的賀詞仍是紛至沓來。

蒙特梭利，「如同一塊大山，任何風暴不能搖撼」【註90】，她並不理會別人的指責。她說：「當我正在爬梯時，如果有狗咬我的腳踝，我就要在下述兩種選擇中決定其一：轉身來踢狗，或繼續爬梯。我決定選擇後者。」【註91】蒙氏所謂的爬梯，就是趕緊進行兒童的研究與教育工作。這種工作若一有疏忽，就如同「未趕上汽車」一般，並且這班汽車是最後的一班，也是唯一的一班【註92】。人類歷史上，誤了班車的時間已數千年，我們不能再躊躇，不能再猶豫，「更不能挪用兒童的教育經費於製造毀滅人類的武器上」【註93】。這些警告，正恰當且適時的合乎我們當前的社會。儘管任何一位學前教育家的理論都不是十全十美（事實上，歷史上又何嘗有哪位思想家的學說十全十美過？），但是他們的辦學熱忱，卻是令人肅然起敬，實該為我們所效法。

由於蒙特梭利的「兒童之家」之活動，偏重孩子私下的或個人式行為，少涉團體社會性的活動，因之大受杜威及其愛將克伯屈（William Heard Kilpatrick）之指責。杜威希望孩子過著一種「胚胎式的社

區生活」（an embryonic community life），這只有在「學校」才能
實現，「洋溢著」（throughout permented with）藝術、歷史、及科
學精神，有了他人（孩童）這個伴侶在，孩子才能「注滿著」（satu-
rating）服務情懷，提供給他（她）有效的自我指揮工具（the instru-
ments of effective self-direction），則吾人將可以獲得最深也最佳的
保證，在大社會中那是值得的（worthy）、令人心愛的（lovely），
也是和諧的（harmonious）。【註94】

　　現在流行著「在家自行教育」（deschooling），需知「家庭」的
教育功能無法如同「學校」一般。

　　克伯屈在一九一四年「國際幼兒園協會」（International Kinder-
garten Association）致詞，批評蒙特梭利的教育觀念若與杜威相比，
是大為遜色的。「若認為蒙式在教育理論上有實質上的貢獻」，則這
種人是「欠考慮的」（ill-advised）；「就鼓舞性來說，她有；但對
吾人的理論有功，則恐一點也無！」（stimulating she is, a contributor
to our theory, hardly if at all）。【註95】

## ■ 附註

1. E.M. Standing, *Maria Montessori, Her Life and Work*, A Mentor Omega
   Book, 1962, 21.

2. E.M. Standing, *The Montessori Revolution in Education*, N. Y.: Schocken
   Books, 1971, 252.

3. ibid., 255～256.

4. Standing, 1962, op. cit., 22.

5. ibid., 23.

6. ibid., 24.

7. ibid., 25.

8. ibid., 26～27.

9. ibid., 25.

10. ibid., 26.

11. F.H. Hayward, *The Educational Ideas of Pestalozzi and Froebel*, Westpoint

Conn., Greenwood Press, Publishers., 1979, 21.

12. Standing, 1962, op. cit., 29.

13. Maria Montessori, *The Secret of Childhood*, translated by M. Joseph Costelloe, N. Y.: Ballantinc Books, 1966, 14.

14. Maria Montessori, *The Montessori Method*, translated by Henry W. Holmes, N. Y.: Frederick A. Stokes Company, 1912, 108.

15. Montessori, *The Secret of Childhood*, op. cit., 111.

16. Montessori, *The Montessori Method*, op. cit., 31.

17. ibid., 91〜92.

18. Standing, *The Montessori Revolution in Education*, op. cit., 256.

19. Montessori, *Montessori Method*, op. cit., 97.

20. ibid., 355~356.

21. ibid., 366.

22. ibid., 13.

23. ibid., 16.

24. ibid., 14.

25. ibid., 17〜21.

26. ibid., 173, 177.

27. Montessori, *The Secret of Childhood*, op. cit., 50.

28. ibid., 50〜51, also in Montessori, *Education for a New World*. India: Thirnvarniyur, Madras, 1946, 45.

29. ibid., 52.

30. Montessori, *The Secret of Childhood*, op. cit., 54.

31. 田培林，福祿貝爾與孟特梭里的教育學說，臺北：復興，1956，58。譯文稍改。

32. Montessori, *The Secret of Childhood*, op. cit., 49.

33. ibid., 119.

34. Standing, *Maria Montessori, Her Life and Work*, op. cit., 177.

35. ibid., 336.

36. Montessori, *The Secret of Childhood*, op. cit., 114.

37. ibid., 21. also in *Education for a New World*, op. cit., 6〜7.

38. Montessori, *Education for a New World*, op. cit., 36〜37.

39. Standing, *Maria Montessori, Her Life and Work*, op. cit. 210.

40. Montessori, *The Secret of Childhood*, op. cit., 105～106.

41. ibid., 6.

42. ibid., 12.

43. Montessori, *Education for a New World*, op. cit., 2.

44. Montessori, *The Secret of Childhood*, op. cit., 207.

45. Montessori, *Education for a New World*, op. cit., 13～14.

46. ibid., 4～5.

47. Standing, *Maria Montessori, Her Life and Work*, op. cit., 172～173.

48. Montessori, *The Secret of Childhood*, op. cit., 136.

49. Standing, *Maria Montessori*, op. cit., 179.

50. Standing, *The Montessori Revolution in Education*, op. cit., 370.

51. ibid., 81.

52. Montessori, *The Montessori Method*, op. cit., 232.

53. ibid., 288～289.

54. Standing, *Maria Montessori, Her Life and Work*, op. cit., 60.

55. ibid., 59.

56. ibid., 266.

57. ibid., 147～148.

58. Montessori, *The Secret of Childhood*, op. cit., 127～128.

59. Montesseri, *Education for a New World*, op. cit., 80～81.

60. ibid., 86.

61. Standing, *Maria Montessori, Her Life and Work*, op. cit., 303～304.

62. Montessori, *Education for a New World*, op. cit., 68.

63. Standing, *Maria Montessori, Her Life and Work*, op. cit. 134.

64. Montessori, *The Montessori Method*, op. cit., 21.

65. 林玉体，西洋教育史，臺北：文景，1980，212，217。

66. Montessori, *The Montessori Method*, op. cit., 25. 101ff.

67. ibid., 226.

68. ibid., 109.另外也敘述紅色與藍色之辨別。

69. Montessori, *Education for a New World*, op. cit., 58. 89.

70. Montessori, *The Secret of Childhood*, op. cit., 122～123.

71. ibid., 123〜124. also in *Education for a New World*, 82〜84.

72. Montessori, *The Montessori Method*, op. cit., 211.

73. Montessori, *The Secret of Childhood*, op. cit., 133.

74. ibid., 134.

75. Montessori, *The Montessori Method*, op. cit., 289.

76. Standing, *Maria Montessori, Her Life and Work*, op. cit., 165.

77. ibid., 35.

78. Quoted in W.F. Connell, *A History of Education in the 20th Century World*. N. Y.: Teachers College Press, 1980, 529.

79. Montessori, *The Montessori Method*, op. cit., 107〜108.

80. Paula Polk Lillard, Montessori, *A Modern Approach*, N. Y.: Schocken Books, 1972, 106.

81. Montessori, *The Montessori Method*, op. cit., 95〜98, also in *The Secret of Childhood*, op. cit., 166〜167.

82. Standing, *The Montessori Revolution in Education*, op. cit., 226.

83. Montessori, *The Montessori Method*, op. cit., 206.

84. Standing, *Montessori Revolution in Education*, op. cit., 225.

85. Montessori, *The Secret of Childhood*, op. cit., 124. also in *Education for a New World*, op. cit., 84.

86. Montessori, *The Secret of Childhood*, 125〜126.

87. Standing, *Montessori Revolution in Education*, op. cit., 33〜34.

88. ibid., 125.

89. Maud，或Matilda（1102〜1167），英王Henry I之女，王位繼承者，是 Henry II之母，一一一四年被選爲神聖羅馬帝國皇帝Henry V之王妃，不久後丈夫過世，一一三五年父王也逝，其堂兄Stephen爭王位，於一一三五年返國，一一四一年遭捕，她即登上王位，成爲英格蘭及諾曼第之女王（Lady of England & Normandy），但不久被放逐到歐洲大陸。

90. Standing, *Maria Montessori, Her Life and Work*, op. cit., 83.

91. ibid., 86.

92. ibid., 136〜137.

93. Montessori, *The Secret of Childhood*, op. cit., 248〜249. also in Lillard, *Mon-tessori, A Modern Approach*, op cit., 104.

94. John Dewey, *The School and Society*. Chicogo: U. of Chcrofo press, 1899, 39-40.

95. The Montessiai System Examined, Boston, Houghton, Mifflin, 30引自Fifty Masor Thinkers on Education, 225.

# 6 研究兒童認知發展的皮亞傑

皮亞傑
Jean Piaget
1896～1980

# 第一節　兒童的認知世界

　　瑞士出了不少一流的兒童教育思想家，先是盧梭與裴斯塔洛齊，後來則有皮亞傑（Jean Piaget, 1896～1980）。歷史上研究兒童認知發展的心得最豐富，著作最多，引起的討論最熱烈，而且影響力最大的學者中，皮亞傑是首屈一指。

## 一　皮亞傑在學前教育研究上的重點

　　皮亞傑畢生研究兒童，費了半個世紀來探討兒童認知心靈的發展，初為文時即震驚教育界。其父是研究中世紀歷史的學者，母親虔誠又聰慧。皮亞傑小時候嚴肅拘謹，對機器、小鳥、化石及貝殼相當感興趣。他幼時觀察公園裡一隻部分羽毛變白的麻雀，並將觀察所得撰述成文，當地博物館館院長即請求他於學校下課後來館當助手，這工作使他獲得許多軟體動物的自然知識。又因閱讀過法國思想家柏格森（Henri Bergson, 1895～1941）的《創造演化論》（*Creative Evolution*），認為對生物根本的了解，就是認識宇宙的基礎。從此他對「發生學的知識論」（Genetic Epistemology）特別感興趣。

　　生活規律、用功甚勤，是皮亞傑向來的寫照。心理學家厄爾坎（Dr. David Elkind）與他相處一年，敘述他的生活如下：「清晨即起；有時四時就離床，寫將近四頁左右的文字於白色方形紙上，用小且均勻的字體寫出，其後是上課、教書或參加會議；下午則是長距離的步行，以便想想最近碰到的問題；他說，他喜歡在閱讀之前想想問題。晚則閱讀，或早早就上床休息。即使出國旅行，仍按此常規。」【註1】皮亞傑是個天才型的學者，健康又長壽，並寫作不斷。頭戴一頂扁圓帽，口銜一根大煙斗，眼睛散發光亮，是日內瓦街上大家熟悉的臉孔。瑞士國人對他非常崇敬，其實，他不只是瑞士本國的知名學者，更是當今世界上研究兒童認知的泰斗。

　　以瑞士某地（Valais）軟體動物之研究而在二十一歲的英年就獲

得博士學位（Neuchâtel大學）的皮亞傑，其涉獵領域極爲廣泛，不只心理學、哲學、生物學是他所關心的，此外還費神了解邏輯、心理治療以及宗教。由於邏輯對認知發展關係最爲密切，皮亞傑在著作中一再強調邏輯思考本身，是整合認知發展的結構工作，所以兒童認知心靈的基本本質，可以用邏輯語彙來描述【註2】。他發表的論文幾乎都與邏輯有關。許多有心人一翻閱皮亞傑汗牛充棟式的作品，無不因艱難的邏輯觀念布滿他的書籍而叫苦連天，知難而退。不過，他所研究的成果，的確蘊藏了許多珍貴的資料，值得我們進一步去探索與闡釋。兒童認知發展研究之方興未艾，皮亞傑居功最偉。

## 二　以自己的孩子爲研究對象

皮亞傑天分頗高，早歲即才華橫溢；十歲開始寫學術論文，引經據典，對自然現象之研究尤感興趣，並採用全球最負盛名的法國心理學測驗學者比奈（Alfred Binet, 1857～1911）之測驗量表來測驗兒童如下的問題：

我的花，部分是黃花。
請問我的花：①都是黃花　②有些是黃花　③無黃花

皮亞傑發現十一歲以前的兒童，很難辨別部分與全體的關係。因此，學前兒童在推理及認知方面的發展狀況究竟如何，乃成爲他終身研究的對象。皮亞傑專心觀察、實驗他的三個孩子在認知方面的各種表現，並把研究結果公諸於世，後來因著作等身，成爲瑞士「盧梭研究所」的所長，學說風行歐美及亞洲各國。

了解兒童，是教育兒童的先決條件。了解兒童的認知發展，更是指導兒童，激發其潛力所不可或缺的條件。孩子的舉止都含有豐富無比的教育內容。兒童研究者不要輕易放過這種觀察機會，只要研究者以旁觀的立場來探究兒童的言行，並配合孩子的表情及神態，大致就可了解兒童的認知發展達到何種層次。

比如說，皮亞傑發現學前時期的兒童，很喜歡問具體的問題，當大人反問孩子問題時，孩子的答案也多半非常具體而有趣。兒童的世界與成人的世界，在認知領域上到底有何差別，這是極具研究價值的課題。現在就舉兩個小例來說明：

1. 為什麼在日內瓦境內會有兩座高山？
   答：較高的山給大人爬，較低的山給小孩爬。
2. 皮亞傑的孩子（Lawrent）還不到兩歲時，有一天坐在椅子上，左手拿著一塊麵包，右手剝了一小塊往地上丟，然後目不轉睛地注視那小塊麵包掉落地上的情形；不久，又剝了一小塊擲向別處。如此一而再、再而三地丟擲麵包，樂此不疲。

在第一個例子中，孩子已經認識到世上有兩類人，一類是成人，一類是小孩。孩子也發現這兩類人喜歡爬山，並且大人的力氣較大，應該爬高山；小孩的力氣小，應該爬矮山。這種答案，就小孩子的角度而言，非常合理。此時大人若以為孩子的答案過於幼稚，不合「學理」，而搬出地層變化等大道理向他說教，是不合孩子認知發展程序的。在孩子的天地裡，他憑想像、思考的經驗而獲取自己的答案，自己相當滿意，也覺得頗為妥當。這種答案可以提供給研究者了解孩子的心態，同時也是孩子認知世界的重要資訊。在第二個例子中，皮亞傑發現他的孩子在丟擲麵包的過程中，那種興高采烈觀看麵包四散於地上的神態，恰似偉大的天文學家伽利略之研究星球運行一般【註3】。許多成人不明究裡，看到孩子這種行為，就認定他們是「惡作劇」，故意弄髒地板，立即取走孩子手中的麵包，並且大聲斥責。如此不僅壓抑了孩子的認知好奇心，也形成兩代之間永遠無法拉近的認知距離，造成孩子不快樂的童年，阻礙了日後智力的發展，更在童稚的心靈上留下了不愉快的陰影。大人無心的舉動，卻給孩子帶來了莫大的傷害，這應該是許多父母始料未及的吧！

皮亞傑在兒童認知發展上的研究，在學前教育界，可以說是領袖群倫。雖然他泰半以自己的三個孩子作為研究對象，而受到學界「取樣不足」的批評，但皮亞傑有深厚的學術根底，加上他所樹立的原則，在擴大應用時也多半能符合他的理論，因此，皮亞傑的著作遂成為當前兒童教育研究者所不可不讀的資料。

### 三　兒童的認知層次

兒童對於自然界的各種現象，會用自己的理解來加以描述。皮亞傑一生不離煙斗，煙絲裊裊是他的標誌。一天，他的小女兒看到皮亞傑又在吞雲吐霧，馬上認為這是天空所以有烏雲的原因，也判定她爸爸應為瑞士山邊的霧氣彌漫負責任！

不過，學前時期的兒童，認知能力仍停留在具體實物的運作上，對抽象思考毫無概念。皮亞傑仔細觀察兒童的認知發展，確定教育兒童若未能配合他的認知階段，則教學效果可能會事倍功半，甚至效果奇差。在具體實物運作期中，兒童主要的認知經驗，絕大部分是得之於感官。試看這個例子，比較下面兩條線之長短：

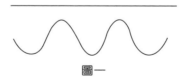

圖一

幾乎所有的學前兒童都認為這兩條線一樣長，因為這兩條線的起點、終點完全相同。即使曲線的彎曲度很大，小朋友也認為它的長度與直線一般長；如果彎曲度小，則判斷兩條線一樣長，那更是所有小孩的共同答案了。

諸如此類的實驗頗多。讓我們再舉兩個實驗：

(1) 放兩個寬窄、高矮不同的玻璃杯在兒童面前，但盛以同樣容積的水，玻璃杯內水的高度自然會有所不同，小朋友因此回答說，高度較高的玻璃杯內盛水較多，較矮的杯內盛水較少。

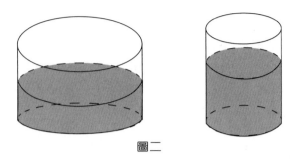

圖二

(2) 小朋友多半認為兩排的圓圈數不同，上面的圓圈多於下面的圓圈，因為在整體排列上，上面那一排比較長，而「長」就代表「多」。

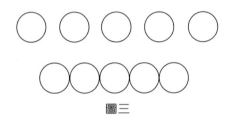

圖三

可見學前階段（六歲以前）小朋友的認知判斷是以直覺——直接感受（尤其是眼睛的感覺）為判斷的主要依據，「想法」十分單純，還未想到除了視覺之外，應配合其他感官感覺或推理。當實驗者把圖一的兩條線放在孩子面前，再拉直下面那條線時，孩子才會發現：原來兩條線並不一樣長；當成人要小孩數一數圖三的圓圈時：小孩才知道兩排圓圈原來一樣多。同樣，當實驗者把兩個玻璃杯內的水倒在相同的容器內，孩子才知道玻璃杯內的水是同樣多。這對兒童的認知是一大衝擊，他會覺得相當奇怪，也非常訝異，明明不一樣多，現在為什麼又一樣多了呢？他會感到困擾，可是事實又是如此。

這是兒童認知發展的現象，也是其後抽象思考或空間知覺關係的基礎。兒童會發現，表面所呈現的，不能作為判斷的根據。不過，兒童時期只需讓孩子知道這些事實，至於使用抽象概念來解釋這些事

實尙嫌太早。似乎在孩子的心理認知上還未達到「準備」（ready）接受此種解釋的地步，比如，對六歲以前的孩子大談光的折射定理，或者容積大小與容量高度之比例，這些「學理」對兒童而言都不是時候。

　　當然，孩子的認知發展有個別差異，不同地區及不同年代的兒童也會有程度快慢之分。皮亞傑指出，赤道地區的兒童在認知發展階段上比一般兒童遲四年，而瑞士鄉下兒童比都市（如日內瓦）兒童晚兩年。至於古代及現代兒童的認知遲速，因無資料研究，不敢斷定。

　　總之，提供上述實驗來「刺激」兒童的認知，倒是非常有意義，也非常有價值。

## 第二節　認知發展階段（一）──出生至二歲

　　皮亞傑是個天才型的兒童研究學者，他對於兒童發展的研究，以認知的立場予以分期。他的分期方法，比盧梭的分法更爲細膩，但他與盧梭相同，都以初生到二歲爲一階段，二歲到七歲是另一階段，七歲到十一（二）歲又是一個階段，十二歲以上是最後階段。他的分法如下：

1. 初生至二歲，感覺動作期（sensorimotor）。五官、肢體、及手腳活動。

2. 二歲至七歲，前操作期（preoperational）。說話、發洩情緒，提出要求、敘述、論辯，但有個別文化、智能上的差異。

3. 七歲至十一（二）歲，具體操作期（concrete operational）。了解邏輯關係，短長之相對性，鴨是禽，但禽不完全是鴨，木會浮、鐵會沉。

4. 十一（二）歲以上，形式操作期（formal operational）。三段論式的推理。

　　第一階段與第二階段恰是學前教育的時期，本章乃將皮亞傑對學齡前的兒童所作的觀察與研究提出說明。皮亞傑對兒童的觀察與研究，對象集中在他的三個孩子身上，這種狀況招來許多批評，最明顯的缺點乃是 (1) 研究或觀察的數量只有三位，有以偏蓋全之弊；(2) 父母親對自己子女之觀察有時並不客觀；(3) 由於取樣太少，不能作統計分析。但是即使皮亞傑的研究報告有上述之缺點，卻也會有不少優點，重要者如下：(1) 皮亞傑是個傑出敏銳的觀察者，別人的研究未必能凌駕過他的研究所得，並且別人的觀察也多半證實了他的研究結果；(2) 知子莫若父，知女莫若母，父子或母女之親密關係不是別人所能取代；對於孩子的一舉一動所提出的解釋，較能掌握其真正底細。比如說，孩子不玩玩具，原因到底是累了、不感興趣了或沒能力玩……，作父母的自然比較清楚；(3) 自然式的觀察，可以看出在未經周密設計或在控制的環境下所出現的行為；(4) 可以作長期性的觀察；(5) 這種早期兒童的觀察，不必應用統計，只供作描述及探測工作；(6) 皮亞傑有時也佐以非正式的實驗，來彌補日常觀察之不足；例如發現孩子不能處理某種障礙時，他就再讓該阻礙出現，以便觀察孩子的反應【註4】。

　　由於皮氏的研究觀察，發現許多前所未有的現象，他的著作又非常豐富，遂引來舉世的注意。他慣以邏輯術語及含有哲理的名詞予以解釋及歸類，學界遂開始熱烈討論。

## 一　初生至一個月

　　常人以為初生嬰兒幾乎日夜都在睡覺，偶爾醒來即要吸奶，即使吸奶時也處於睡眠狀態中，對於周遭環境無一反應；皮亞傑並不以為然，他認為此時兒童的智慧活動早已隱隱出現。

　　吸奶是一種生理本能，與心智運作無關，但是嬰兒吸奶，並不完全基於飢渴或本能的反應，卻有自個兒的主動工作。皮亞傑發現他的初生兒子（Lawrent），在出世第二天就在非吮奶時間也有吮奶動作。他張開了嘴唇，然後又閉上嘴唇；這種動作頻頻出現，且出現在

已餵完奶之後（滿足了生理上的本能需求）。皮亞傑對此種現象提出了他的看法：(1) 嬰兒並不因爲餓而有吸吮動作；(2) 這不是反射本能，因爲並無奶瓶或奶嘴觸其嘴唇；(3) 也非因爲吸吮所獲快感而產生的動作，因爲該吸吮動作並不持續長久時間。在這裡，皮亞傑的學術術語就紛紛出籠了。他說這是由於嬰兒的機體組織在發揮「同化」（assimilation）的功能。所謂「同化」，就是一再地重複原先存在的動作，如吮奶。他又提出三種「同化」的操作：

## 1. 功能上的同化（functional assimilation）

即多次的練習。這是最常見也最普遍的動作。皮亞傑的孩子微開嘴唇吸奶的動作，似乎在嘴上含有乳頭，其實卻空無一物，但是他仍然持續地在吸吮。

## 2. 類化（generalizing assimilation）

本來嬰兒只吮奶頭或指頭，但不久卻吸吮觸其嘴唇的東西，如床單或玩具等，似乎一切東西都屬同類──可以吸吮。

## 3. 認知同化（recongnitory assimilation）

當飢餓時，嬰兒「認知」了吸吮奶頭與吸吮指甲或乳房是有所不同的。這個孩子出生後的第二十天，他咬著媽媽之乳頭邊約五公分處的乳房，吮了乳房的皮膚，然後轉移他的嘴唇在靠近乳頭約二公分的地方，他又開始吸吮，但立即停止吸吮動作，因爲並無乳汁液出。他繼續尋找，最後突然在母親乳頭碰上他所張開的上唇時，就頓時調整他的嘴而開始吸乳了。這種主動的尋找乳頭以滿足自己的需求，皮亞傑稱爲「調適」（accommodation）。調適一成功，再經數次練習，孩子每次吸奶就不會左衝右撞，而恰好吸個正著。

被動的「同化」與主動的「調適」，就是皮亞傑對於兒童認知發展所提出的兩大原則。皮亞傑這種主張，不僅調和了教育思想史上，知識論的兩大派別──主動認知的理性主義與被動灌輸的經驗主義二

者之間的爭執，而且也使二者相互補足，不可偏廢。嬰兒的自動尋找乳頭，並非機械式的盲目，他是有所欲求的，並且還輔以五官感覺之助。例如嬰兒看到了乳房，「認知」了乳房的某些區域（如乳頭）的與眾不同，且此一部分所給的觸覺也異於其他部分，並有乳汁分泌出來；而母親餵乳時的固定姿勢，也使嬰兒每次遇到母親將他往懷裡抱時，他就體會出是餵奶的時間已到了【註5】。

## 二 一個月至四個月

此階段的嬰兒，手指及嘴唇交互合作，他經常把手指放在嘴裡吸吮，即使大人試著把他的手從嘴唇中拿開，他仍然迅速地又將手指放回嘴裡。但此時，孩子的行為卻有如下數項特徵，做為日後發展或變遷的共同現象：

### 1. 預期（anticipation）

皮亞傑的孩子在出生後二個月時，每當餵奶的時刻到來，被母親抱在懷裡時，他就不再對自己的手發生興趣，只有嘴唇在「蠢蠢欲動」。顯然地，孩子除了乳頭之外，他並不尋求什麼，原因是他想吃奶了。到了月底，他只在母親懷裡才讓母親或其他人餵食，但在化妝臺上卻不肯吃。因為據以往習慣，他已經有了一種預期。到了三個半月或四個月時，當他躺在皮亞傑的懷裡時，竟然眼睛四下尋找，而無吃的意圖。但換回到他媽媽懷裡，還未碰到乳頭時，他會向媽媽注視，並且嘴唇張得大大的。這個孩子已經在行為上進行選擇了。選擇一經操作，就是「調適」功能展現的表示。孩子從小就並不只是作被動的反應而已。

### 2. 好奇（curiosity）

皮亞傑的孩子在出生後還不到一個月，就目不轉睛地注視皮亞傑的手背，此種注意方式又加上他的嘴唇往上翹，皮亞傑以為這個孩子可能想要吸吮他的手背，但後來他卻發現這個孩子只是視覺上的興趣

而已，並無口腹上的胃口。另外有一次，孩子在搖籃裡靜靜地張大他的小眼睛，集中注意搖籃裡毛毯上的一片鬚邊，並且注視良久。這種現象，一方面是對外物的好奇，另一方面也是眼睛的功能練習。事實上，這個時候，嬰兒的心田裡到底進行著什麼工作，的確也是頗值得研究的課題。皮亞傑這種發現，也印證了蒙特梭利「聚精會神」的說法。

### 3. 模仿（imitation）

與動物一樣，孩子此時開始有模仿的行為，但最早的模仿是聲音模仿，若陪伴者或玩具發出與孩子所能發出的聲音相同，孩子就會繼續不斷地重複發出相同的聲音，並且那種重複性會持續甚久，一直延續到除非發音者發出新音為止。藉由發音器官不停的練習，孩子會經常自個兒發音，也自個兒模仿。

### 4. 對實物的注意（object concept）

聽覺與視覺開始合作，如聽到聲音，他會轉頭去注視發音的來源；並且眼睛也開始注視移動的東西，實物往左轉，他的眼睛也跟著往左移動，反之亦然。在超出他的視覺領域之外，他就不去注意；但當該實物又出現於眼前時，他又會將它作為注意的對象。因此當東西消失時，他會「靜靜的期待」（passive expectation）該東西的再現。

### 三　四個月至一歲

此時的孩子開始爬行，伸手抓東西；並且對外物不只注意，對於經由感官而產生符號印象（signifier），還賦予外物意義（signified）。先是身體上的動作，如看到鳥或球的搖擺，孩子就手舞足蹈；其後就變成智力上的了解與領會。如看到旁座的人站起來，因意會到那個人即將離去而開始哭起來。

### 1. 預期

皮亞傑的女兒（Jacqueline）於出生後九個月又十六日時，「她喜歡杯子裡的葡萄汁，而不喜歡碗裡的湯，她觀察媽媽的動作，湯匙如果來自於杯子，她就張嘴迎接，若來自於碗，她就緊閉雙唇。」隔兩天，她只要用聽的，就可以判斷湯匙來自於碗或杯子了。

### 2. 模仿

當孩子咬下唇而發出聲音，皮亞傑模仿孩子的這個動作；但孩子卻在大人模仿時，停止了他自己的行為，進而注意觀看大人的動作。當大人停止之後，小孩又再度咬住下唇；皮亞傑學了，小孩又停止該動作。如此反反覆覆，持續不斷。

### 3. 對實物的注意

第一次把東西放在A處，掩蓋起來之後，如孩子在A處找到；第二次就在孩子面前慢慢地從A處轉到B處，然後掩蓋起來，此時孩子卻從A處開始找失物。

皮亞傑另外一個孩子（Lucienne）於出生後八個月時，本來抓著一個粉盒在玩，看到皮亞傑出現時即捨棄粉盒而與他一起玩；但不多久，這個孩子就又重新抓著粉盒玩了【註6】。

### 四 一歲至二歲

此時開始學習走路，新的動作也就跟著出現。除了模仿動作增強之外，運用腦筋的情況也比以前明顯。孩子在嘗試各種錯誤的過程中，有時會突然停下來，「嘴唇張開，先是輕微的，後則張得較大」，這似乎是思考的操作。

由於肢體的動作較靈活，手會拋擲各種東西。孩子坐在高腳椅上，向地下拋麵包屑；他會嘗試用各種不同的姿勢——如手稍彎、或斜、或直，及各種不同速度去拋擲，然後觀察實物落地後的狀況，而

深覺好奇與愉快。對於尋找隱藏物的方式，有時就比前一階段高明。他不會徒勞費力在明知不在的地方尋覓。皮亞傑先張開手掌讓他的孩子看看手裡藏有一安全別針，然後他偷偷地再把安全別針放在手掌下的毛巾裡，並且合緊手掌。他的孩子用手撥開到皮亞傑手掌要找回別針，由於沒能找到，乃改向毛巾裡去找。

這是皮亞傑觀察他的三個孩子的認知發展所得的一般結果。這裡，我們應該要記住的是各階段年歲的劃分，只是大略地，其中還具有伸縮性；並且孩子的個別差異也不容忽視。皮亞傑認為其中一個小孩（Jacqueline）由於冬天出生，穿衣服較多，因此手及眼的聯合動作較晚出現。不過，各階段卻是先後有序，前者為後者鋪路，後者乃是前者之累積，二者是一種繼續不斷的歷程。最後，環境影響了個體的發展，但個體也並非僅是容受器而已，兒童心智是會因環境的變化，而加以調適與反應的。皮亞傑的主張，既非環境萬能論（Environmentalism），也非遺傳決定論（Maturationalism），而是持二者互為作用（Interactionalism）的說法。對於哈佛大學名教授布魯納（J. Brunner）所說，「只要提供適當可行的方式，則任何學科都可教給任何年齡的兒童了解」，這種過分樂觀的教學萬能論說法是否正確，皮亞傑認為是個「美國問題」【註7】。當然，皮亞傑對於各階段的發展，並不停止於現象的描述，另外，卻提出理論的解析與說明。就如同他的大弟子，也是著作的共同作者殷赫德（Bärbel Inhelder）所說：「皮亞傑每次提到一種行為，即使是很細小又瑣碎的行為，他都尋求一種理論架構上的解釋，使得該理論架構變成很精緻且意義繁複。皮亞傑的經驗事實從不與理論分離。」【註8】

從事幼兒教育的教師或家長，對於史上第一位如此觀察入微的皮亞傑之研究報告，不妨也以自己的孩子作為觀察對象，來印證或反駁皮亞傑的發現與闡釋。皮亞傑把這段時期的發展，稱為「感覺動作期」（sensorimotor），即兒童的各種行為，泰半依五官感覺而起，並且皆有外表的「動作」，所以觀察頗為方便與直接。因兒童之語言還未學習，其內在心靈狀態則須仰賴父母「心領神會」予以說明了。

# 第三節　認知發展階段(二)──二歲至七歲

在第二認知發展階段的年齡（二歲至七歲）中，因有許多認知行為乃是前期的延續，並且認知變化在生長時間上沒有類似上一階段那麼迅速，所以不再以「月」為劃分標準，而以「歲」為依據。

## 一　語言學習

如同盧梭所說，一般的孩子到了二歲左右，由於發音器官的「成熟」，語言的學習乃是自然之歸趨。

剛開始時，兒童的語言並不清晰，語句又不完整，要不是日夜與其為伴，例如父母或兄妹，你的確很難從兒語中體會話中之意，所以大人經常用揣摩或猜測來與孩子溝通──切記，盧梭在這裡曾經給成人做了警告。皮亞傑卻認為小孩漸長，投入較為廣闊的孩子群中，這些孩子對於對方那種斷斷續續，以及不相連貫的說話，較無大人般的耐性，經常彼此質問說話者的語意，此種挑戰，有助於兒童語言之充分發展，並且也考慮了他人存在的這個事實【註9】。

兒童在牙牙學語後，經常重複已學得的語言，而自得其樂且不覺厭倦，一個句子或一個名詞，一而再、再而三地反覆「練習」，就因為這種現象，難怪兒童學習外語，比大人有利得多。語言是一種習慣──「熟能生巧」（practice makes perfect），兒童沒有羞愧心，他說同樣的話數十次，都極為平常；「大人應以小孩為師」，在學習各種語言上，此處又多了一項證據。

兒童又有「獨語」（monologue）習慣，尤其獨處時為然。他擬靠「語言的魔力」（word magic）來完成心目中所想達到的目標。比如說想要箱子移動，但箱子太重，僅靠兒童的力量不足以移動它，乃發話要箱子動。在自個兒玩玩具時，兒童的獨語最為普遍。其實，在兒童心目中這並非獨語，他可是在與玩具「交談」，只不過是自己說話，並代替玩具說話而已。這種獨語習慣還存在於數個小孩共處時，

因為每個小孩都以「自我為中心」（egocentric），都依自己內心的高興而高聲或低聲獨語，不管他人是否注意傾聽，他也無意引起別人注意，而且並不干擾他人的獨語，兩不相犯。這種情況，大概以四歲到七歲時居多，但五、六歲以後，語言的「社會性」（communicative or socialized）功能就漸漸顯著，比如說他向別人說明玩具的玩法；請教別人問題；甚至指責別人。此時，自我中心的色彩就較淡了。

兒童說故事，也是此階段的特徵之一，但故事情節發生的時間次序，經常先後顛倒，因為「時間」的正確觀念還未建立。且講述內容都會遺漏大部分或重要部分，他以為聽者已知，所以可以省略，既不連貫而又重疊（juxtaposition）。不過，此時大人如果反問所遺漏的部分，他也慢慢地會全盤托出，但有時也支吾其詞，讓聽者一知半解，如墜五里霧中。

## 二　守恆觀念（conservation）

兒童對於第一次所「感受」的經驗，保存得最為完整與牢固，此種感受的經驗如有變化，首先是適從的困難，因此如同新刺激一般無法與舊有經驗相聯繫，必須經過多次的練習與調整，才能領會原來二者之間相同的關係。皮亞傑的第二個孩子（Lucienne）一穿上洗澡用的衣服，他的長女（Jacqueline）就以為妹妹是別人家的孩子，一再追問她叫什麼名字。等她洗完澡又穿上平常服裝後，才莊重的說，原來是Lucienne。皮亞傑記載此事的時間，在Jacqueline二歲七個月又十二天，她有時也誤認陌生人為爸爸，而令皮亞傑難堪【註10】。

其實，皮亞傑所提的「守恆」觀念，頗類似於蒙特梭利所言之「秩序感」。皮亞傑也發現，兒童一向以第一印象為基礎，改變或消失第一印象，兒童即感困擾或憤怒。有一次，皮亞傑也對孩子的此種觀念頗為不解，還因此惹來了蒙特梭利的調侃。皮亞傑把一個東西藏在椅墊下，叫孩子到外邊去，然後再把該東西藏在對面的椅墊下，皮亞傑認為孩子在第一張椅子墊下找不到藏物時會到對面椅去找，想

不到孩子入內後卻拼命地在第一張椅子的上下翻來翻去，然後說「丟了！」他們根本不到其他椅子試看看。皮亞傑重複此實驗數次，每次皆如此，他乃告訴孩子，他已把東西從第一張椅墊下，拿到另一張椅墊下，但孩子卻依然故我，且一再地說：「東西丟了。」皮亞傑感嘆地說：「我的孩子好笨啊！」隨即翻開另一張椅子的椅墊問孩子說：「你們沒有看到我把東西放在這裡嗎？」孩子說：「沒有。」並且指著第一張椅子說：「這個東西應放在這裡！」【註11】此事爲蒙特梭利所知悉，蒙氏解釋此種現象，即是皮亞傑自己所提出的「守恆」，也是蒙氏所言之「秩序感」。孩子不滿皮亞傑「不聽話」，以爲早跟他約好要藏的椅子，怎可賴皮呢！這就是兒童的觀念世界異於大人的所在。

這種守恆觀念，在遊戲規則中尤其顯現。皮亞傑發現四歲以後的孩子在遊玩時，絕對按照第一次所知道的規則來玩，不會更易。試看下面一段對話：

問：你怎麼知道規則？
答：當我很小時，我哥哥告訴我的，而我哥哥是我爸爸告訴他的。
問：你爸爸怎麼知道？
答：我爸爸就是知道，沒有人告訴他。
問：告訴我，誰先出生？是你爸爸或是你爺爺？
答：我爸爸在我祖父之前先出生。
問：誰發明玩彈珠遊戲？
答：我爸爸。【註12】

### 三 推理

「前操作期」即是以具體的、自我中心的、自以爲是的理由來說明或解釋「因果」關係。皮亞傑記載他的長女在五歲六個月又十一天

的晚上與她弟弟的對話：

> 弟弟：我怕黑暗。
> 長女：不要怕。
> 弟弟：為什麼會有黑夜呢！
> 長女：黑夜從湖那邊來，因為白天時，黑夜就在湖裡。

　　但在第二十二天時，皮亞傑又聽到長女在花園裡獨語：「我要白天來，我正要白天來（做白天從地上升起的手勢）。現在我又要它離開（又做手勢），現在黑夜來了。當我走到湖邊，我要黑夜上來。」【註13】

　　兒童的思考世界，與成人的並不相同，但是他們也會提出一些大人所思考的問題，只是他們的解答，並不具成人世界中所具備的科學要求。在一般的經驗中，我們也會遇到孩子問到下述的問題：

1. 為何只在湖邊才出現波浪？
2. 為何蝴蝶生命很短，死得很快？
3. 你為何要離開？
4. 為什麼黑夜裡看閃電，比較清楚？

　　差不多六歲左右的孩子都會向大人質問上述問題。皮亞傑告訴我們，碰到此種狀況時，教師或大人最好不必立即回答，有時反問孩子讓他提出答案。這樣做一方面可以刺激他們的思考，另一方面也可從他們的答案中探測他們的心態。

　　此段時期的兒童所作的推理（答案），具有下述兩個特色：

## 1. 以自我為中心（egocentric）

　　孩子回答各種問題，皆環繞著「我」作考慮，以為自己的想法就是別人的想法，別人的經驗與觀念一定也是自己的經驗與觀念，世界

爲他而造，他也支配整個宇宙。例如，孩子認爲太陽與月亮都跟著他走動而走動，他靜止下來，太陽及月亮也停止不動了。這種例子俯拾即是，底下就是其中的部分：

(1) 一位六歲的小孩對於「爲什麼晚上是暗的？」提出的回答是：「因爲我們可以睡得更好，所以晚上屋子裡應該是暗的。」

(2) 試看一位六歲小孩的下述對話：「我的嘴巴給我觀念。」「用什麼方式？」「當我說話時，我的嘴巴幫我思考。」「但是動物也會思考嗎？」「不，只有鸚鵡會一點點，因爲它們也會說一點點的話。」【註14】

(3) 孩子叫爸爸，爸爸不應，乃認爲爸爸未聽到；爸爸用熱水，乃以爲爸爸要刮鬍子。

(4) 長女二歲十個月又八天時想吃橘子，父母親說還太青，未熟不好吃。她乃喝了甘菊茶，卻說：「甘菊茶不是青色的，已是黃色的了。給我一些橘子吧！」她認爲既然她已喝的甘菊茶是黃色的，則橘子也會是黃色的。

(5) 次女有一天沒午睡，乃說：「我沒午睡，所以沒有下午。」【註15】

## 2. 只有「原因」（cause）而非「理由」（reason）

此階段的兒童回答各種問題，所提供的答案皆只是「原因」，但卻非「理由」。這種現象，皮亞傑稱爲「泛答」（syncretism），即將不相關的知識堆積在一起，以作爲解答問題的訊息。孩子每當遇到「爲什麼」的問題時，也會說「因爲」（because），他們會道道地地的提出「原因」（cause），但是這些「因」，因爲不是造成「爲什麼」的真正原因，而只是孩子一廂情願，或自以爲是的說明。只有科學上的解釋才構成爲「理由」。換句話說，有些「原因」，是既非事實也不符合邏輯，所以不是「理由」。真正的「理」有兩要件，一方面是事實，一方面也滿足邏輯推論的法則。

問孩子「爲什麼太陽不掉下來？」，答案是「因爲太陽很熱，太

陽要停在那兒！」或是「因爲太陽是黃色的。」類似這種問題，都可以提「反例」（counterexample）予以駁倒。其實小孩在這個階段很難領會因果關係。比如說，有人從腳踏車上掉下來，孩子就答以「因爲他掉了下來，而弄傷了自己。」「我丟掉了筆，因爲當時我沒有寫字。」或是「我洗個澡，因爲洗後我就乾淨了！」諸如此類的話，不勝枚舉。這些回答，根本不構成因果關係，有些甚至是因果倒置。

這種「泛答」更在繪畫中顯現出來。小孩如畫腳踏車，他所畫出的鐵鍊卻不與車輪連在一起，畫的座位也不在車架上。這從大人的角度來看，實在是滑稽。

皮亞傑如讀過中國古書《世說新語》，所記載晉元帝問坐在他膝上的兒子（晉明帝），到底長安遠還是太陽比較遠的對話，更可證明他的觀察結果是「中外皆然」了。晉明帝（小孩）初次作答時，因朝廷上有人從長安來，乃答以「日遠」。他的「原因」是「不聞人從日邊來，居然可知。」但隔日，他在其父擬褒獎這位「天才」兒子於衆官大臣時，卻又答以「日近」。而他之所以一反前日的作答，原因是「舉目望日，不見長安」。

列子書中也提及孔子東遊，見兩小孩爭辯太陽於一天當中何時離地球較近的問題。其中一位小孩說：早上的太陽離地球較近，中午則較遠。「原因」是日初之時，「大如車蓋」，但到了中午，卻如同「盤盂」。但另外一位小孩的作答恰與此相反，他提出的「原因」是「日初出，滄滄涼涼，及其日中如探湯」。前者以爲「遠者小，近則大」來判斷；後者則以「近者熱，遠者涼」爲標準。

這些「原因」皆屬於部分的「理由」，未必滿足因果之間「充足又必要」的條件關係。這種回答問題在「理由」上的欠缺，非獨幼兒如此，大人也不能免除。迷信式的解釋，就是最爲人所知的「原因」，而非「理由」。比如說，「天爲何下雨？」乃因爲「關公在天上磨刀」；「爲何打雷？」乃因爲「雷公發威」；而地震的原因，就是「地牛翻身」，這些「原因」皆經不起考驗，所以都不是「理由」。

試試看下面的對話，是由「原因」而發展到「理由」的過程：

爸爸！為什麼巧克力冰淇淋是棕色的？

是啊！這樣子在冰淇淋店裡，才能分辨出巧克力冰淇淋和香草冰淇淋的不同。當你要買哪一種時，他就不會拿錯！

這我是知道的。但是為什麼巧克力冰淇淋是棕色的呢？

因為巧克力是棕色的嘛！

但是為什麼呢？

因為光線在虹上產生各種顏色，這些光的顏色照在巧克力冰淇淋上，其他顏色被巧克力吸收，只有棕色沒有；棕色就反應在你的眼睛上，所以就看到巧克力是棕色的！

哦！我現在知道了……那麼你認為就是由於其他光線被巧克力冰淇淋吸收才使得它嚐起來如此甜美嗎？【註16】

其實，這個階段的孩子是不明「理由」的，他提的「原因」或是大人和教師所給的「理由」，大多超出他的領會範圍之外，這也就是為什麼盧梭極力反對向兒童「說理」的緣故了。時間未到，不必急。

四 實際操作以表達認知觀念

皮亞傑一九四○年以後的著作，改變了以往用文字或語言，來了解兒童對各種認知發展的實況，而採取呈現具體實物，讓兒童操作的方式，來探測兒童心靈上的奧秘。這種方法是一大進步，因為孩子的語言表達未臻完美，有時候孩子不盡然能聽懂問話，即使懂得，也不一定用精確的語言來回答問題。所以他在一九四○年以後所發表的文章中或所作的研究裡，就以實物的操作為主，如陳列一堆幾何圖形或積木，孩子就以操作這些實物來回答研究者的問題。

眾人皆知實物是兒童的「玩具」，歷來學前教育思想家也一再主張玩具是兒童「遊戲」的對象，但是他們似乎只注意兒童在玩玩具時的能力發展而已。皮亞傑卻從兒童對實物的「操作」，進行兒童對

認知領域的研究，的確開闢了一塊非常有意義的園地。皮亞傑有個朋友是數學家，這位朋友在四、五歲時就玩石子，當他排列這些石子爲圓排、直排或橫排時，同樣都是十個，這種發現使他日後追憶起來時說：「眞是奇異！」【註17】

　　皮亞傑以具體實物的操作來研究兒童的認知發展，年齡上從此一階段，持續到形式操作期（即十二歲以上）。但這些認知發展都在學前教育年限內。

　　影響認知的因素若較爲複雜，則非兒童所能領會。比如說，關於浮體之操作上，一位四歲的小孩認爲石頭會下沉的原因，是因爲：「它都在下面。」五歲的孩子估計木板會沉於水底，但操作的結果卻非如此，他不相信，乃按住木板往下拉，口中還說：「你應該往下沉，笨瓜！」【註18】

　　物體浮在水面的條件很多，例如物體要輕、接觸液體面要廣、流體比重要大等，這些因素的混合作用，皆非此階段的兒童所能領會。此外，天平兩端要維持平衡，條件也不少；斜坡上物體之升降(t)，取決於該物之重量(q)、拉力(p)及斜度之大小(r)。依此爲例，皮亞傑乃運用一般邏輯上的符號，來表達他的研究結果。不過，這都屬形式操作階段的年齡了。

$$t \longrightarrow \quad (p \qquad V \; \bar{q} \qquad V \; \bar{r})$$
（車子上升）則是因（拉力加大）或（車重減少）或（斜度較小）

或

$$\bar{t} \longrightarrow \quad (\bar{p} \qquad V \; q \qquad V \; r)$$
（車子下降）則是因（拉力減少）或（車重增加）或（斜度增高）

　　皮亞傑的著作中，不只充斥著學術上及邏輯上的術語，而且邏輯符號以及邏輯符號的運算非常多。未習邏輯者，實在很難領會這些著

作的要旨【註19】。

看看底下一位年齡七歲的兒童如何回答試驗者的問題。

問：如何使車子往上爬？

答：拉它。

問：不用拉呢？

答：推它。

問：不用推的呢？

答：拿掉載物。（取下兩單位）

問：還有其他方法嗎？

答：有，放重量在W上。

問：還有嗎？（暗示他軌道可以移動）

答：軌道放低些。

問：好，如果我放兩單位重量在W，則會有什麼變化？

答：車子會往上升。（實驗）

問：你如何使它往上升？

答：再加上重量。（放一單位在W）

問：如果不如此作呢？

答：在M處取掉一些重量。

問：如果軌道下降呢？

答：我認為車子不會動。（認為重量的平衡與斜度無關。但實驗結果，車子卻往上升）

問：為什麼會這樣？

答：因為W處有許多重量。【註20】

其次，某些認知發展上極為重要的詞，如「全部」或「一些」，兒童有可能未能清楚地了解其中的分別，所以觀察者若向兒童作此類測驗，通常都會得到不正確的結果。下面的反應來自於一個五歲又二個月的孩子：

| 研究者的問話 | 兒童的反應 |
|---|---|
| 給我一些藍色的。 | 給一個 |
| 你說那是一些還是一個？ | 一個 |
| 現在拿一些來。 | 又拿一個 |
| 現在全部拿走。 | 只拿一個 |
| 給我全部方形的。 | 拿兩個 |
| 給我全部圓形的。 | 拿了全部 |
| 拿一些藍色的。 | 先拿兩個，然後三個，最後拿了全部。 |
|  | 【註21】 |

上面的反應，有的正確，但是那種正確反應是「碰巧的」（contingent）。這種狀況的改善，要等到兒童清晰又能明辨（clear & distinct）「全部」與「部分」這兩個詞之後，才能完成。

將「重量」與「顏色」的實物混合，以分辨二者之間的關係，年齡上的大小在正確度的反應上，就有了明顯的差別，如下表：

| 年齡 | 人數 | 1<br>HR | 2<br>BL | 3<br>RH | 4<br>LB | 1＋4<br>HR＋LB | 2＋3<br>BL＋RH |
|---|---|---|---|---|---|---|---|
| 5 | 20 | 35 | 82 | 100 | 20 | 27.5 | 91 |
| 6 | 20 | 40 | 91.5 | 100 | 53 | 46.5 | 95.5 |
| 7 | 25 | 47 | 100 | 100 | 44 | 45.5 | 100 |
| 8 | 20 | 67.5 | 97 | 100 | 55.5 | 61.5 | 98.5 |
| 9 | 16 | 89 | 98 | 100 | 62 | 75.5 | 99 |

說明：1. HR：所有重的東西都是紅色的。

2. BL：所有藍色的東西都是輕的。

3. RH：所有紅色的東西都是重的。

4. LB：所有輕的東西都是藍色的。

　　上表提示了：(1) 年齡越大，答對越多；(2) 辨別重量，難於辨別色彩，如1與4，2與3。可見視覺（色彩）的發展先於觸覺（輕重）。因此，先辨別輕重然後再辨別色彩（1+4），較難於先辨別色彩後辨別輕重（2+3）【註22】。在皮亞傑的著作中，尤其自一九四〇年以後，已出現諸如此類的統計表。

　　就「人」的認知觀點而言，一般說來，成人之認知，正確性大於兒童，但比成人更高智慧者的如「聖人」或上帝、或外星人中有此種「貨色」者，則相對來說，現時成人認知之錯誤，猶如兒童認知上的錯誤。

### 1.知識是創造出來的，不是接受型（外教）的

　　兒童從行動、行為、操作中自學。智力之功能，主要有二，一是發明，二是領會（*Biology & Knowledge*, Chicago U.C.P, 1971, 213）他不用「理論」（theory）這字眼，而是用「概念及策計」（Concepts and Schemes），意即行動及操作（action and operation），如掌控（grasping）、推拉（pulling）。兒童的「首次」感官印象，必牢記心中，依此來了解或認定外物（包括人，尤其是家人），首次看到祖母戴帽子與未戴帽子，以為是不同的兩個人，因而極為困惑，因外表前後有別，即令是親人也如此。祖母睡在床上，戴上新眼鏡，或大笑，都會被誤判為兩個不同的人。Jaequeline二歲七月時看到妹妹Lucienne穿新浴衣及浴帽，乃問：那小嬰孩叫什麼名字。媽媽說明那是淋浴的服飾。但J指向L說：「不，那叫什麼名字（指L的臉）」，且重複數次。不過，L再穿上衣服後，J很嚴肅的說了：「那又是個Lucienne了。」她妹妹換了衣服，就變不同的兩個人。（*Play, Dreams and Imitation in childhood*, 224）除了身分之認識外，對空間、時間、因果、改變、實體也如此。前兩期都依外表感官印象來斷定，也靠肢體、感官動作來了解，味覺、觸覺、推動東西、嗅覺、聽覺亦然。

　　兒子Laurent三月十二天──因果觀念之發展

在展示他有能力去握住所看到的物件之後，數天，Laurent面臨的是在他的嬰兒車上頭懸掛一個響鈴玩具，從響鈴處掛著一個錶鍊，若擬實驗錶鍊與響鈴的關係，則結果是負面的。Laurent自己並不手拉錶鍊，當我把錶鍊放在他手中而他恰也搖動之而發出吵聲時，他揮舞他的手，但放掉了錶鍊。另一方面，他似乎立即建立了一種關係，把手之舞動及響鈴之間聯繫起來，由於偶爾的搖動自己的手聽到響鈴聲，他就又揮舞他的空手，眼睛看著響鈴，甚至手揮舞得更厲害（前幾天他早已有過此類型的動作）。

看看那響鈴不再動了，這也是我們想了解的，甚至他已不再對它感興趣了。Laurent再度看看他的手，還在揮舞的手，臉上的表情與他在看響鈴時完全雷同，似乎表示他正在研究怎麼有力道可以使響鈴如此。（*The Construction of Reality in tne Child*, 231-32, N.Y.: Basic Books, 1972）

## 2. 因果論

Piaget名之為現象論（phenomenal theory）。孩童不認為他自己的行動是造成因果現象的唯一來源，而歸因於別人或別的物體。兩物件的時空鄰近性（contiguity），使A成為B之因，Laurent這個孩子於八月零四天大時即發現如此。

我用左手中指輕拍我的臉頰，然後敲敲我的眼鏡，他笑了，然後我把左手移到他的眼睛與我的臉中間，但不擋他的視線，他眼看我的眼鏡，握住我的手，推向我的臉，再度敲敲我的眼鏡，然後把手放回原處。他卻每次都很確定的又把我的手推回去，最後我一動也不動，他抓住我的手來觸我，不是我的臉，因他的手達不到，而是觸我的上胸部。

一月之後，我慢慢的降低我的手，先是到他的腳，最後搔癢他一陣子，他大笑了，當我中斷此舉，他握住我的手或臂並朝向他的腳。

九月零天，他握住我的手安放在他的肚子上，我先前癢他該處，他因之只讓我的手動之，不像先前般的打打我的手，似乎表示我的舉

動完全依他而來。

九月零六天，同樣的，當他在床上，他直把我的手放在床緣橫木上抓抓，如同我先前所作的一般。

九月十三天，當他在嬰兒搖床上，我扶著床繩搖三、四次，他抓住我的手，壓在床繩上，——孩子也知不是床繩使床擺動，而是他父親的手才是搖床擺動之「因」。同樣的，父親的手，才是讓他癢的主因。

孩子會說話後的因果觀念，Piaget稱之為自我中心（egocentric）。Jacqueline於四歲六月零二天時：她擔心看到我坐朋友的機車外出，她把手指用特有的方式放在嘴上，那是新作法。向她媽說：「我用手指的那種方式，以便爸爸能回來。」同一時段她用腳踏她的房間，「我這樣子的踏法，否則湯就不怎麼好喝，我這麼作了，湯就好好喝。」顯然的，未有那位成人曾向她作此種建議，她的雙親及奶媽也不曾如此作。

五歲六月十一天時，我無意中聽到她（Jacqueline）與Lucienne在床上聊天，L怕黑，J安慰她不用怕，L問了：「暗從何處來？」「從水中來。因為白天時，晚上沉到湖裡去了。」但五歲六月二十二天時，我又聽到J獨自一人坐在花園裡說：我正要白天上來，我正在使它上來（作個從地往上升的姿勢）：「現在我把它移走（作移走的姿勢）。現在夜來了，當我走到湖邊時，我使夜上來。」那天的其他時辰，她自得其樂的用一根棍子「帶來光」（作姿勢帶來光，驅走光）（p.258）。

萬物有靈論（animistic theory）

八歲六月上的孩子：月亮在看我們，注視著我們，我走時它也走，我止步，它也止步。仿我如鸚鵡（parrot）。

大人：為什麼

孩：我怎麼作，它就跟著作。

大人：為什麼

孩：因爲它是跟屁蟲（inquisitive）。

成人：爲何湖上有浪？

孩（六歲）：因浪就在那邊。（*The Child's Coneption of the World*, London Routledge and Kegan Paul, 1929, 220）

有時以觀察所得來解釋因果（Causality）：

成人：爲何天不掉下來？

孩（六歲零月）：因爲天是熱的，太陽在那啊！

大人：怎如此？

孩：因爲天是藍的。（*Judgment and Reasoning in the child*. N.Y.: Harcourt Brace, 1928, 229）

大人：什麼使引擎發動？

孩（四歲）：因有煙。

大人：什麼煙。

孩：煙囪上的煙。（funnel）（*The Child's Coneption of Physical Causality*. London Routledge and Kegan Paul, 1930, 228）

八歲時小孩對因果觀念較具邏輯性（合理性），懂得汽艇引擎，有一團大火，火使一堆鐵彎曲以便連結桿，因之輪就走了。（ibid, 229）。

爲什麼雲會移動？

七歲零月：由於太陽有光線（rays），光線使雲移動。

八歲零月：當我們跑動，雲也就跟著跑動。

八歲七月：雲帶來氣，氣追逐雲。

九歲六月：因有風，風起雲湧（ibid, 62, 65, 71, 72）

上述的答案皆孩子自己想到的，無人告訴過他（她）。

生物界取環境與有機體二者予以合一，「同化」（assimilation），吸取營養（nutrition）。

人世界取環境與有機體二者予以合一，「同化」（assimila-tion），獲得知識（knowladge）。（54）

### 3. accommodation：調整、修改、刪減、增加

生物界亦然，生物肌體結構因之產生演化，古今異（時）、東西別（空）。瑞士湖中的Limnaea，池蝸牛（pona smail）如長在大浪中，則新生一種生理結構以便存活。（*Behaviour and Evolution*, N.Y. Pantheon Books. 1978, xvi, 6 22-23）（*Structuralism*, N.Y. Basic Books, 1971. 63. *The Origins of Intelligence in Children*, N.Y. Norton, 1963, 185-186）

logical operation（邏輯運作）乃修正language operation（語言操作），而language operation又係修正sensory motor action（感覺動作行為）而來。此種修正過程，即是accomodation（調理）。

(1) 生理結構的重組，以便與外界環境相抗衡而二者平分秋色。這就是改變自己以力抗外力的「平衡」（equilibration）。

(2) 認知結構的重組，以便較符合真情事實。

不在視野之內的物，引不起嬰孩的興趣。永恆存在之物或事也引不起孩子驚懼或困擾。嬰孩需要時或哭時，母親或母乳房立即出現，孩子就高興莫名。突現或忽然失蹤，孩子會很高興於此，因之躲躲貓（喊Peakaboo），大人一隱一現，或面孔一隱一現，可逗小孩玩興。（58）

Assimilation是摘取外物作為己（生存）用，accomolation是修補自己以適應外在環境，二者都具主動性，操諸在我。

八月大的孩子，以五官與外界接觸，存在就等於是五官感受的。（exists are perceived, to be is to be perceived）這也就是「經驗」及「常識」，但經驗及常識時有錯覺，是騙人的，且常相互矛盾，因之此層次淪為如Plato所言之「意見」（opinions）層而已，而非真知（true kowledge）。如以為地球是平的，太陽繞地球轉，以月來計年（比以日來計年，較一清二楚，因月有盈虧，日則無，但陰曆以月來

計年，久了誤差就出現，不如以日來計年，即就是陽曆來得準確）。感官彼此之間的矛盾不生，孩子即對感官對象不感興趣。如錶第一次出現，為「眼」所見，但以毛毯蓋上，則眼不見錶，以為錶不存在了，但耳朵卻聽到錶走動的聲響，因之又認定錶是存在的，眼見及耳（聽）見，二者衝突。孩子因之覺得有必要克服此困難。甚至擴大到不可只以眼見及耳聽為憑，還應增加觸、味、嗅等三覺。俟年紀越大，則不只認為五官可覺知者，確實存在。即令超出五官之外的（即心官，mind，心，也是一種器官，faculty），也是存在的，前者是「形下」，後者則是「形上」了。

　　「守恆」（Conservation）觀念、嬰孩以第一次之感官知覺為效標（criteria）來衡量外物，首先接觸的通常是媽媽且次數最頻繁，如果媽媽出現時之外貌、眼神、衣著、語言都相同，則孩子之認知媽媽，亦不困難。因為前後出現的這個「外物」（媽媽），是「一致」的（consistent），也是「恆常」如此的，這就是conservation（恆）這個字的本意，但「完全，百分百」一致，卻不太可能，因之嬰孩遇到此困擾，他在內心中生出調適，至於媽媽之外的其他出現物或人，在「外表」上皆前後一致，更不可能。因此孩子會問，明明是自己的姊姊，怎麼因穿了浴衣或新戴了帽子，就認不出來了。此前後不一（不合）的經驗次數越多，越增加困擾，但卻也發現（看、聽、心等五官）並不完全前後如一。比如說，媽媽或親人穿著前後不同，可是說話聲音卻相同。因之認同（identity）問題即生，擇不同的、抑或採相異的，這是有優先（Priority）性質的。同一個人或物，總不可因「外表」（appearances）不同，呈現的「現象」（phenomena）不同，而認定是不同的人或物，因外表是膚淺的，不是真正的「實在」（reality）。從此警覺到，宇宙萬物是有「秩序」（order）在，即有「則」（regulation）可循，則進一步已到了「邏輯期」（logical period）了，if P then Q. P→Q。

### 4. 去誤減錯的試驗

(1) 感覺動作（Sensory-motor）期：出生9天的Laurent躺在床上尋求吸吮，左右轉動他的頭，數次他以手擦拭唇，立刻地吮了手，敲一下被褥（quilt）及一條毛被單，每次他都只吮了一下，馬上就放棄而哭了，當他吮手指時卻不移開手指，似乎手指如呢絨一般，但若手與唇沒協調好時，他立即再去尋找手指（*The Orgins of Intelligence in Children*, N.Y. Norton, 1963, 26）。

出生後二十一天，L已差不多睡了，雙臂垂下，雙手張開（開始吃東西時，雙臂交叉在胸前，雙手則緊扣在一起），他的嘴緊靠在房乳頭五公分處，未張眼就立即吸吮，但稍後由於未吸吮到乳頭，他醒了，張大雙眼，雙臂再彎曲快速的吸吮，然後放棄了，尋求稍遠的左邊，恰好是正確位置，但由於頭之如此旋轉，結果找不到乳房。（ibid 27-28），經過數次嚐試，終於正確的吮到母親的乳頭。

(2) 語言（language）期，也是前操作期（the preoperational period）：若成人的回應不如意，則改正說話方式。

(3) 邏輯（Logical）期：問題一生，即出現「不寧」（disequilibrium），包括生理的、心理的、社會的、認知的。痛苦、焦慮、失序、矛盾等行為現象，想辦法決定予以戒除（aversive）。

六歲八月時呈現一堆木球，十八個棕色，二個白色。

成人：木球較多還是棕色球多？

孩：棕色較多，因為白色只二個。

成人：白色球也是木球嗎？

孩：是。

大人：棕色球呢？

孩：也是

大人：那麼，棕色球多呢，還是木球多？

孩：棕色球較多。

孩子只依感官辨物，這是前操作期（pre-operational period）的特徵。到了操作期（operational peiod）（八歲）則不一樣了，就認定木球多，因爲白木球也是木球。（*The Child's Conception of Number*, N.Y. Norton, 1975, 164, 176）

較小、較大、較肥，此種序列性觀念（seriate），比較式的，如 A＞B，則B＜A，或A＞B＞C＞D，則D＜C＜B＜A。

鴨都是鳥類，不是所有的鳥都是鴨，那麼林裡的鴨多還是鳥多？此類問題就不難解決了。

# 第四節　兒童的時間與空間觀念

皮亞傑在研究兒童的認知發展上建樹頗多，也激起了許多學者探討兒童各種認知發展的風潮。本節引述皮亞傑發現兒童對時間及空間之觀念作一引例，供讀者參考。

## 一　時間觀念

一九二八年，在一次國際知名學者討論「科學的哲學」會議上，名聞遐邇的物理學諾貝爾獎得主愛因斯坦當主席，他對皮亞傑研究的兒童思考興緻頗高，尤其對時間與速度之關係，特別注重。到底在兒童的認知世界裡，時間觀念與速度觀念孰先出現？在愛因斯坦的相對論裡，時間是以速度來衡量，而速度是以時間來定義的。至於兒童的認知發展中，對於時間的概念如何，愛因斯坦希望皮亞傑能夠理出一個所以然來。皮亞傑受此鼓勵，遂作了系統性的觀察與記錄，從中了解兒童在時間的認知中藏有什麼奧秘。

(1) 嬰兒因肚子餓而哭，但當他看到媽媽在廚房，或聽到媽媽正在準備沖牛奶的聲音時，他就停止不哭了。因爲，嬰兒知道「不久」他的肚子餓就會獲得解決，他已有了時間先後的具體概念。

(2) 皮亞傑觀察他十三個月大的侄兒，有一天在客廳裡找球，球跑到搖椅下，孩子就到搖椅下把球拿出來；但當球跑到沙發椅下時，因爲孩子看不到球，他就不在沙發椅下找，反而到搖椅下左右察看。皮亞傑遂作了另一項實驗，把一個玩具放在椅墊下，然後在孩子面前讓他看到該玩具，從甲椅墊移到乙椅墊下，不到一歲的孩子，雖然眼睜睜地看到玩具已不在甲椅墊下了，但仍然先在甲椅墊下找。經過三個禮拜後，孩子才開始在乙椅墊下找尋玩具，但如果一時不能馬上找到，他又到甲椅墊下去摸來摸去。孩子認爲玩具先放在甲椅墊下，所以先從甲椅墊找起；孩子是以「感官知覺」作判斷的。

(3) 兒童常以高矮來分辨年齡的大小。小孩子有時以爲，皮亞傑所教過的一位大學生是皮亞傑的爸爸，因爲該大學生是個高個子。如果大人的高矮差異不大，兒童就以爲大人的年齡略同。一位四歲半的孩子告訴皮亞傑，他有一個比他大兩歲的哥哥，他期望有一天可以趕上他的哥哥，「只要我多喝一些湯。」【註23】這種童眞的話眞是有趣，但也可讓我們領會兒童在時間概念上的看法。

(4) 這種現象不斷出現在學前教育階段，即使其後年齡仍然無法擺脫「具體運作」的概念發展。試看下面一段一位七歲半兒童的答話：

A：你幾歲？　B：七歲半。

A：有兄弟姊妹嗎？　B：沒有。

A：有朋友嗎？　B：有。

A：比你年紀大或年紀小？　B：大，他十二歲。

A：比你大幾歲？　B：五歲。

A：比你早生或晚生？　B：我不知道。

A：想一想啊！你不是告訴我他的年紀了嗎？他早生還是晚生？

B：他沒告訴我。

A：沒辦法知道他比你早生或晚生嗎？　B：我沒問他。

A：沒問他，你也可以告訴我答案啊！　B：不能。

Ａ：他以後做了爸爸時，他會比你年紀大還是小？　Ｂ：大。

Ａ：大多少？　Ｂ：五歲。

Ａ：你跟一般人一樣會年老嗎？　Ｂ：是。

Ａ：當你年紀大時，他會是什麼樣子？　Ｂ：他會變成祖父。

Ａ：他會與你同年齡嗎？　Ｂ：不，我比他少五歲。

Ａ：當你非常老時，你們倆都有這種差別嗎？　Ｂ：是的，永遠如此。【註24】

　　7歲半的兒童不以身高做年齡的依據，看樣子似乎在時間觀念上較有正確的掌握，但早生晚生概念仍十分模糊。至於以出生的紀元多寡來判斷年齡之老少，更足以造成此階段年齡的兒童在心理上困擾。因爲紀元的數目大者表示年齡較小，紀元的數目較少者則表示歲數較大；這種「多少」與「大小」成反比的狀況，會弄昏了兒童的腦袋。英國的心理學家貝爾德（Ruth M. Beard），於一九六○年曾測驗一個六歲的兒童：「瑪麗生於一九五二年，她的弟弟湯姆生於一九五四年；誰的年紀較大，大多少？」這孩子頓覺困惑，答道：「54比52多，所以湯姆的年紀較大；但52早於54，所以瑪麗先出生！」然後重複數次，最後加重語氣地說：「52早於54，但湯姆年紀較大。」【註25】

　　這種時間上的不變觀念，卻由個別的個體在相同的時間內，產生了不同的外觀而有所改變，也可以在下述的圖畫中看出明顯的例證：

蘋果樹

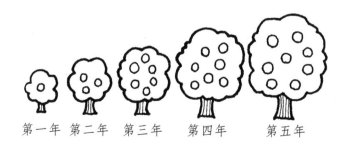

第一年　第二年　第三年　第四年　第五年

梨子樹

第一年 第二年 第三年　第四年　　第五年　　　第六年

　　孩子憑外觀或直覺，發現第五年的梨子樹，與第三年的蘋果樹長得一樣高，就認定二者的「年齡」一樣大；相同的，孩子也認為第三年的蘋果樹，年長於同樣是第三年的梨子樹。他不知道二者的生長雖有高矮，時間卻雷同。這段時期的兒童，習慣上是「以貌」取人（物）的。

## 二 空間關係

### 1. 距離的觀念

　　兒童的先入為主或未經思索的「前操作」之思考，在距離觀念上表現無遺，「單純」的腦筋才會產生此種反應模式。試看下面的實驗：該實驗者走路或開車經過三種不同的彎彎曲曲的道路，當他抵達某一定點時，問孩子如果他在平直的路上走路或開車，要與實驗者走相同距離的話，則他應停在何處。

(1)實驗者

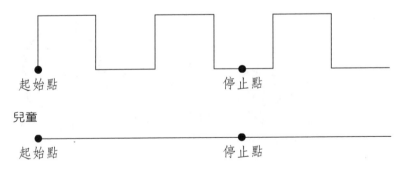

起始點　　　　　　　　　　　　　　停止點

兒童

起始點　　　　　　　　　　　　　　停止點

(2)實驗者

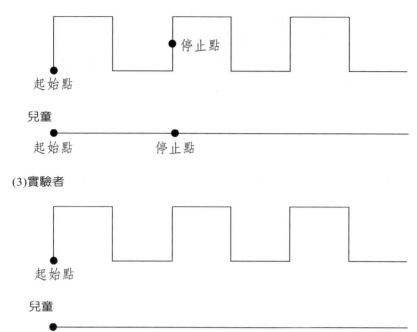

停止點

起始點

兒童

起始點　　　　　　停止點

(3)實驗者

起始點

兒童

起始點

上述圖中三個問題，兒童即遭遇困難，而陷入沈思【註26】。

## 2. 水平面的觀念

七歲以前的兒童畫，他們的水平面空間概念未臻成熟，他們的「眼界」還未能思慮及水平面，並不因物體傾斜、垂直或平放而有所改變。看看下面這些圖：

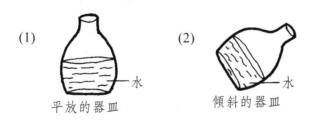

(1)　　　　　　　　　　　　(2)

水

平放的器皿

水

傾斜的器皿

(3)

　　孩子即使每日「細心」觀察，發現實際的狀況是，山坡上的屋子並不如此傾斜，樹木也不是那種樣子，但是一開始作畫，卻每一樣都與山坡成垂直。至於如下圖的畫作，有些還與山坡成垂直，有些則有水平的畫法，即已超過七歲年齡的階段，不在學前教育範圍了【註27】。

## 第五節　兒童的道德認知觀念

　　兒童對於行為善惡的認知還不十分清楚，但對於行為後果之獎懲，倒有明確的看法。根據皮亞傑的研究，兒童認為孩子做錯事，就該立即接受處分，這才算正義與公平，並且也認為執行此種措施的家長或老師，才是公正的爸爸媽媽或公正的老師；六歲左右的兒童，還認為家長或老師在孩子犯錯時，不必向孩子說明或解釋，就可以「理

直氣壯」的體罰孩子，俟年齡漸長，才捨棄此種看法。

看看下面兩個實驗故事：

**〈故事一〉**

一個小男孩在他的房間裡玩，爸爸在城裡工作；不多久，這位小男孩想要畫畫，但卻找不到紙。他想起來了，爸爸抽屜裡有一些白色漂亮的紙；他就靜靜地去找，找到後就拿走了那些白紙去作畫，爸爸回家後發覺桌子上不乾淨，白紙也不見了，他走向小男孩房間，看到地板上蓋滿了他的白紙，且塗了五顏六色。這位父親非常生氣，就狠狠地打了孩子一頓。

**〈故事二〉**

情節完全與故事一相同，但結局有別。父親並不打孩子，他向孩子說明，偷取紙張是不對的。他說：「當你不在家到幼兒園時，如果我去拿走你的玩具，你也會不高興的。因此當我不在時，你就不可以拿走我的白紙，這對你來說並不好，這樣做是不對的。」

幾天之後，這兩個孩子各自在花園裡玩，發現了一枝父親的鋼筆。他們各自都知道他們的父親曾經說過，珍貴的鋼筆丟了沒有找到，所以心裡很難過。

實驗者說完這兩個故事後向孩子問道：「好了，現在其中一個小孩把鋼筆留為己用，另一位還給爸爸，猜猜看，哪一位把鋼筆還給他爸爸——是被狠狠地修理過的，還是聽取說明而沒挨打的？」

1. 一位六歲的小孩認為是那位挨打過的。底下是一段對話：

A：挨打的小孩會再犯錯嗎？　B：不會。

A：沒挨打的呢？　B：他會偷。

A：假如你是爸爸，發現孩子偷紙，你怎麼辦？向孩子說明？還是打孩子？　B：打。

A：哪一種才算是最公正的？　B：打。

A：哪一位才是好爸爸？打小孩的？還是向小孩說明的？　B：說明的。

A：哪一位才公正的？　B：打小孩的。

A：如果你是那個小孩，你認爲哪種方式最公正？　B：向小孩說明的。

A：如果向你說明了，你還會再做嗎？　B：不。

A：如果你被打了，你還會再做嗎？　B：不，兩種我都不會再做。

A：哪一種小孩比較不會再犯錯？　B：被打的。

A：爲什麼挨打比較好？　B：因爲那是壞小孩。


2. 一位七歲的小孩認爲，挨打的孩子會還筆，因爲擔心他的父親會責罵他，但另外一位呢？——他留作自己用，他知道父親已在戶外丟了筆。


A：哪一位父親公正？　B：打小孩的父親。

A：哪一位父親討人喜歡？　B：向孩子說明的。

A：小孩較喜歡哪一種父親？　B：較討人喜歡的爸爸。

A：哪位小孩對爸爸最好？　B：還筆的。

A：是挨打的？還是沒挨打的？　B：挨打的。


3. 兩位八歲的孩子作如下的對答：

(1) A：挨打的小孩，還是沒挨打的小孩會還筆？　B：挨打的。

A：挨打的小孩怎麼想？　B：他想，我不願再挨打。

A：另一位呢？　B：他想，既然上次未被挨打，這一次也不會。

A：哪一個爸爸公正？　B：打小孩的爸爸。

Ａ：假如你是爸爸，你要打那個小孩嗎？　Ｂ：我想我會。

Ａ：哪一位爸爸討人喜歡？　Ｂ：不打人的。

Ａ：哪一位小孩較好？　Ｂ：挨打的。

Ａ：討人喜歡的爸爸好，還是公正的爸爸？　Ｂ：公正的爸爸。

Ａ：如果你偷了人家東西，你願意挨打呢？還是人家向你說明為何不能偷東西？　Ｂ：挨打。

Ａ：一個人做錯事該受處分嗎？　Ｂ：是。

Ａ：因此挨打的人較好是嗎？　Ｂ：那會使你改善。


(2) Ａ：哪位小孩還了筆？　Ｂ：挨打的。

Ａ：為什麼？　Ｂ：因為他挨了打。

Ａ：另一位呢？　Ｂ：他把筆留作自己用，因為他沒被挨打？

Ａ：哪位父親公正？　Ｂ：打人的。

Ａ：哪位父親討人喜歡？　Ｂ：不打人的。

Ａ：為何他討人喜歡？　Ｂ：因為他做了說明。

Ａ：哪個小孩較好？　Ｂ：挨打的。

Ａ：哪個父親較好？　Ｂ：不打人的。

Ａ：你願意還筆給哪位父親？　Ｂ：不打人的。

Ａ：為什麼？　Ｂ：因為他較好。

Ａ：如果你是父親，你要如何？　Ｂ：我不會打小孩，我要向他說明。

Ａ：為什麼？　Ｂ：如此他就不會再偷。

Ａ：哪位父親公正？　Ｂ：打人的。


　　另外亦有小孩認為為了讓父親高興，應該還筆給父親。不過七、八歲的兒童，都一再認為打小孩的爸爸是比較公正的；不打小孩的爸爸則比較討人喜歡。他們的答話有時出現前後不一致（inconsistent），但從他們的應對中，也多多少少了解他們對於「道德」觀念

的認知【註28】。總括言之，他們絕少注意行為的「動機」，卻著重於行為的「後果」。

從上面所舉的例子當中，皮亞傑也取類似盧梭在《愛彌兒》一書中所述的情節。愛彌兒踐踏農夫的花苗，或當眾出魔術師的醜，農夫和魔術師都以「假如你是我」，那種「設身處地」的方式予以說教。兒童在七歲以前，他憑最直接的經驗，來作為行為善惡的標準，他能否「設身處地」為當事人著想，恐怕不太容易。至於兒童認為用體罰方式來處分犯錯的孩子，比用「說理」的方式來得「公正」，是否囿於傳統觀念所致，倒不無可議。其實兒童對於「公正」的意義了解多少，也是令人懷疑的問題。

## ■ 附註

1. Mary Ann Spencer Pulaski; *Understanding Piaget*, N. Y.: Harper & Row, 1971, 5.

2. Herbart Ginsburg & Sylvia Opper, *Piaget's Theory of Intellectual Development*, New Jersey: Prentice Hall Inc, Englewood Cliffs, 1969, 3～4.

3. Pulaski, *Understand Piaget*, op. cit., 20.

4. Ginsburg & Opper, op. cit., 28～29.

5. ibid., 10～12.

6. ibid., 46～55.

7. Pulaski, op. cit., 34.

8. Ginsburg & Opper, op. cit., vii.

9. ibid., 94.

10. Pulaski, op. cit., 49.

11. Maria Montessori, *The Secret of Childhood*, translated by M. Joseph Costelloe, N. Y.: Ballantine Books, 1966, 53～54.

12. Jean Piaget, *The Moral Judgment of the Child*, N. Y.: MacMillan, 1955, 55.

13. Pulaski, op. cit., 40～41.

14. Ruth M. Beard, *An Outline of Piaget's Developmental Psychology*, New American Library, 1969, 81～83.

15. Jean Piaget, *Play, Dreams, and Imitation in Childhood*, N. Y.: Norton, 1962, 231~232.

16. J.F. Soltis, *An Introduction to the Analysis of Educational Concepts*, Reading Mass: Addison Wesley, 1966, 57.

17. Pulaski, op. cit., 10.

18. Bärbel Inhelder and Jean Piaget, *The Growth of Logical Thinking From Childhood to Adolescence*, translated by Anne Parsons & Stanley Milgram, Basic Books, 1958, 22.

19. ibid., 192.

20. ibid., 183~185.

21. Inhelder & Piaget, *The Early Growth of Logic in the Child*, op. cit., 70~74.

22. ibid., 88~89.

23. Pulaski, op. cit., 168.

24. Jean Piaget, *The Child's Conception of Time*, N. Y.: Basic Books, 1970, 209.

25. Beard, op. cit., 87~88.

26. Pulaski, op. cit., 187~188.

27. Molly Brearley & Elizabeth Hitchfield, *A Guide to Reading Piaget*, N. Y.: Schocken Book, 1972, 90.

28. Piaget, *The Moral Judgment of the Child*, op. cit., 217 ff.

# 7 | 民主幼苗的紮根師
## ——杜威

杜威
**John Dewy**
1859～1952

　　杜威（John Dewey, 1859-1952）是美國二十世紀以來最具影響力的教育思想家，他的學生包括全球各地，臺灣人熟悉的胡適，是他指導撰寫博士論文的入門弟子，蔣夢麟也受過他的啓迪。杜威的思想環繞在「民主」一辭上，民主就是人民要當家作主，人民自治自理，不受他人的支配，要作個自由人。雅典的大哲學家柏拉圖把希臘人分成自由民及奴隸，似乎是階級對立，其實杜威特別指出，柏拉圖之定義奴隸，是沒有自己的主張，缺乏自己的見解，凡事都聽他人的，這種人就是奴隸。奴隸不是只有手銬腳鐐這種外表失去自由的人而已，且也包括內心中不能自由自在者。俗話說，去山中賊易，去心中賊難，身陷囹圄猶有救，心繫牢籠無盡期。教育工作就是要培養自由民，私事及公事都能有發言權，這就是「民主」。

　　但當家作主人不作奴隸，就得有作主人的能力。能力中最重要的是學習力，學習分析、批判、懷疑、想像、思考、綜合等能力。當然，記憶力也是能力的一種，但記憶力並非最重要的能力。凡能了解，就較能記憶。因之逼學生「背」一些超出他領會力之外的教材或「經典」，了無教育上的意義。杜威長壽，在世九十三歲，辭世前仍經常發表文章演講，論著不斷，活到老也學到老，的確是「終生學習」的最佳典範。目前有許多臺灣退休的教授，早已不寫作也不讀書了，兩相對照，不覺汗顏嗎？

## 第一節　幼兒階段的教育意涵

　　一八五九年杜威誕生，該年恰是達爾文（Charles Darwin, 1809-1882）提出進化論劃時代著作《物種原始》（*The Origin of Species*）之年，這位英國劍橋大學（University of Cambridge）的生物科學家，費了二十多年的功夫勤於蒐集資料，找遍觀察世界各地動植物的生長過程，斷定高等動物是由低等動物「演化」而來，遂大膽的提出假設，認爲人的祖先是猿猴。此一科學式的說辭，遂引來了生

物學界的大論戰，宗教神學界大為不滿。不過據其後考古學及人類學的挖掘古化石，發現有許多證據證明人與猿猴之關係密切，人本來也是個「四足動物」，與猿猴相同。最早的猿猴變成人，發生在非洲二百萬年以前，當地可能有長期的旱災或大規模的火災把森林燒光，原先生活在森林樹上的猿猴類不得不移居到陸地，不再以手攀枝或垂手拱背而走，而改為直立。人直立就與猿猴開始有別了，人之直立，上半身重量必須轉嫁予盆骨及雙腿予以支撐，盆骨因此由橫放變成直放，且盆骨中間的孔道也隨之變小。如此，嬰兒在母胎中發育到五官俱全而身體還孱弱時，就必須要臨盆出胎，否則體積一大，便無法通過變小的盆骨而降世。

　　從此，人就「異於禽獸」了。但人與猿猴的此種差別，有利也有弊：

## 1. 依賴性

　　胎兒哇哇墜地，不靠成人之扶持養育，絕大多數無法存活，在這方面人實在不如小雞。小雞一破殼而出，即會走跳，活動敏捷，在雞翅上有小昆蟲，也能立即且準確的一抓即著又可以佐食，不必依母雞，更不用說公雞了，就可以獨立自主。人的「本能」，在這方面是不如其他動物的。【註1】人之此種依賴成人尤其是雙親的現象，時間又很長。不過這一「缺陷」，卻也帶給「人」一種其他動物無法享有的「優點」，因為孩童在襁褓中，可以受盡成人尤其是母親的呵護與照顧，從中孕育出人類特有的「情愛」（affection）。且社會越文明，嬰兒的依賴期越長，因為幼兒能安適的生活於複雜的文明社會中，所需要依賴大人的教學就越長。培養親子兩代之感情，需要長期的時間，俗云「日久生情」。當然，孩童自有一些特點，也使得成人尤其母親愛之不已。一來母親有生子之陣痛，又經十月懷胎之折磨，代價很高，好不容易才喜獲麟兒，當然視之如至寶，是自己切不斷的骨肉。其次，孩子因體力、心力等不如成人，一副弱者模樣，大人再如何也不忍心苛責或打罵（狼心狗肺者，已屬禽獸敗類，是例外）。

第三，孩子也有自受他人疼惜的本錢，天眞無邪且可愛如天使，又體輕身小，抱起來輕而易舉，即使處理大小便，大人都不太覺得厭棄。就是孩子吃不完的東西，大人也順手塞入自己口中，且覺津津有味。因「無助」而生「倚賴」，此種現象在幼兒期又不同於年老體衰時大人之「無助」一般。抱老人及懷小孩，二者負擔之前重後輕，不言而喻。孩子表情單純，老人之喜怒哀樂，極爲複雜。老年期之「倚賴」，與孩童期之「倚賴」，性質及受到的對待，有天壤之別。

若有特殊兒童之需特別照顧，依賴時間更長，如殘障等。一般而言，兩代之間情愫之生，必須要有超乎常人之外的「愛」。誠如裴斯塔洛齊所言之教育愛一般，愛的對象不只是常態兒，乖孩子，眉清目秀得人惜又疼的寶貝，而是五官不全、目盲耳聾、殘疾難以治癒，又智殘遲滯或一些罕見疾病者，此種對象之依賴期甚至是終生，長時間是否可滋生兩代間的情愛，雖也有史例，但卻少見。

## 2. 可塑性

孩童天性未定型，像泥土一般，柔軟度、伸縮性（flexibility）強，個性、習性、脾氣、作風、言行、嗜好等，大概受大人及環境所左右的成分高。孩子的模仿性又極爲顯著，他有眼在看、耳在聽，經驗累積就久之成習，習一成，要糾正或去除就極爲困難。此期配合依賴性之長久，可知影響力有多深遠。大人尤其教育工作者必須取此作爲警訓，且銘記在心，重責大任放在自己身上。杜威以「formation」（型塑）來「比喻」（as）教育（education）。大人有「指向」（direction）—指出方向，及「引導」（guidance）的角色。一旦塑造錯了，方向歪了，引導入邪途，那不是誤人子弟的勾當嗎？因之在長期的型塑中，就不得不戒愼恐懼，因爲孩子掌控在手中，前途命運的乖舛，任你擺布、拿捏、與操控。作爲前行的「帶路人」（trail blazer）【註2】，孩子是亦步亦趨，毫無疑問的踏著後塵，跟在後頭。小雞也會跟著母雞，但「學習力」及「成長力」卻只是一些本能的發展而已，從此即停止了。鳥會飛、雞會啄食、狗會叫、貓會

抓老鼠、魚會游水，這些行爲，千萬年不變。一「塑」而定「型」，固定不變。人的成長或學習若也如此，那就沉淪到動物境界了。由一「塑」所成的「型」，仍應保有彈性、伸縮性、及軟性。又有誰敢保證大人「老師」心中擬規範及鑄造孩子的「型」，是「完美」、「至極」、「絕頂」、「前無古人，後無來者」、「天下無雙」、「只此一家，別無分號」、「不可越雷池一步」呢？

在「型塑」中，大人或師長每以自己之興趣爲最愛，以個人之主張爲最高眞理，甚至強加自己的宗教派別或信仰爲最佳選擇，殊不知這或許就是孩子的災難標記。

# 第二節　習慣及集中注意

1. 習慣（habit）有好有壞，該革除的是「壞習慣」而非「舊習慣」。杜威引了美國新英格蘭（New England）公理教會（congregational）牧師及神學家依蒙思（Nathaniet Emmons, 1745-1840）的下述一句話：

Habit: either the best of servants, or the worst of masters.【註3】或
　　也可以説：

Habits: are good servants but poor masters.【註4】

善予使用「習慣」，則習慣可當我們最好的「僕人」，可以支使。但一旦「習慣」喧賓奪主時，那就是人的最壞「主人」了。

吾人最忌憚的是被習慣所束，成爲習慣的「奴隷」。需知「我」或「我們」，才是「主人」，「習慣」是供人差遣的。怎可顛倒過來，反受習慣來發號施令呢？一旦如此，難怪他又引了盧梭的下述一句話：

fixed habits run us instead of our running them【註5】

　　僵化的習慣，在指揮我們，我們卻指揮它不動。盧梭希望他要培育的理想孩童，唯一要養成的習慣，就是一點也不要有習慣。因爲習慣一「固定」，永不更改，就認爲那是最好的行爲準則，且認定過去既行得通，到現在及未來沒有行不通的道理。把「習慣」當作是一種「一再重複原有的動作」，卻不知不管行爲或習慣如何，「行得通」、「有所成」的行爲或習慣，才是斷定「優良」行爲或習慣的最佳標準。以「實效」（utility）（「解決問題」（problem-sloving）爲行爲準則，這本來就是美國尤其是杜威哲學中「實用主義」（pragmaticism）或「試驗主義」（experimentalism）的中心意旨。舊有的動作，不少是不需要的、多餘的（superflous），可以刪除或改變。常見有人打乒乓球，每球必outside，卻又重複本來的動作。試問這種人不是習慣的奴隸又是什麼呢？他人很有可能會懷疑這個人的IQ有問題，即不動腦，不使用「智力」（intelligent）。一試再試，是要保留或增強那「成功」的一舉，嘗試錯誤數千萬遍，到頭來再試，仍然錯誤（失敗）。難怪陸游（放翁）會吟出「嘗試成功自古無」的詩。「失敗爲成功之母」，這句話之所以成爲「青年守則」，核心是要「記取」錯誤的原因，修正失敗的舉動，要花「心思」，否則一事無成。學寫字、騎車、游泳等之所以能有所成，就是得請出「腦袋」作「思考」（intellectual thinking），作出明確的「抉擇」（selection）。抉擇比「重複」（repetition）重要得多，前者用心，後者只是機械式的呆板行爲，了無意義。

　　2. 集中注意（concentration）就是不要分神。常有家長埋怨孩子注意力不集中，試問要孩童只「重複」進行他不領會或了解的行爲，如艱澀古文的純背誦，孩子又如何能集中注意，早就在想別的了。抄寫（coping）、模仿（imitation）、重述（repetition）中，未有「成功」的效果，那能生出注意力的集中啊！只不過是「無聊、了無意義的機器行爲」（hundrum routine）而已。在這方面，人再如何努

力，都不如一部機器。爲何不想看看，設若一試即成，則再試，也是要試那「成」的部分，怎可重複作那錯誤的部分呢？「熟能生巧」（practice makes perfect），也因熟中含有高度的心思集中。「臺上十分鐘，臺下十年功」，「苦練」多年，鐵杆磨成銹花針。但試問在磨時若不用「心」，就奢望有尖如針細的針嗎？胡適不滿陸游的詩而把詩改了，因爲「放翁這話未必是」，他倒相信「自古成功在嘗試」。嘗試之所以成功，是用心在檢討爲何失敗，而稍有成時，又是成在那？拾棄「敗」而用心保留「成」，則成功才有望。臺下日夜不休勤練彈琴者，上臺所以能駕輕就熟，不出差池，相信在彈到緊要處（難點）時，彈者仍得聚精會神才能順利過關。

提供有興趣的教材、實用性高的科目、又能激起兒童成就感的行爲，則相信孩童必會「集中注意」，過程中難免出錯時，若師長就一臉不悅，甚至嚴打苛責或以不堪的言語文字予以羞辱，一遇孩子想變換花樣，就厲聲制止，則已非「快樂的學習」，而在嚐災難的苦果了。其實在嘗試中如稍有所成，那種成也只是邁向成功的初步而已，或許並非較佳的行爲模式。只要准許或鼓勵孩子動動腦，推敲斟酌，謀而後動，或許竿頭更進一步，甚至別出心裁，變成自己獨樹一格的模式，翻新花樣，新的成功取代了舊的成功，層次又往上提升。「即令牡蠣也都各自有各自的殼」（even oyster grows its own shell）【註6】。學寫字、彈琴、打球、作文等，不必完全步他人後塵，或一定熟背熟練之，若能自創一格，自研發品牌，自成一體，不是更豐富又多元了文化資產嗎？

3. 「我們都在錯誤中長大」，但要避免一錯再錯，關鍵在於有無用心思。文藝復興時代有個琴師指導他人教過的學生時，揚言要加倍收費。理由是他不只要教這位學生「正確」的彈琴技巧，還得「改正」過去學生所習得的「錯誤」習慣。果眞如此，這位自以爲教他人正確琴技的老師所教過的學生，如更換一新老師時，該新老師也學他的樣，同一口吻的要求該生要交加倍的束脩。嚴肅的說，舉世有所謂「最正確」的彈琴法嗎？舉世公認最具教育愛情操的裴斯塔洛齊，

受過他教學者每每懷念不已，但其中有一生日後回憶說，老師所教的
「知識」，很多都是錯誤的。教師教學，在知識上即令是正確，也難
以保證那是至真絕理。「知識之增進」（the advancement of knowl-
edge or learning），乃是文明世界的現象，學生發現過去的教師教錯
了，這是好消息，表示青出於藍，生高於師。當然，教師必須聞道在
先，術業有專政（韓愈的〈師說〉），且該經常進修吸取新知，不
可以「教錯」，但那是理想，不是現實。一旦發現教錯了，教科書寫
錯了，也不必窮緊張，未嘗不可有藉口的提裴氏為例作為擋箭牌以自
恕，只是不可故意教錯。但需知學無止境，知海無涯，教師秉著教育
良知，就所知傾囊以授，日後如發現自己教錯也不必太過自責，頂多
先道歉一番，也足以作為「大師」風範了。一九六○年左右，臺大政
治系彭明敏教授之教學態度就是一例，據他的高材生臺大法律教授李
鴻禧的印象，彭教授上課第一天在講課之前先站起來向選課學生一鞠
躬後，說他上的這門課，自信讀的書比學生多，立論見解也比學生深
且廣，但並不保證他在教該門的知識時都屬正確，日後如被學生發覺
有誤時，他先在此刻向學生說聲對不起！

　　筆者於一九九○年時曾在北縣（現在的新北市）擔任教育局長，
有天到一所偏遠小學視察，一體育女老師埋怨說，政府應指派「專
業」教師來任教。我請她說具體些，她不好意思的說像她這種年紀
（五十出頭吧！）還當體育老師，小朋友上課時頑皮的要老師「跳高
給我們看看！」她收起笑容，嚴肅的說她還能跳多高呢？跳「低」而
已，且跳的姿勢也不十分正確。我藉機向她表明，不如趁小朋友之調
笑，思考一下「國民基本教育的走向」問題，這就有點「哲學」及
「思想」味道了。小學生上體育目的不在於訓練出「高手」冠軍，
卻旨在健康身體，喜歡上課，日後有「繼續」上的動機。此目的達
到，則跳多高、扔多遠、跑多快等都是其次。若上起課來，設備雖較
差，老師技巧較笨拙，但學童興高采烈，時間飛快而逝，還嫌下課鐘
已響，不是更具「繼續」教育的意義嗎？我不客氣的向該女老師說：
「專業」的考慮不一定在技巧或學術，不如往「教育」目的著想。事

實上政府請不起舉世跳最高且姿勢又最正確的跳高老師來此任教，且也沒必要。猶記筆者小時在臺南縣鄉下唸小學，扔的鉛球是學生在路邊撿較圓石頭來代替，跳高桿是用隨地抓的木桿充數，打桌球用木板當球拍等，但「玩」得興高采烈。古羅馬的學校稱為ludus，那是play的意思，不更符合「教育」意嗎？

# 第三節　民主、繼續性及教育

　　人類學或文化學者把人稱為Homo sapiens，Homo是人，sapiens是有智慧之意。因此，人是有智慧的。不只各種族的人都有智慧，且各年齡的人也都有智慧。智慧其實不是有或無，全有或全無，而是多或少。此種現象，也是杜威學說中常批評的「二分法」謬談（fallacy of dichotomy）。學校考試給學生的分數有100，也有0，其實那只不過是為了方便。100並不表示學童的學習成就已達頂點。「錯」，0，也不是代表「全無」、「空無一物」、「一無所知」，卻只是「程度」的多少而已，more or less，而非either...or，或neither...nor。「零分也有分」，不要洩氣，一百分者也不可自滿。

　　人類的幼兒期比其他動物長，「倚賴性」及「無助性」好幾年，但「倚賴性」並不是說孩童一點能力皆無，百分之百要他人扶持或幫助。事實上，即令初生嬰兒仍有一些天賦的體力及「智力」，吸吮時的摸摸奶嘴，手觸母親乳房，臉現滿足。哭時令人憐惜，笑時引人歡樂，一滿足了食慾，就中斷吸吮動作。可見離母胎的幼兒，也有些「自主」性，更會察言觀色，瞄一下餵奶者的表情，也自會引出互動的行為。後天環境的支配力，可以左右一個人未來的發展潛力，這種百分比奇高。孩子的「能力」或「智力」，不是零，那只不過是一種起點，有賴師長之「引出」、「激發」。「無助性」的「無」，是比較上的，比起大人來，「較」無自主力而已，俟一旦潛能高度得到發展機會，則無可限量。

　　「民主」顧名思義，是要人民作主，作主就先要有作主的能力。教育的最優先任務就應把它列為首要。大家耳熟能詳的「三民」，是「民有」、「民治」、及「民享」，英文就是林肯總統說的of the people（民有），by the people（民治），for the people（民享）。其中，by the people（民治）重要性居冠【註7】。「由人民自理」，這才是「自由」的具體表現，否則就是奴隸而非自由民了。能夠by the people，也才保證可以for the people及of the people。

　　培養人民從小就有治理自己的能力，擴大到齊家治國，甚至平天下的能力，這也是學校教育、社會教育、及家庭教育的重責大任。在孩童期，杜威要求能作到下述幾點：

　　1. 從「作中學」（learning by doing）這「口號」，似乎變成老套，其實中間大有「哲理」。人類許多「知識」，都靠經驗得到。洛克不是說過嗎，「知識」源於「經驗」。因此，孩子在生活中有任何一舉一動，大人及師長千萬別「不可以」、「不准」（don't-to-do-thises, don't-to-do-thats）【註8】。比如說：「不許爬樹」（Don't climb the tree），恰好在「暗示」孩子的內心中有一股想爬樹的衝動。或許孩子本來並不一定非爬樹不可，在「不信邪」的心態下，或在未受監視情形時，乾脆就試試看吧！「負面的建議或禁令」，真正發生作用於兒童內心的，竟變成「正面的了」。【註9】「不准」的聲音留在孩子心中的，是一種「不舒服、焦慮」（uneasiness），不妨試試看，或許就可以解脫此種不愉快感。有不少兒童故事敘述童年時，父親三令五申不可到附近「地窖」去，孩子就是不聽話，反而不去「冒險」則內心就不安，且引為「憾事」。好奇心無法滿足，總是不甘。

　　或許吧！基於「保護」的心，希望孩子勿「輕舉妄動」，但孩子本來就是活跳跳的，「動」難道就是「妄動」，「舉」就必然「輕舉」嗎？盧梭早提醒過，又有誰（大人在內）未曾跌過跤，當然！「藥物」要保存好，利刀不可置於孩子身邊，電線絕不可放在插頭處，「一失足」成「千古恨」的機會，大概是如此而已。「活動」

呢，要活就得動，動才是活的表徵，一個整天靜靜的小孩，一定是病了，家長喜歡這種子女嗎？

動作難免出錯，錯也有價值，尤其「教育」價值。「自然」的錯，痛苦度不高，如跌倒、皮傷、風寒。看到下大風雪的季節，外面積雪盈尺，溫度零下十幾度，卻是兒童興緻高昂的相互打雪仗，鼻子紅了，腳絆了，一點都不降低孩子的玩興。「不准」等於剝奪了此種兒童比大人占優勢的活動籌碼及本錢。甚至連「小心喔！」都是贅言冗語。孩子自有眼睛、耳朵……，學一次乖，自己記取教訓，是最為珍貴的教育。不經一事，不長一智。

務點正業吧！大人該承擔的責任，就是體認且研究那些活動適合兒童的身心發展，那些「書」對孩童的領會有幫助。童話童書具有教育價值的非常多，能夠提升理解力、想像力、思考力的寓言及歷險記之文字創作，充斥於圖書館及書局，身體及心靈的流動兼顧。此外，「說理力」的培育，正是by the people的要訣，「什麼原因」，「什麼道理」，此種口吻，師長應率先以身作則，且鼓勵孩子學學榜樣，這也是「民主」社會該有的正字標記。

杜威一再的舉芝加哥的「旱地游泳」例子：一游泳教練只在陸地上一再的叮嚀且重複的訓練學游泳的生手應如何划水、踢腳、換氣等，卻不許孩子入池。終於有一天孩子可以如願的下水了，結局呢！「沉了」。「準備」這個字眼必須慎用。孩子游水該學的步式，可以在水中試。「立即」下水即可，又何必「準備」呢？孩子「活動」的「資本」是夠粗的，何必以「準備」作藉口而延遲或甚至不許「活動」的「理由」呢？這種思考已涉「民主」實施時的「配套」議題了。

需知「民主學步」，民主是一種過程，到達民有、民治、民享這種境界，不是全無或全有問題，卻只是多少的程度問題。民主猶如孩子學走路，未見有一孩子一天就學會走路的，但就得准他走，鼓勵他走，走得跌跌撞撞在所不惜，孩子還以此為樂不可支呢。民主之成為一條坎坷路，因為許多人厭惡民主，以殺、囚禁來阻擋民主，民主

「鬥士」是以血及生命來換民主的果實。

學步時有必要成人（爸媽哥姊）牽，但上一代是無法牽下一代一輩子的。下一代也不希望永遠「寄人籬下」，有時會掙脫別人的手，自己走看看，大人就得有「智慧的」（intelligent）作判斷，履險境當然不可讓孩子為所欲為，但險境機會並不多。要命的是步坦途時仍要緊握孩子的手，還藉口「孩子未準備好」。請問什麼才是準備就緒時辰？準備確實有必要，但那也不是全有或全無問題。「知」與「行」可以合一的，最令吾人擔心的是有「心」人以「準備」未及作藉口，拖延時日，以作為未能實施「民主」的口實。民主之路，必先鋪好「軍政」、「訓政」然後才能貫徹「憲政」，這種話，臺灣人是多麼的熟悉。其實無時無刻都可立即行「民主」，有此種心意者，「動機」必是良善，而理性智慧的運作可以「聰明的」決定放手讓孩子作主，許人民享有決定權。「孩子，喜歡吃麵還是吃粥？」難道不許兒童有當「家」作「主」的權利嗎？而一味的把「準備」掛在嘴邊的人，動機就可議了，或許以為是為孩子打算，其實心懷鬼胎，居心叵測，陰耍獨裁專制，這才是民主無法見天日的罪魁禍首。

杜威的愛徒胡適在一九一五年時，發憤要把他指導教授的等身著作看完，其時杜威正值創作高峰，其後又陸續有專論問世。胡適學成回支那中國，正面臨民主與極權大論戰。胡適秉承師訓，當然站在民主陣營且捍衛民主價值。民主價值大過於極權獨裁，這是後者絕對不敢明目張膽直率否認的，但卻常以「率爾」實施民主，是非常不負責任的說法作為防衛武器。杜威早在一九一八年的教育哲學代表作《民主與教育》（*Democracy and Education*）一書中闡明，要「不率爾」，就是要充分準備，充分準備就需費日曠時，「延宕」（procrastination）【註10】勢不可免，但卻最易引發兩派人馬的「惡鬥」，其實這也正是考驗心存民主理念者的「智慧」時刻。「展緩判斷」（suspend decision）本來是科學態度中極關緊要的原則，未臻一定程度的認知，就最好擱著【註11】。只是我們的生活所需及所嚮往的民主，可以等到「時機成熟」時才實施嗎？試問何時才是「時機

成熟」？大家不是耳熟能詳一句老諺語嗎：「明日復明日，明日何其多，天天賴明日，萬事成蹉跎。」只好當機立斷，立即實施民主，從民主的實際行動中，孳生「責任」、「義務」、「他律」、「自律」等習慣，隨時修正，日日補強，大家參與，共同奉獻智慧，集思廣益，民主就越發成熟，猶如走路，本來搖搖擺擺的，然後就能健步如飛。一定得俟「教育程度提高」、「交通方便」、「經濟繁榮」等「條件」齊全時，才可以實施民主憲政，或許正是「政棍」拖延極權專政的最佳迴避說辭。

2. 學校機構培育「團契」情懷（feeling of community）。「民主」除了強調說理，符應了「現代」思潮，也注重「講情」，那也是「後現代」的回響。這在學校功能上，大異於其他社會機構。學校只是「似」（as）社會，卻不等於「是」（is）社會；教育「像」（as）生活，但也不完全等同（is）於生活。學校是個人為的教育場所，異於教會、家庭、及其他社會組織的「特殊功能」有三，一是學校是「正確知識」的提供者，且依學童心理及認知發展階段，教學正確知識時是循序漸進的。「經驗」上的知識不十分可靠，雖是活生生的，但不如「教學」上所提供的知識。一包水餃三十五元，三包是一百元，這是沿街叫賣者的「算法」，學校教學不可如此教。二，學校是純真、純淨的教育環境，是社會生活的楷模，不只學校校舍建築美觀，清潔乾淨，且校內的教育伙伴，充滿教育熱情，發揮善心，教育愛洋溢。社會有壞蛋、流氓，但他們的子弟或孩童，也冀望在校內能作個正正當當的人。三、學校是一個教育社區（community），學童出身背景有別，絕不止是家人或親人或族人而已，此種「異質性」（heterogeneity）透過「教育」功夫，以達成「同質性」（homogeneity）為標的，此種同質性，就是彼此尊重，相互欣賞，共同發展，把學校機構的托兒所、幼兒園、小學、中學、大學，都當成是一個感情交融的一體。「認同」（identification）就是關鍵，認同感一生，「民主」社會之奠立，就基礎穩如玉山，屹立不搖了。此種「感」，是「情」的重要面，「講理」之外，還染上濃濃的「說

情」，二者兼具。

學校之目的雖多，但上述教育功能中第三種最具民主味。民主與「風度」和「雅量」，是同意義的辭。如此，才能使「愛」泉噴出，化解誤會，消除仇隙，正需此股力道。當然，其中的功夫對某些無此素養者而言，也非輕而易舉，但肩負教養下一代的教師，都應擔其千鈞重擔。

社會（society）是一種自然狀態的存在，社區（community）則是人為的努力成果。社區裡的成員，感受到一股溫暖的氣息，正是「文化」（culture）上臻「文明」（civilization）的具體表徵。大同社會或「烏托邦」（utopia）【註12】從community這個英文字，就連想到與此相關的其他英文字，一是communication（溝通），「溝通理論」也是當代的顯學之一，溝通之存在，要素不少，誠意、謙卑、認錯（道歉）、包容、平等、公正、放下身段、欣賞異己等都是要件。由此就可以達成consensus（共識），大家心滿意足，放下成見，共同超越，提昇一層，歡喜甘願，如此一來「團契感」（feeling of community）就油然而生。這猶如交響樂（orchestra）之演奏一般，各種樂器，各人的才華都能「人盡其材」、「物盡其用」，但都需遵守「指揮」（conductor），不會我行我素。除了「個性」可因之表露無遺之外，「群性」也毫無遮掩的暢行無阻，此種「情」意，不是「美麗新世界」的模式嗎？

團契感本是宗教人士的用詞，團結有默契，心心相印，甚至為了「團體」而個人犧牲也在所不惜，冷漠與疏離絕跡，此種築固力強硬如鋼筋水泥，是民主社會不易被極權摧毀的最佳堡壘。小時既能「一心向校」，擴大「一心向家」、「一心向國」、「一心向民」，極樂世界也只不過如此而已。各種名稱的學校如能孕育此股氣息（氛圍），則畢業時，師生都會依依不捨，甚至痛哭失聲、眷戀不已，有空回「母校」，愛之惜之，又那會破壞校內公物，弄壞水龍頭（投射為校長、主任、老師的頭，拔掉以洩恨）。早上一起床，興高采烈的快步奔向學校，此種心情，又哪會得焦慮症、憂鬱症，或以侵犯他人

為樂，扶助弱小都已來不及了。教師應趁機教導，除了以身作則之外，應站在較高點，拉近學童之間的距離。試問這種民主教育的實施還要「等待」嗎？

　　一位美國白人的女孩彈一手好鋼琴，但不知怎的，內心很瞧不起黑人，幸而她有個好媽媽，很為此擔心，一天她心血來潮，聽到女兒樂聲悅耳的彈琴，她一面誇獎之外，向她說了一段話：

　　　　小孩，妳彈的琴是多麼的好聽，但妳可知道，鋼琴中有黑鍵也有白鍵，不管什麼鍵，妳都能彈出好聽的曲。

　　或許「心奴」甚深者，不太可能一聽此話就大夢驟醒般的大徹大悟，不過相信她媽媽這席話，一定深嵌入小女孩心頭，「潛移默化」，必有黑白相愛交融的一天。不必講什麼大道理，又是形而上的；佳例即現眼前，「得來全不費功夫」，哪能又以「時日未到」、「準備不及」來搪塞呢？

　　為人「師」為人「長」者，具備了這些認知嗎？易及難，或許只在一念之間而已。作者一生是為臺灣本土教育棌根的學者，習慣上以臺語與人交談。一天他出乎意料之外的聽到他的孫女向他嗆聲：「怎麼有那麼難聽的語言」時，他是多麼的痛心疾首，他不怪這個可愛的小孩，是誰教壞了她？事實上，有不少老師或家長，才是始作俑者，以說「國語」為正務，以稍講英語為驕傲，卻蔑視母語還慷慨激昂，「民主」這塊招牌在臺灣，實在是便宜貨。在幼兒教育上，杜威也有不少見解，足供吾人省思。值此書局缺貨之時，另行再印，爰補上一章，稍述這位二十世紀民主教育大師在幼兒教育上的「民主」卓見，望臺灣各界尤其任教幼兒教育機構及家長多作參閱。

## ■ 附註

1. J. Dewey, 1902年，Period of Growth，文中提到John Fiske有一書名為《幼兒期延長或拖長之意義》（*Significance of Prolonged infancy or de-*

*lay infancy*，甚具意義。*The later works*, 1925-1953, vol. 17. 1885-1953. Jo Ann Boydston(ed.), Southern Illinois University Press, 1990, 256.

2. ibid, 52

3. ibid, 564.

4. ibid, 298.

5. ibid, 298, 299.

6. ibid, 309.

7. John Dewey 於一九四六年（八十七歲）時爲文〈什麼是民主〉（what is Democracy），ibid, 473.

8. ibid, 266-267.

9. ibid, 267.

10. J. Dewey. *Democracy and education*, N.Y.: The Free Press, 1966, 55. 林玉体譯《民主與教育》，臺北師大書苑，1996。

11. 余英時，中國近代思想史上的胡適，臺北聯經，1986, 70-71。

12. 嚴復把utopia譯爲烏托邦，用字有點調侃，那是「理想」世界的所在。該「理想」只是「夢想」（dream）或是「幻想」（image），並不實在，因「沒有那種國邦」（烏托邦）。其實那也是程度問題而已，放眼俗世世界，有些國邦，已逼近該境界，有些則距離遙遠。

# 8

## 臺灣兒童教育
## 問題之探討

# (1) 母語教育成效不彰的主因

母語教育推行多年，檢討其成效，似乎並不顯著。原因何在，有必要當局尤其是熱心人士的反省思考。尤其在小學即將進行英語教學的時刻，此種檢討尤有必要。

俗語：哀莫大於心死。老話也說：去山中賊易，去心中賊難。至於「身陷囹圄猶有救，心繫牢籠無盡期」，則也成為至理名言。套用上述這些成語，母語推行不力的緣故，在於「心態」的不正。換句話說，在學校，校長、主任、教師心中並不把「母語」當成一種很「甲意」又「鍾愛」的語言；在官方，總統、院長、部長、教育部長、教育局長、督學，也是「心中無母語」；在民間，家長、電視演員及一般民眾，也並不重視母語。這些人都開口就是滿嘴的「北京語」，連插一、兩句母語都不肯；令人覺得最怪異的是，有些「國文老師」，不是「國語」不停的說，還偶爾的說一兩句英文字，但卻絕口不說半句母語。有人還要求大家要說「眾人皆懂的話」來作為抵制母語的理由，但這種人卻會在說話中亮幾句英語，「心中」很以為「英語」比「母語」高尚的多。不管他說出來的英語是否「眾人皆懂」，但一聽到有人說母語時，他立即不滿的抗議：「要說眾人皆懂的話」。這種現象無他，是心態有病。這種人亟應找心理醫生來診治。

心病就要心藥醫。其實，觀念也只是「一念之間」而已。當然，去除心中之盲點，也不是易事。孫中山說得對，革命必先革心；「心理建設」是建國強國之本。推行母語時，官方是心不甘情不願，教師也是覺得在被迫之下，不得已才教母語；而一般人仍然以為母語難聽，說母語者下賤；只有說國語或英語者才彰顯自己有文化素養。此種觀念就是造成推行母語的致命傷。臺灣有不少縣市在母語教育的推動，「表面上」似乎頗為積極，花了不少人力及物力，只是事倍功不及半。深查其底細，癥結之所在，還是內心作祟使然。縣長、教育局長、校長等高官，在正式場合，非常吝嗇的不願說母語，還以為如此

才算莊重未失身分。其實，下一代的學子如果一聽到「長輩」也在臺上說了母語，不只較具親切感，也可消除兒童看不起母語的心理「變態」！

　　其次，如果只按政府規定一週上一節課的「母語」，其他時間就把「母語」置之不聞不問的話，則「一曝十寒」，又哪有成效？這猶如學生學英語一般。上「英語課」時不見得說英語，而上其他課時，就與英語絕緣，說話聊天也不說英語，則英語學了十幾年，仍然只會記幾個單字或文法規則而已。前車之鑑，母語教學若仿此，則註定失敗無疑。

　　母語教學若不是拿來當點綴或應付交差，則首先應覺醒，調整心態。自作「虐」，不可活；而這種自我賤踏最為慘重的是政府首長。有些要員，「國語」也是「不輪轉」的，卻滔滔不絕的說北京話；其實他的母語才具有魅力，卻不屑一說，這種人之愚笨與倔強，真不可原諒；而鄙視母語的心態，最不可寬恕。要是此種錯誤觀念能予以糾正，則三不五時就以母語出口，不會只限定在一天一節課的「母語」教學而已，如此，母語教學成效才會事半功倍！

2001年4月14日，民眾日報

# (2)　談造成兒童近視的元兇

　　行政院衛生署近日公布一項驚人資料，國小一年級幼兒的近視率有增無減，一九九五年是12%，今年則高達20%。民族幼苗的靈魂之窗早受摧殘，誰是元兇呢？教育當局可能就是罪魁禍首。

　　我國號稱科技發達的國家，小學的電腦設備及教學，連先進國家都看了會羨慕。不過，我國的學生因太早接近電腦，除了只供作打電動玩具之用外，拿電腦來尋找知識資料者並不多，並且傷害了視力，則是不言自喻的災難。臺灣的數理教育，排名在全球之冠，但那是指中小學而言，高等教育則在瞠乎其他國家之後，教育不能只求速成，卻不講究實效，杜威教育哲學中之「持續性」精神，在臺灣學校教育中蕩然無存。換句話說，我國教育的嚴重缺陷，在於中小學生太受逼迫，小雞就要牠啼，還要啼得大聲，又要不停的啼，結果啼得哀爸叫母，啼得痛哭流涕，啼得聲帶斷裂，啼得緊張兮兮，啼得聲嘶力竭，換來的代價是厭惡與咬牙切齒，雖然短時搏得師長之獎勵與讚賞，但動機與意願已消失殆盡，後力無繼了。小時了了，大未必佳，正是臺灣教育的寫照。有些大器晚成（大雞慢啼）者受盡冷嘲熱諷，被指為智能不足、成就低劣，或編到放牛班，不是自信心盡失，就是養成自卑心理，鬥志全無。

　　其次，兒童階段不是應偏重閱讀看書的年齡，識字更不應太早實施，不幸連幼兒園四、五歲的小朋友都不放過他們的筆劃及筆順教學，更不用說小學低年級了。現行國小課本中出現「虧得、抽抽噎噎、騰起、惟慢、喧鬧、鱸魚、績麻、灌畦、蘸、瑟縮、卿卿、茵褥、寇邊、絮聒、瞿然、岐嶷、肉麋、偃仆、煩瀆、邊鄙、簸揚、靡費、嫋嫋」等，不只語意晦澀難解，且筆劃太多，大大的違反了教育原則。小朋友一個單字寫一頁或寫一行的規定，還一仍其舊，試問唸這些非常不實用的字或詞，寫這些極感痛苦的語彙，怎不讓小朋友望而生畏，但在大人及師長的威脅利誘下，不得不多花時間去熟練這

些，加上考試又專門偏愛於此。教育當局的教育原理，仍然停留在原始階段。

　　尤其更令人憤怒的是，在教育部新部長鼓勵兒童讀書之政令下，全國都在推行小朋友的讀書運動。果眞如此，明年的國小近視率，可能又會加倍成長。有些縣市更用科舉時代的功名頭銜，封上讀書數量超過幾本的小學生身上，這種傳統遺毒，還陰魂不散，臺灣的小朋友眞是倒楣透頂。更罪不可恕的是讀古詩及經典比賽，小學生的眼力更是不堪負荷了，有形的視覺器官慘遭荼毒，無形的心靈也受凌虐，不少師長還以爲幼童能滾瓜爛熟的把四書、五經悉數背誦而沾沾自喜，殊不知此舉正是一把剝奪快樂童年的利劍。曾部長是學心理學的，不應是兒童近視的元兇，也不該作爲幫兇。

2001年12月9日，民眾日報

# (3) 論兒童讀書運動

　　臺灣社會有個極為反常的現象，不該讀書的時候，拼命要他唸書；而該讀書的人卻都在玩。目前，教育部新部長發起兒童讀書運動，北部也有一些國小校長或主任，答應若是小朋友看十二本以上的書，就要跳天鵝舞給孩童觀賞；不久前，全國還有小學生讀經背古書大會考。但放眼一看臺灣的各地，是青少年飆車，大人玩股票，連大學師生也醉心於此。小學生無邪比較可欺嗎？用各種方式要求兒童讀書，但如果僅止於國小階段，而國中以上是拿學生沒辦法。年紀較大了，就視讀書為畏途，把課本擱在一邊，要不是為了考試，國民才不會養成閱讀看書的習慣，試問國小學童的讀書運動，是不是反其道而行。

　　簡言之，兒童階段不是鼓勵讀書的時候，快樂的童年絕少是從讀書中得到。依據認知心理學的研究，童年期是發展感官經驗的時候，以具體實物為對象，以自然界為取材的內容；所以兒童應多步向戶外，到山上、海邊、草地、溪流、河川及田園等處，學童就可目睹昆蟲、花草、星辰的一切，則可以鍛鍊體魄，敏銳五官的感受性，也最能產生印象深刻的知識。世界上先進國家的教育理論，都強調兒童時光應該如此打發，而非躲在書房勤於背書或閱讀，因為文字或符號是抽象的，「具體實物先於文字」（things before words）。曾志朗部長是搞心理學的，怎麼不知道這個極為平常的教育原則呢？

　　今日臺灣的學童，並非不讀書；相反的，今日臺灣的大學生及社會青年，不讀書才是司空見慣。孩子年幼，不適合讀太多書；且讀書內容如涉及更具人生體驗的內容，也非童稚年齡者所能心領神會。如果逼迫孩子閱讀，使之產生一種內心的排斥與厭惡，這才是最重大的後遺症。要是再加上久坐不動，近視加深，體力不佳，則摧殘國家幼苗的罪名，更是承擔不起。

　　兒童期是好動期，在這段期間中，不應該強調知識教學；不過，

人的天性中有極為強烈的好奇心，因此勤學好問，是童年期的自然現象。但是這種求知的本錢，卻不是從書本閱讀中得到，只要能激起學童的求知意願與動機，則「繼續」升學上進，就能保證持之以恆，這才是教育的真諦，也是讀書的正港詮釋。具體來說，小學除了上課之外，已少有時間上圖書館，要求圖書設備充足的學校，絕不是小學，而是大學。諷刺的是臺灣的大學院校之圖書館設備太差也過於簡陋，藏書數量不只少，且入室進館閱讀借書的師生，更羞與外人道。教育部不想辦法鼓勵大學生讀書，卻把目標放在兒童身上，正是一種錯誤的政策。如果說大學生不讀書，乃因小學生不讀書所造成，則此種念頭，更是呆笨，其蠢無比，看不出問題的癥結所在。如果花大錢充實小學圖書館，則不只國家資源浪費了，且誤導國民教育的政策走向，才是最不應該的措施。

2000年10月21日，民眾日報

# (4) 開卷未必有益

「開卷有益」這句話未必是。新政府的新部長一上臺，新政策之一就是發起孩童讀書運動。臺北市一些國中小校長還穿起芭蕾舞裝來「引誘」孩童讀書，諾言是只要孩童在暑假讀十二本書，校長就要跳芭蕾舞給小朋友「觀賞」，這真是鬧劇。其實「讀書運動」的口號已喊了數十年，如今又舊口號重提，效果恐怕不大。只是這幾天英國有個寫兒童探險故事的作者，發行一本厚達六百多頁的書，一出版就出售數十萬冊，造成英美兩國兒童及成人的搶購風潮。先進國家的政府並沒有喊「讀書運動」的口號，社會上普遍有書香味道，我國臺灣，大人聲嘶力竭要孩童讀書，卻事倍功未及半，關鍵無他，開卷未必有益。

有些「卷」非當枯燥，文字艱澀，辭藻不常用，冷僻又費解，如能理解，也了無意義感，更不會令讀者「心動」。今年北區高中聯考作文科題目是「心動」，不少考生不知如何下筆。因為在孩童十幾年的歲月中，既在教科書及課外讀物中讀不到有什麼令人「心動」的材料，也視野狹小的看不到或聽不到令人「心動」的事跡。國小加國中一共九年，至少讀書的教本也「等身」了，但教材內容之缺乏趣味性及感人性者，幾乎比比皆是。如今還要「逼」孩子在暑假讀類似折磨人的書，試問人生又有何意義可言？不少教育行政官員、校長、家長、教師、甚至教育學者竟然還鼓吹孩童應該背誦古代經典，以《三字經》、《百家姓》、《千字文》為教本、《唐詩三百首》、《大學》、《中庸》、《論語》、《孟子》也要朗朗上口，甚至老子《道德經》更要背得滾瓜爛熟。

教改喊了這麼多年，全國上下對於兒童的心理、教育的本質及教育的走向，並不花心思去研究，還一再的停留在舊時代的思維裡，教育部長更是幫兇，二十世紀已結束，第三波早就來臨，記憶的年代已然過去，為何還迷戀那種禁不起理性檢驗的觀念？提倡讀書運動者

如果還認為孩童時期要熟背經典，一定是他從來沒有讀過胡適之的《四十自述》，蔣夢麟的《西湖》，及陳之藩的《在春風裡》。孩童資質可與胡適相比的是鳳毛麟角，怎知《三字經》的「苟不教」是何意？蔣夢麟小時逃學在家，向媽媽哀怨的訴苦，學堂不好，教本不當，他真要殺了老師，也想放把火燒掉學校；陳之藩不肯背《唐詩三百首》，換來了父親毒打，這種切身的夢魘體驗，還要這一代的學童來嚐嗎？

不該讀書的年齡逼迫讀書，該讀書的年齡才盡在吃喝玩樂，這是臺灣社會的反常。孩童時期是不該讀書的階段，如今逼他讀書，可能產生對書的憤恨，因此養成了讀「冊」越讀越討厭的結局。美國芝加哥大學名校長R. Hutchins發起大學生四年讀一百本「巨著」的計畫，需知應該研究古今經典名著的是大學生，不是小朋友，讀的又是人類智慧結晶之作，不是小孩讀左傳公羊傳甚至大人皆不懂的易經。從心理學的角度來說，孩童期是感官操作期，與其讓孩子讀書，不如帶孩子倒向大自然的懷抱吧！教育部長是搞心理學的，難道不知道嗎？

2000年7月22日，民眾日報

# (5) 論小班小校的教學

　　臺灣的中小學校，由於人口分布的城鄉差距非常懸殊，所以班級人數及學校的班數，在偏遠地區及人口密度非常集中的都市精華地區，就有如同霄壤之別。國中及國小在臺北縣的板橋、三重、永和或新莊等市，超過一百班以上的大型學校，到處可見；但在貢寮、平溪或瑞芳等鄉，小學只能是六個班級，也就是說一個年級只有一班，而全校小朋友只是數十個。曾經有一所小學在畢業典禮時頒獎給畢業生，結果縣長獎、教育局長獎、議長獎、家長會獎、校長獎及議員獎等，都由同一位小朋友獲得，因為該校畢業生只有一個。不少小學只有六班，一班的人數都是在個位數。至於熱鬧地方的國中小班級人數，由於近年來政府努力減少班級人數，所以每班已降低到三十多個人左右。以前一班達七十人的「盛況」已不再。

　　兒童入校的基本教育功能，就是要讓學生「社會化」。一個班級只兩、三個小朋友，一個學校只有二、三十個學生，在學生社會化的角色上就顯有欠缺。班級上課的同窗只有兩三位，這種教學環境，猶如家庭一般。學校本來是異於家庭的，家庭中的兄弟姐妹經常都超過兩、三個。要是在家與家人接觸的機會，與在校與師生交談的機會幾乎相同，則學校不設也罷。學童在社會化的過程中如有不足，對人格發展不利；加上「獨學而無友」，則「孤漏而寡聞」。因此迷你或小班小校，實在有加以檢討的必要。

　　其實把學齡兒童按年級而分班，這只是教學方便的權宜措施。小學大半是包班制的教學，尤其是中低年級。美國有一種學校，叫做「不分級學校」（non grade school），也就是說把學童全部集合在一起上課，不分一年級或是五年級。臺灣也可參考這種措施。比如說，把小班小校中的現有一、二年級小朋友予以合班上課，如此一個班級可能就有十幾位小朋友了。一個班級人數多到五六十個，那是一種極端；可是一個班只二、三個小朋友，則也是另一種極端，這兩種極端

都不正常。人數太少的學校，就是全校用一個班級來上課，也未嘗不可，因爲大小朋友一起上課，優點不少，也可花更多時間予以個別指導，甚至以大朋友（如五、六年級的學生）來指導小朋友（如一、二年級的學童）。要是把規模很小的學校廢掉，會引起地方上的反彈，則至少也可以改變教學方式及班級編制，除了減少經費開銷及人力浪費之外，亦可增加教學效果。千萬別以爲小學教學，一定得分年級來上課，先進教育國家都有合年級上課的先例，教學氣氛可能更爲融洽，兒童社會化更容易達成。

　　混合各年級一起上課，是教改的項目之一，也可解決小校的教學問題。

　　　　　　　　　　　　　　　2001年2月17日，民眾日報

# (6) 論語文的本土化及國際觀

　　臺灣的語文，從未本土化過。長期以來，都是外來統治者語文的附庸。臺灣人講臺灣的母語，這是天經地義，但不幸，由於臺灣人還沒有真正當家作主，因此臺灣的母語，幾乎要消失不見。沒有語，就不會有文，無臺灣語，就沒有臺灣文。

　　臺灣的語言，包括「臺語」、「客語」及「原住民語」。有人說「臺語」就是「閩南語」，這句話未必是。閩指福建，臺指臺灣。在過去，臺閩兩地互通，但各種複雜因素也阻隔了兩地人民之語言交流。目前福建人說的話與臺灣人說的臺語，相似的地方有，但各有特殊用法之處，也比比皆是。為了彰顯臺灣人的主體性，臺語就是臺語，不是閩南語，猶如美國話就是美國話，它與英國人的英語是不盡相同的。

　　以「臺語」為例，數世紀以前平埔族的「新港語」，在荷蘭人統治臺灣時候，夾雜有荷蘭語，甚至西班牙語。在大清帝國治臺期間，臺中的望族林獻堂與清朝的梁啓超兩人商談國家大事時，雙方語言根本不通，林獻堂說臺語，梁啓超說滿州官話（也就是北京話），兩人只好用文字來表達意見，因為兩人都讀過「漢文」。不過，漢文的臺語發音或是會意，與北京話的發音及會意，也不是完全契合。其後日本治臺五十年，強迫進行「國語運動」，臺灣就夾雜更多的日語了。尤其特別的是日語有許多外來語，這些日語及外來語，也都變成臺語的一部分。從這樣臺語的歷史演變來看，臺語早已與歐洲的荷蘭語及西班牙語接軌，又與日語統合，加上中國國民黨占領臺灣後，變本加厲的推行「國語運動」，臺語又多了一個外來的成分。臺語這麼豐富，說它已是一種國際色彩頗濃的語言，應不為過。

　　有了語，才會有文。臺語先得在本土生根，幸而「蕃薯不驚落土爛」，當前連壓霸的人也不敢再欺凌臺灣語文的本土化。臺語的史實又最具國際觀，本土化及國際觀二者並不相衝突。臺語的拼音，臺文

的書寫，不一定要與漢文、日文、英文或荷文、西文接軌，臺語及臺文自有其獨特之處。日語及日文受漢文及漢語的影響甚大，但日語及日文的拼音及用法，與漢語及漢文拼音與用法，二者離異之處，俯拾即是。試以「泡湯」爲例，除了發音有別之外，日文的「泡湯」是洗溫泉的意思，漢文是「完了」的指謂。日本文字及語言並沒有與漢語文接軌，會妨礙日本語文的國際化嗎？臺語及臺文若不與漢文及漢語連軌，臺灣就不能國際化，講這種話的人，除了無知之外，都是內心有鬼才如此。

　　臺語文如此，客語文及原住民語文亦然。母語文的發展如在自然或人爲努力鼓吹之下，甘願廢棄，這總比藉惡勢力來消滅，價值來得高。此外，語文並無所謂的「標準」問題，那是「約定俗成」的。臺灣語文目前有了本土化的契機，深盼有志者共同貢獻智慧，使這個早有國際觀的母語能與其他強勢語文看齊！

2001年1月6日

# （7） 贏在起跑點，但終點呢？

多年來流行著一句話，與幼兒教育息息相關：「不要輸在起跑點上」。人生歲月的幼兒階段，就是人生旅途的起跑點。起跑點的幼兒是從幾歲開始算，也是議論紛紛。如果大家爭著在起跑點領先，則勢必一直往前推，甚至推到胎教的重要性上。不過一般而言，比較可以看出具體的輸贏，是在知識及技能的表現層面上，知識尤特指語文及數學，至於技能，則泛指所有美術、音樂、體育等活動。

為了加強幼兒在上述各方面的表現，家長爭先恐後的「逼」孩子及早上電腦課、學英語與數學，或花錢要兒童到鋼琴班、提琴班、跆拳道訓練所、舞蹈班，繪畫班等註冊。這是臺灣教育數十年來的景觀，也變成婚後男女的重大負擔與操心，造成社會及政治問題。追根究底的根本解決之道，只有植基於「幼兒教育觀念」，或許才能對此一問題獲得智慧性的解決。安親班林立、才藝班及英語班也四下可見，家長的經濟擔子加重，但孩子的心理千斤壓力，恐怕都是其後一生不可磨滅的夢魘。此種作孽式的教育災難，不只未能稍緩，反而似乎有變本加厲的趨勢。「此風不可長」，但苦無歇息跡象。

該罵該怪該受斥責的就是家長，孩子是無辜的。兒童那能作主啊；有小朋友主動要求要上上述的那些班嗎？原來種因於家長的一種錯誤觀念，即勿讓下一代「輸在起跑點」上。好了，贏了又如何呢，臉上有光嗎？好在親友面前揚眉吐氣或滿足虛榮感？紀元四世紀時一位基督教大神學家聖奧古斯丁（St. Augustine）諷刺的警句，似乎世人都忘了。臺灣的家長從未讀過的緣故吧！這位神學家年屆七十時，友人問他兩條路可以走，一是等死，一是回到幼兒階段，他直截了當的說，他寧可去死，也不願過童年不堪回首的生活。

古人說，人無遠慮必有近憂，這句話不十分正確。事實告訴我們，「人無遠慮」，極有可能有「近樂」可得，但更有可能有「遠憂」。家長及時人甚至教育工作者都太急功近利了，努力辦「學

校」、但未努力辦「教育」，才是癥結之所在。辦學效果近在眼前，但教育果實卻要長年累月才有收成；俗話不是說：「一年樹穀，十年樹木，百年樹人」嗎？栽培五穀，一年即能收割，種樹要等十年才能林蔭蔽天，但教育人才，有時得等候百年。只看眼前的人，不是近視嗎？不要輸在起跑點上，是金玉良言嗎？人生求學就像是跑馬拉松，甚至無止境無終點，試問各種長途賽跑中，起先就領先的與賽者，幾乎沒有一個到終點時得冠軍的。家長啊！不要這麼的沒有sence。以利為主要考量的各種補習班大喊「不要輸在起跑點上」，刺中短視的家長心坎，造成父母的緊張又加上一份愧疚感，收支不敷時還硬著臉皮敢向親友開口，其實這些苦惱，都是「天下本無事，庸人自擾之！」

處在競爭力十分激烈的當今社會裡，大家分秒必爭，如果在出發點就能稍為領先，則占了不少便宜。問題是這種贏在起跑點上，有可能是暫時性的、假相的，若是自己實力比別人為優，之所以贏在起跑點，乃因為別人不那麼在意。關鍵重點在於斷定勝敗，只計較於初期嗎？其實結局才是分出勝敗的決戰點，贏前輸後，先勝後敗，則那種勝或贏又有什麼意義呢？

下述數種原則，可供參考：

1. 有些「技巧」性的學習，早點學是有必要的，比如說具鋼琴或提琴天份者，若童年不學，則後來才補救，曠日費時，事倍功不及半，音樂史上此種例子極多，少有大演奏家是大器晚成的。他們的稟賦早有各種跡象顯現，及早訓練，是必要的。

2. 「學琴的孩子，不會變壞」這也是商界最誘人的廣告詞，若家庭經濟力許可，即令無什麼特殊天份的幼童即練琴，也不妨，但技巧上的學習勢必有「高原現象」，屆時瓶頸打不開，猶如窮門緊密，就要知難而退了，不要勉強。因為痛苦與折磨此種感受，不是兒童承擔得起的。

3. 基本原則之一是千萬別給孩子沉重的壓力、童年時如占滿了此種「補習」時光，這是家長最不該寬諒的大罪過。基本原則之二是

學習的興趣，乃是學習成就有無的因素。興趣是動機之源，無動機即變成苦差事，當孩子欠缺興趣時，則要考慮補習是否要延續的時候了。當然！誠如杜威（John Dewey, 1859-1952）這位大教育哲學家所說，「興趣」（interest）只是學習開始時應該注重的，但學習不該止於「興趣」上，卻應「努力」（efforts），後者之境界，也是另外的一種「樂趣」，那是上臻「樂業」領域了。不過，那時已非童年時代，對小朋友大談「樂業」，還是看錯了教育對象，對牛彈琴了。

4. 知識學門的補習沒什麼必要，千萬勿把高階的教材先拿來教給初階的兒童學習。多年來臺灣或亞洲國家的學童在高中以下的各種學門之奧林匹克競賽，皆比歐美國家優秀，但大學呢？這又是先贏後輸的佳例了。試問我們的大學生在數學、自然科學等方面的「深造」，不是都往歐美或日本的大學跑，又那有歐美日本國家送孩童到臺灣「取經」的嗎？其實技巧性的學習亦然！我國少棒隊表現亮麗，但成棒呢？而少棒投手為了求勝，專投出毀傷身體發展的變化球，「為求目的不擇手段」，得個錦標歸，晚年殘廢肌體的煎熬，又有多少人檢討？先甘後苦，還是先苦後甘，還無法判定嗎？學術界的泰斗人物，小時都是不了了的，看看諾貝爾得獎主的童年教育經歷，可以印證一切！

5. 強調記憶性補習活動，是「罪該萬死」。多年來政府及教育部門、不少家長、許多民間團體，甚至還有教育界的校長、老師卻盲心的注重讀經班，還頒巨額獎金，這些人更振振有辭，不知他們讀過胡適之《四十自述》的第一篇「九年的家鄉教育」、蔣夢麟的《西潮》，及陳之藩的《散文集》沒有。胡適童年在臺灣長大，私塾裡老師要孩童背《三字經》，他及小朋友卻把「苟不教」唸成「狗不叫」。「苟不教」是抽象意甚強的，「狗不叫」則是具體經驗性的了解，大家也知童年期又那是屬於抽象演繹階段呢？沒錯，小時不懂，大了就懂，有這種人，但這種人不多，胡適一定是這種人，但這位名滿天下的大學者也自承他小時候對《千字文》中的頭兩句「天地玄黃，宇宙洪荒」百思不得其解，連當了大學教授，他也對之無解。

許多小朋友逃課了，老師很不高興，命令一生去抓回來，該兒喜出望外，因爲他也想逃學，免受挨打之劫，現在可以「奉命」逃學，豈不名正言順？小時教學落到這種景像，該打屁股的難道是孩童嗎？童年時記憶力特強，這也有事實作證明，但也該是兒童可以領會或稍加解釋就可以明白的教材啊！那有囫圇吞棗到把諸如老子《道德經》、《大學》或《中庸》或《論語》或《左傳》、《穀梁傳》或《公羊傳》全部塞給孩子的？這是一種教育屠殺！現時歌頌「讀書」的人，太不讀書了。《西潮》裡蔣夢麟說自己也從小學逃回家，好在他有個好媽媽，媽媽問他，若老師到家把他抓回學校怎麼辦，蔣夢麟不假思索的說他要拿一把刀把老師殺了，放一把火把學校燒掉。哈！這不是與奧古斯丁或馬丁‧路德的回憶，一模一樣嗎？這該怪蔣夢麟嗎？陳之藩說了大熊要小熊吃蜜的故事，確是令人心動。讀者啊，這些書爲什麼不早一點讀一讀，若讀過之後，則是否還強辯讀經之必要性，就另當別論了。

　　人的天性本就有求知欲，有時還「求知若渴」，這是爲學的最珍貴本錢。先進國家早就爲兒童著想，寫出膾炙人口的童話小說或故事。大家怎不想想，爲什麼《哈利波特》的書已數冊，每冊都立即暢銷，只有那不求上進及不長進的人，還要兒童死啃被吳稚暉要求丟到毛坑裡的古經，還要對古經倒背如流。「天命之謂性，率性之謂道，修道之謂教」，出自於三、四歲孩童之口，他們滿臉疑惑，或是一張不知所云的表情，正如老夫子搖首擺尾度方步的吟唱詩句一般，國家之亡就斷送在這批人手裡。這還不死心，更要摧殘民族幼苗，還要學前或國中小學童不可在這方面輸人之後，實在居心可惡。算他們爲教育界的敗類或罪人，實在不爲過。二十一世紀都來臨了，第三波早已到了，還在強調記憶性的重要地位，不是多烘先生的老調嗎？嚴肅來說，人類器官發生的功能，就是「官能」（faculty），其中，記憶力不是頂重要的，反而是理解力、推理力、判斷力，及想像力，爲什麼還活在老古董的世界裡，再度上演把小熊打得稀爛才甘罷休嗎？

　　令人驚奇的是在二〇一一年年初，臺灣有一家長竟然因爲孩子

（不到六歲）背誦的《三字經》不合他意，一怒之下，把他打得幾乎半死！

起跑點不輸，終點也是第一名，這種人眞的是絕少見的；而不輸在起跑點上，且持續如此，試問壓力必出奇的大，不發狂才怪！甚至覺得人生乏味，悲劇因之緊隨而至。臺北建國中學及一女中是全臺學生中未曾輸在起跑點上者，但跳樓身亡的事件豈能不啓人省思。誰是兇手，屆時才後悔，已是太遲！

# (8) 談兒童讀物

兒童天性上喜歡求知，因此如有適合於兒童研讀的教材或資料，實在也多多益善，這方面要感謝兒童心理學家的貢獻，也是幼兒教育思想家大聲呼籲的成果。兒童讀物就是兒童讀物，千萬別那麼任性、懶惰、或一廂情願的以爲大人讀物必定也就是兒童讀物，而大人們視之爲珍寶的古典，一定要幼童研讀不可，「老少咸宜」；更何況嚴肅的說，那些讀物對大人不見得有利，也不適宜大人來唸，甚至如拋棄一旁，既不浪費青春，更不會虛渡時光！

歷史上早就有兒童讀物。就教育價值層面來說，讀物之具有價值，一來引發讀者之興趣，二來激勵讀者之想像力。如能取之作爲行爲準則或學習榜樣，更提升智慧，那麼就是千金購買，也是物超所值的，印象深留心中，久久不忘。讀物不管對象是兒童或大人，「理解」是第一要求，因之文字之流暢，簡易清楚，不要故弄玄虛，高深莫測，出現不少筆劃甚多又絕對不常見的字詞或語彙，否則就流於既令焚之也在所不惜的對象了。

可惜又深感遺憾的是中國自古以來的所謂兒童讀物，幾乎都屬此類，當年秦始皇「焚書」，如盡燒掉那部分，還眞是造福人群，嘉惠兒童呢！這不是說整本諸如《三字經》、《千字文》等皆一文不值，其中也有至理名言，但禁不起解析的文字及未能讓孩童明白的文字，

多得不可勝數。除了胡適之舉的「苟不教」一句外，幾乎俯拾即是。中文造詣能深悉「苟」意者，必屬中上之輩，可見人數少，且要俟成年後才得其意。至於諸如首句「人之初，性本善」，如被荀子知悉，一定痛「非」一番。荀子「非十二子篇」中，「非」得最厲害的就是主張「人性本善」的孟子。如以為孟子是「大學者」，試問荀子的學術根底，下於孟子嗎？人性之本然是什麼，又有誰知？一味的肯定為善或為惡，二者皆有所本，但卻爭議性很大。又如次句：「性相近，習相遠」，這是事實，但不「全部」是事實，只有部分而已。該句話正也應了荀子在「解蔽篇」之所說：「凡人之患，在蔽於一曲而闇於大理」了。不可以這根據一部分（一曲）而不明（闇）整體。常人說的「以偏蓋全」就是此意。事實上，如《三字經》所說，「性相近，習相遠」，用現代的話說，遺傳近似者，環境差異會造成上下懸殊的結局，反過來說也是事實。但吾人也可以說：「性相遠，習相近」。此句話的意思就是：遺傳因子不同者，環境會使之相近。可見後天環境之重要性是多麼的驚人。但為什麼只能說，「性相近，習相遠」而已呢？應該也可以再加上「性相遠，習相近」啊！這不是強詞奪理或是硬拗，卻有事實可以佐證的。欠缺此種分析評判能力實在不是研究學問的料。老子說：「勤有功，嬉無益」，那又是「胡言亂語」了。誰說光只「勤」就能有「功」啊！「勤」而無方（方法）又無工具佐之，只要人一己百，人百己千，這是笨，徒勞無功。讀書不求效果，只有一卷在手，手不釋卷，就會有好成績，這是天方夜譚。常常看到中學生在公車或捷運上，仍然注目看書，其實是其蠢無比，不如利用該時，「想」（進行思考）吧！孔夫子不是說嗎？「學而不思則罔」。「思」就是在整理、聯想，甚至進一步批判、那是高一層的知識了。「記憶」性的，只是層面的，未見深入處，皮毛而已，骨髓在何處不得而知，此種資料，如過眼雲煙，稍縱即逝。「嬉」不只非「無益」，且正是兒童時代幸福及快樂的所在，試問未有「嬉」的童年，是何等的不幸！剝奪了「嬉」這種大人，最是殘忍，入21層地獄，都是罪不可饒恕！

《千字文》實在更不忍卒讀，除了胡適之特舉該文首句他一生都無解外，試看接下去的語彙：

景行惟賢，克而益詠　樂殊貴賤，如鄙自糜　都邑華廈，巖岫杳冥

治本於農，解鈕誰逼　索居閒處，凌靡絳霄　耽讀翫市，捕獲叛亡　布射遼丸　愚豪等誚

天啊！老實說，這些童時該背的「文」，即令大學漢文學教授，必定也覺困惑。《千字文》原始作者不知是誰，為何「整人」到如此地步。卻不知過去擬應科舉考試的儒生，都盡瘁於斯。高舉「讀經」大旗者，敢大聲疾呼，命令孩童也得對此類「天書」奉讀不逾嗎？

成書於大唐帝國唐太宗貞觀七年（紀元633年）的《辨天地》、《正曆數》、《議封禪》，及《征東夷》等書，就是「蒙學書」，是給兒童背的「兔園策府」。讀者看看下引的兩段吧！

## 一　正曆數

對：竊以立天地肆遊，與六氣交馳。易曰：立天之道，曰陰與陽，立地之道，曰柔與剛。四遊事註記，春秋傳曰，發六氣。杜君註云：六氣，謂陰陽風雨晦明之謂。

## 二　議封禪

問：省方戒典，昇中記號。逖聽前古，空覽夷君之詞，發揮中柔唯傳茂陵之禮。然則，君臨大寶，駕馭黎元，混車書而捴八方，會玉帛而朝萬國。莫不崇大禮，登介丘，巒移駕象之巖，蓋轉常龍之岫。當今，風淳化俗，道穆時邑，方欲肅採仙閭，揚徵觀日；亥虹警路，蒼亂順時。班瑞諸侯，告成山岳，討論圖籍，須叶禮經，當陳橘梣之詞，用禮飛英之略。

看，這是兒童讀物嗎？大學教授讀之，又有多少人懂得其意，是否只是艱澀古字的堆積而已。中國一、兩千年以來竟然皆取之為兒童

讀物，實在是心理變態的極致了。其實諸如此類的「古典經籍」，是汗牛充棟，腦子裡盡充實這種廢物，還揚言是「文明古國」。古國倒是事實，但文明抑野蠻，不是立下分明嗎？老祖先作的孽，後代子孫竟然還要照單全收，且變本加厲。這種文化或文明，至少在這部分，歌頌讚美者還有顏面出口嗎？

　　長年生活在此種「兒童讀物」陰影之下的孩子，有什麼具體象徵嗎？試看本書最後一頁的一張圖片，那是大清帝國晚年派遣第一批小留學生的歷史照，請記住那時已到了十九世紀中葉之後了，能考上公費留美的，必是富家子弟，看看他們的穿著，是長袍馬褂，那有天真活潑的體態？又留長辮。這還不打緊，注視他們（都是男生）的表情吧！憂鬱無笑容，好可憐的長相。（取自拙著《中國教育史》最後一頁）憑這種外表的孩童，就能使中國文化獨步全球，或與烈強爭勝？不必作夢了，更不用說原來他們腦海裡填注的，上面所述的兒童讀物已占了一大部分。中國不是沒有人才，但人才培育，最先就灌輸類似上面所舉的讀物，又那能奢望長出枝葉扶疏茂盛的大樹啊？還醉心於讀經的大們，你們盼望此種童年生活再親身體驗一番嗎？

　　正常的小孩，在那種學習環境下，正如胡適之童年友伴一般。又有那一位不處心積慮的想要逃學呢？稍有天份及才華又有個性的小孩，不會像蔣夢麟一般的想拿一把刀把老師殺了，放一把火把學校（書院或學堂）燒掉。因為所背的就如同陳之藩的阿公（祖父）向其子（陳之藩之父）所訓誡的一般。大熊逼迫小熊去吃的原來不是「蜜」，卻是「大便」。小熊逼不得已非吃不可，但馬上就吐了出來，大熊大發脾氣，拳打腳踢，把小熊打得半死。大熊深覺奇怪，遂親自去嚐嚐，原來藏在樹叢中的蜜，被惡作劇的農夫換成大便了。當大熊也吃了糞之後才大驚失色，但為時已晚，被大熊巨掌捶擊之下的小熊，卻已一命嗚呼。此時大熊才抱起小熊，放聲痛哭，但有用嗎？陳之藩感謝他有個懂事明理的好阿公，救了他小命一條，也告誡了陳之藩父親。蔣夢麟也幸虧有個好媽媽，不怪孩子，否則必也挨皮肉之苦。

「有過則改，善莫大焉！」豈知中國人知悉此格言者眞是寥若晨星。還想盡辦法遮羞，甚至要發揚光大。我們看看歐美西洋人古來的童話故事吧！《伊索寓言》（*Esop Fable*）中有許多充滿有趣、生動、又富哲理的「寓言」，現在已變成普世教材了，大家耳熟能詳的老鷹擬喝水，但瓶子裡的水太淺，老鷹乃抓了小石頭放入瓶內。此種舉動的明智性，總比把瓶子打破來得高；又如太陽與風比威力，可以使農夫脫下衣服。艷陽高照，農夫出汗了，當然脫掉了衣服；但風大力的吹，農夫只好把衣服拉得更緊，又怎能吹掉他的衣服呢！至於索羅門的智慧判斷，更是千古一絕了。兩婦女互爭孩子屬於自己，索羅門王對這種困境有了明斷，他當場下令取刀來把孩子劈成兩半。只見其中一婦女大驚失色，馬上跪下來痛哭，向王乞求，她寧可不要那一半，情願把孩子送給另一位婦人，王一聽也登時作了裁示，當場把另一位婦女拖出去斬首示衆。又有那一位「眞」媽媽甘願只取回一半身體的兒子啊！

讀經派或守舊派中最頑固，也最無可救藥者，自己根本也不讀書或讀書不多，卻固執己見，腦袋水泥化了（concrete），僵硬了；只聽是經是古，就心領身受，凡是古代的都美好，其實殘渣及廢料一大堆，糟粕到處可見。明理者是只取精華的，至少對兒童來說，需具備「可讀性」的要件。一翻書即受打擊，碰到鐵板，還要硬撞，不是會頭破血流嗎？知其不可而爲之，這是蠻幹，欠缺腦筋的，人又怎能作爲萬物之靈呢？又怎能「異於禽獸」呢？甚至連牛馬皆不如，牛也有牛性，人難道失去人性了嗎？陳之藩受父命要背古經，他有一次煩了不背，他父親竟然對他暴行，猶如大熊打小熊一般。其實此種畫面，正是反映兩千多年來（注意，中國的信史就是兩千多年），中國家庭及私塾生活的眞正寫眞。

其實這種童年的血淚史，也不只是由中國人所獨佔，西方人有此慘狀者也比比皆是。倖而感謝爲兒童請命、爲百姓喊冤的幼兒教育大師盧梭及裴斯塔洛齊等，才有了諸如《安徒生童話集》、《格林童話集》、《愛麗絲歷險記》等兒童甚至大人百讀不厭的童書巨著，眞是

兒童的大恩人。荷蘭人治臺37年（與中國的隋朝年祚相同），要把當時17世紀的童書福音，即康米紐斯的《世界圖解》（*Orbis Pictus*）介紹到臺灣來。可恨的是那位對文教不感興趣只一心一意要反清復明打回中國大陸的鄭成功，把荷人趕走，臺灣人何其倒霉！其次，要不是日本人來了，也介紹愛迪生的故事，把西方學校制度引入臺灣，否則臺灣學童還得苦讀諸如千字文等晦昧不明的古經，吊詭的是當年的臺灣百姓，尤其是讀過儒書的家長，竟然對日本政策採取無比的敵意。此種衝突，且具有深厚教育文化變遷意義的事跡，在當前不少學校撰寫且花巨資付梓的「校史」中，卻隻字不提。

　　適宜於兒童領會力的教材，是童書撰寫或推薦的首要條件，缺之則一無可取。因之，古經可作為童書者，大概百不得其一，因為理解力是最基本的，其次是意義性，意義性就會有價值性了。意義性之大部分是具有反省、思考作用的，一本書讀後，久久不忘。在內心中迴腸蕩氣，這是好書，其次就是感人肺腑的內容。一方面是愛的本性流露，一是勇氣之令人激賞贊佩，一是智力高人一等，令人甘願追隨。若如流水帳式的校史，看完之後了無感嘆，船過水無痕，那是虛擲時光之舉。其實，本土臺灣的資料，正是最佳的臺灣兒童讀物，這方面只要有心，也是垂手可得的。當然，外國資料也不少，但臺灣史料，比較有親切感，視若無睹或盲不知寶，那是罪過，具意義又感人的童書，對教育中的智育及德育層面，影響力之大是非同小可的。有志於此者，實在應加油！中國古經實在不應再作為童書了。最公認最具稟賦也造詣最高的「國學大師」（王國維吧），都自承他一生志業就在於窮經，但頂多了解其中一部分而已。或許古經作者本人也不知所云的，亂寫一通，無知的後人以為是如蜜的寶，卻不知是大便，也難怪有真知灼見的吳稚暉才不客氣的說要丟到毛坑裡去，因為那是臭氣沖天的，如有人還渾不知其臭味，卻還要作為下一代的美餐來饗宴一番，相信作嘔者必然大有人在！嗚呼！

# (9) 幼教思想點滴

英哲培根（Francis Bacon, 1561-1626）說，人類因爲有「理性推理能力」，所以產生「數學」及「邏輯」；因爲有「想像力」，所以出現詩歌、文學、戲劇；由於有「記憶力」，因之「歷史」學門就應此而生。「歷史」是「過去的事」，但如只把它當做過去的事，則這種人是愚蠢無比。不只是「個人」的過去事，或群體（人類）的以往事，不少是彌足珍貴的，因爲那是「經驗累積的結晶」，甚至可以取之作爲「智慧」的活泉源頭。「進步」、「成長」、「超越」、「一代勝過一代」，許多都是靠這些資產。「前事不忘，後事之師」，這句諺語，不無道理。當然，過去的事也並非完全要悉數全收，重點是如何取捨，如何去腐存菁，可見「選擇」與「決斷」是多麼的重要。「教育」的功能，主旨也放在這裡！

人的一生成長，現代的人概念較清晰的把它分成段落。「幼兒」有明確的年齡嗎？古人對此概念較隨便，「幼兒」是「事實」的描述，「幼稚」則是「價值」的評估。從字意學來看，中文造詣不必怎麼高深的人都知悉，「幼稚」含有「貶意」，稱呼「幼兒」都屬「幼稚」，這是對孩子的侮辱。不幸，臺灣使用此名稱卻也甚久甚久。孩子上學的場所，叫做「幼稚園」，著實欺「兒童」太甚。稍微尊重「人權」尤其是「兒童權」者，爲什麼長久以來未見有任何強烈抗議舉動，「幼教」還殘存此「思想者」，著實應大受斥責才對。平實而論，幼兒的想法或行爲，容或有「幼稚」的可能性，但試問成人及老年人，言行「幼稚可笑」之類者，不也是屈指難數嗎？把他（她）們送上「幼稚園」，更「名實相符」呢！

現在，比較確定的「幼兒」，年齡大概指「學前」階段，即「六歲」以前的孩童。不過，人的成長是連續不斷的，因此有時也可把年歲往後延，一直到小學教育結束（12歲）。著名的哲學家，教育哲學家，或教育思想家，比較把注意重點放在「幼兒」階段者，應數古

希臘的柏拉圖（Plato, 427-347 B.C.）。這位注重「精英教育」（elite education）的教育思想家，特別強調優先學（eugenics）的重要性。那是「天份」，但「本性資賦」不可強求，人為努力卻可在「養生學」（the science of dietetics）上下手。

當他說，嬰兒即令在母親的子宮裡也得運動時，那是當時醫生對身體鍛練制度權威興趣的引伸，他採用一個怪例子，以鬥雞及其他鳥類訓練來作為打獵及走長路時，帶在主人臂上或在腋窩下使之能勝任任務。身子的動作及搖擺，不管費力或不費力，都可以增強體力。其他如步行、搖擺、划船、騎馬等，也是如此。因之柏拉圖建議即將為人母者要走遠路；且在孩子出生後，以按摩方式來「塑身如同捏黏一般」，以長條布的襁褓來包裹到孩子二歲時，奶媽手抱嬰孩到鄉下走走，到教堂去造訪親友，直到孩子能站立為止。三歲之前不要讓孩子用自己的腳站立，以免造成腿彎（bowlegged）。奶媽必須力大，足以帶孩子直到3歲時，或許他這麼說是太過操心，不過很早就有要求孩子直立的作為，也證實了他的謹慎，他的提防及警告是有道理的，柏拉圖期望母親及奶媽反對此種習慣。此外，他還要父母親聽聽他的指導，了解本身職責以及疏忽時的後果。孩子稍大之後，要常常動，勿在完全寧靜之下安眠，那是非常不自然的。日夜保持節奏性的律動，好比在船的甲板上一般。讓孩子睡覺的正確方式，不是靜不出聲而是歌唱及擺動，如此可以疏解焦慮而帶來安息。要知道身體上的健康及紀律，在型塑「道德性」（ethos）即品德上，是無比重要的，他要求對嬰兒的身體照顧，都變成對嬰孩體育的指示。搖動孩子的身體，以便給孩子舒適，排除不舒服，在型塑他的心靈上，已踏出第一步。由於柏拉圖認為一切的教育無不是型塑心靈，因之，他是為兒童早期建立教育系統的第一人。

要使兒童勇敢，第一步就是使他免於恐懼，不必怕。這在極年幼時也得加以訓練。焦急及沮喪，更增加了懼怕。他說，我們必須在「嬌生慣養」（coddling）及「恃強凌弱」（bullying，即今日臺灣熱門教育話題的「霸凌」）之間，找到一個愉快的中介點；前者使孩

子過度敏感，且悶悶不樂；後者則使之卑躬屈膝，鬼祟鄙劣，且憤世疾俗，這就是今人所說的「自卑情緒」，教師及家長都必須特別小心的摘除掉，因爲大部分是由於「過度教育」（over-education）所造成的，即太寵愛，「愛之適足以害之」。眞的教育要使兒童愉快，性格的諧和性及均衡性，必在早年塑造；既不剝奪孩子的快樂，也不全然讓孩子嚐到甜頭，才能達到「恰到好處」的「金律」（golden mean）；不過份，不多也不少。習慣力是可怕的，巨大的，柏拉圖實際上所說的「道德性」就是從習慣而來。孩子出生頭三年，必先習慣於均衡性，那時他的主控力是苦與樂。柏拉圖取爲標準的苦樂，不是法規，而是不明文規定的習俗，重要性無以復加。（參見作者編著的《柏拉圖的教育思想》，臺北文景，2012，第十章）

十八世紀德國哲學家康德（Immanuel Kant, 1724-1804）對柏拉圖的兒童教育見解，大加稱讚。這位注重道德自律的教育思想家也認爲人的一生之品德陶冶，分成三階段。第一階段，大概指國中以前，當然包括幼兒期，以養成正確的行爲習慣爲主；把「自明眞理」認定的正確生活習慣，嚴肅的要求孩子非遵守不可。如誠實、勇敢、負責、守信用等。第二階段，或許在國中高中，則取古今重要楷模當教材，最後才進行「道德哲理」的爭辯，那是高中大學時期了。換句話說，幼兒期不是說教期，因爲「理性」思考，不是孩子的強項，要求他（她）們「守規」且形成「習慣」即可。

二十世紀美國教育哲學家杜威（John Dewey, 1859-1952），著作數量驚人，對幼兒教育也提出不少卓見，只是少見明確的指明是六歲以前階段的教育。不過他的爲文中指出的下述兩要點，毫無疑問的可以作爲幼兒教育思想應特別注意的焦點。

1. 依賴性：嬰孩初生時，與其他動物大爲不同的是，呱呱墜地時的娃娃，太需要成人尤其是父母特別是媽媽的養育及照顧了，否則即令存活下來也生問題。不像小雞一出孵蛋，即會走路、喙米、覓食。嬰孩的這種依賴性特別顯著。並且依賴期又甚長，不只幼兒階段如此，且在「未成年」階段皆如是。生理的成長及心理的健全，兩方

面都太有必要仰賴他人的扶持。這是人類不如其他動物之處，但也因此，反而增加了人類的「優勢」（advantages）。沒錯，「依賴」不是一種好品德，但卻是「獨立」之前，不得不付出的代價。孩子由於先天上（上帝的旨意嗎！？）必須「依賴」父母、監護人、或師長，且長期如此，也使得「學習」及「教育」變成當務之急，且也是「理所當然」。成人或師長就得藉這段時間，好好的來進行下一代的「教育」，機會難得啊！當然，這就得看是什麼貨色或品質的教育了。教育有正面性也有負面性，教育工作者必須謹慎且嚴肅的面對，更得體認出，在這段依賴期中，不少後果就得肩負其重任來，這就與下述的要點息息相關了，二者是密不可分的。

2. 可塑性：孩子的心靈，甚至肉體，並非一出生即「定型」，卻如臘一般的柔軟，如何定型，定什麼型，大部分操在後天的環境條件下，尤其親人師長更是關鍵。杜威取「型塑」作為章名，即education as formation，甚具見地。父母親或師長可以以一己之見就要孩子依那種「形」或「型」來作為一生的「模」子嗎？切記，父母或師長之見，極可能是偏見、成見、扭曲之見、不成熟之見、未能禁得起考驗之見。且依心理發展而言，孩子依賴性是有程度上的差別的，孩子之「仰父母（師長）」鼻息，並非百分之百：一般情況而論，孩子漸長，「己見」成分增加，個性漸顯，「異見」漸彰，「叛逆」性越來越強，此時要強加「塑」之，必遭致強力的反彈，造成親子或師長之間的不快，結果家庭及學校衝突事件頻傳，不是一種不堪的新聞嗎？不顧外揚的「家醜」及「校醜」，更增評論斥責者的話題，難道是教育上所樂見的嗎？

可見「教育」是多麼的麻煩，也難怪康德感嘆的說，那是人間最艱鉅的工程之一。（另一是如何組成好政府）讀者們啊！難道像《幼兒教育思想》這種教育書籍，不應作為家長及教師的必讀書嗎？

英國文學也是哲學家的羅素（Bertrand Russell, 1872-1970）也寫了一些教育的書，其中，有下述兩點可以供討論之用：

1. 「孤」子女是較不幸的：他建議不要「一胎」，因為孩子初

生之後，在未入校之間，在家庭裡無「兒伴」，父母親如作「玩」伴，在孩子心目中，永遠把爸媽視為無法取勝的對象。孩子有爭勝心，這是家曉戶喻的，但爸媽身高、體重、見解等，樣樣都比孩子強，且強很多，這就好比顏回之描述孔子「仰之彌高，鑽之彌堅」一般高不可攀，望塵莫及；因之自卑感易生，而自卑感也是自大狂的溫床。如父母輸了，聰明的孩子也知那是佯裝的。要是家裡有兄弟姊妹，一來年紀相差不大，玩起來興味無窮，取勝機會多且是實實在在的贏了，心理上的感受，是「不亦快哉！」「好爽」。並且排序大的哥哥姊姊，也可以「真正」負起扶持弟弟妹妹的責任，很有「實在感」、「滿足感」及「成就感」。當然，如鄰居有孩子玩伴，或許可解這方面的問題，不過與他家的小孩玩，不如與自家的幼兒，朝夕相伴，其樂無比。

2. 誠如美國大文豪愛默生（Ralph Waldo Emerson, 1803-1882）之所言，人間幸而有小孩，有幼兒，才使得成人不敢為惡。父母親或師長為了「面子」（最少），總在孩子面前表現出一付「守規」、「正直」、「誠實」等好品德模樣。羅素愛護孩子有加，他夫婦也仿杜威夫婦模樣，除了養育自生孩子之外，也設托兒所、幼兒園。設若人間無小孩，則成人世界的為非作歹，勢必變本加厲。大人或師長一方面是幼兒的範本，其實依瑞士籍的法國兒童教育家盧梭（Jean Jacques Rousseau, 1712-1778）之所言，孩子的「教育價值」，高出成人甚多（詳見本書盧梭章）。當然，教師及雙親在許多方面上確實有孩子自嘆不如的地方，誠如中國唐朝韓愈所言之「聞道有先後，術業有專攻」（術業上，父母或雙親必比孩子「專攻」。至於「聞道」，則一定在「先」，怎會「後」呢？）因之也負有教育下一代的責任。注重民主、開放、自由的羅素，「放任」孩子玩耍，不過並非「放縱」到不負責任的地步。當孩子戲水弄沙渾身髒兮兮時，如一腳踏入臥室倒頭便睡，他會以如下的方式開導之：

　　孩子啊！你這樣做，媽媽就要多麼辛苦的洗滌了，你不是好愛媽媽嗎？你忍心如此嗎？

　　相信充滿溫暖及愛心的父母當說出此種訓話時，必給無知孩子一陣羞愧與內心的欠疚。夠了，相信孩子下次絕對不會重犯！

　　不少人都以為女性有「慈母」的天性，但駭人聽聞的是在臺灣竟然也有光怪陸離的事實發生，即極少數的女性婚後發誓不生子女，就是生了也不負責養育。且更令人憤慨與不齒的，竟然也有中國籍的女教授嫁給臺灣籍的丈夫後即結紮，她不願有一位臺灣籍的子女。這種人最是「幼兒教育思想」所要教化的對象，嗚呼哀哉！相反的，臺灣第一名模林志玲上電視時，說她好喜歡有孩子，尤其是己生的。看她說出此話時，不只美如天仙的臉龐一幅如同天使般的亮麗，且同時也展現出她心靈上滿足的愉悅感！

　　英史學家湯恩比（Arnold J. Toynbee, 1889-1975）在他的《歷史研究》（*A Study of History*）之節本上冊中，引用了法國哲學家柏格森（Henri Bergson, 1859-1941）一句與教育有關的名句：「庸師在教導學子機械式的學習由天才所創出的學門時，有可能喚醒他的學生引發庸師未曾感受到的才能。」（A mediocre teacher, giving mechanical instruction in a science that has been created by men of genius may awake in some of his pupils the vocation which he has mever felt in himself）【註1】一位稟賦平平的教師（mediocre teacher）只要求學生背誦，即作「機械式的教學」，但或有「可能」在學生心中激起這位「庸師」未曾有過的一些省思。禁得起歷史考驗的大思想家，作品多含有深意，也蘊藏智慧的金玉良言，多引伸，多發揮，則必品嚐了一頓心靈豐富的饗宴。當然，「心領神會」的第一要件就得先「理解」，然後知識的深度（思想）及廣度（歷史），就能二者兼顧。深盼讀者好自為之，在幼教思想天地裡向那些過去的天才思想家挖掘寶藏！如能把思想史上的古代經典予以活用，就非「庸師」的標誌了。分析評論，闡釋發揮，甚至反駁之，這也是現代公民應具備的條件，幼兒開始，即應培養之。

寫於2011年年初

## ■ 附註

1.  Toynbee, *A Study of History*, Abridgement by D.C. Somervell, vol. I. N. Y. and London, Oxford University Press. 1946. 467

左圖是容閎，大清帝國第一位留學外國（美國）的留學生，獲耶魯大學（Yale University）學位。右圖是容閎建議清廷選派小留學生出國留學，第一批獲選者共同的照相。此相片極具教育史意義。請注意這些小留學生的衣著、眼神，及表情。

# 書後語（跋）

　　「書盡言，言盡意」，這是寫書人自大狂的妄語。「文字有時而窮」，是較嚴謹著作者常有的經驗，我亦不例外。迄今為止，已發表成書的數量已近半百，但在閱讀或沉思之際，每每有一種將所見公諸於世的衝動。時間寶貴，勿浪費，流逝而去的光陰，已一去不返。或許由於歲齒漸增，雖睡眠不多，還好精力及體力、眼力不輸往昔。謝謝父母，也感恩上帝。

　　一九七四年我由美留學返國，立即有不少演講及寫作的邀約，我赴美的教育部公費考試主修是教育哲學，這也是我迄今最愛的學門，幼教領域也包括在內。當時由永豐餘企業公司所成立的信誼文教基金會，希望我赴該機構作每週一次夜晚的演講，對象是幼教教師，聽者很多，反應良好，該基金會也盼我把講稿發表於《學前教育雜誌》上，那也是該基金會所組成的，如此一來，該基金會乃將發表的文章集結成書，書名頗有巧思，引用了朱熹的名句為《一方活水》——問渠那能清如許，為有一方活水來。是的，思想是行動的基礎，能知才行，此行比較保證可成。該書銷數不惡，累積版稅一字稿酬已達最高價。但該基金會竟然願意放手，恰好五南圖書出版公司正主動要我出書。也差不多在一九八〇年代由中國時報附屬的時報出版公司也到我講學之所在師大教育系懇談，出版幼教叢書初估七十本，希望我當主編，邀約七十位作者寫幼教參考書。我當時只答應儘量配合，最後出三十五本。每一出書，也由我及時報出版公司出面，主持一場說明會。可見當時幼教書籍市場之飢渴狀態！

　　本書撰述的是西方（歐美）教育思想家對幼教的主張，為加重本土味，我不得不附上一些臺灣現有幼教爭議問題，趁著此時再版機會，又加添了不少資料，供讀者參閱與指正！原有的參考書目悉數刪除，讀者如擬再進一步深究，各章節引用的資料，我都附上出處。

　　　　　　　　　　　　　　　　　　　林玉体
　　　　　　　　　　　　　　　　　　　2015年春

我們的粉絲專頁終於成立囉！

2015年5月，我們新成立了【五南圖書　教育／傳播網】粉絲專頁，期待您按讚加入，成為我們的一分子。

在粉絲專頁這裡，我們提供新書出書資訊，以及出版消息。您可閱讀、可訂購、可留言。有什麼意見，均可留言讓我們知道。提升效率、提升服務，與讀者多些互動，相信是我們出版業努力的方向。當然我們也會提供不定時的小驚喜或書籍折扣給您。

期待更好，有您的加入，我們會更加努力。

五南圖書出版股份有限公司
WU-NAN BOOK COMPANY LTD.

【五南圖書　教育／傳播網】臉書粉絲專頁

五南文化事業機構其他相關粉絲專頁，依您所需要的需求也可以加入呦！

　　五南圖書 法律／政治／公共行政

　　五南財經異想世界

　　五南圖書中等教育處編輯室

　　五南圖書 史哲／藝術／社會類

　　五南圖書 科學總部

　　台灣書房

　　富野由悠季《影像的原則》台灣版　10月上市！！

　　魔法青春旅程－4到9年級學生性教育的第一本書

國家圖書館出版品預行編目資料

幼兒教育思想／林玉体著. ──四版.──
臺北市：五南圖書出版股份有限公司，
2025.01
面；　公分
ISBN 978-626-423-022-3（平裝）

1.CST: 學前教育　2.CST: 教育哲學

523.2　　　　　　　　113019108

1IGS

# 幼兒教育思想

作　　者 ─ 林玉体

編輯主編 ─ 黃文瓊

責任編輯 ─ 李敏華

封面設計 ─ 封怡彤

出 版 者 ─ 五南圖書出版股份有限公司

發 行 人 ─ 楊榮川

總 經 理 ─ 楊士清

總 編 輯 ─ 楊秀麗

地　　址：106臺北市大安區和平東路二段339號4樓

電　　話：(02)2705-5066　　傳　真：(02)2706-6100

網　　址：https://www.wunan.com.tw

電子郵件：wunan@wunan.com.tw

劃撥帳號：01068953

戶　　名：五南圖書出版股份有限公司

法律顧問　林勝安律師

出版日期　2001年 8 月初版一刷（共九刷）
　　　　　2011年11月二版一刷
　　　　　2015年 9 月三版一刷（共三刷）
　　　　　2025年 1 月四版一刷

定　　價　新臺幣380元

※版權所有‧欲利用本書內容，必須徵求本公司同意※

全新官方臉書

五南讀書趣

WUNAN Books since1966

Facebook 按讚

1秒變文青

 五南讀書趣 Wunan Books

★ 專業實用有趣
★ 搶先書籍開箱
★ 獨家優惠好康

不定期舉辦抽獎
贈書活動喔！！

# 經典永恆・名著常在

## 五十週年的獻禮——經典名著文庫

　　五南，五十年了，半個世紀，人生旅程的一大半，走過來了。

　　思索著，邁向百年的未來歷程，能為知識界、文化學術界作些什麼？

　　在速食文化的生態下，有什麼值得讓人雋永品味的？

　　歷代經典・當今名著，經過時間的洗禮，千錘百鍊，流傳至今，光芒耀人；

　　不僅使我們能領悟前人的智慧，同時也增深加廣我們思考的深度與視野。

　　我們決心投入巨資，有計畫的系統梳選，成立「經典名著文庫」，

　　希望收入古今中外思想性的、充滿睿智與獨見的經典、名著。

　　這是一項理想性的、永續性的巨大出版工程。

　　不在意讀者的眾寡，只考慮它的學術價值，力求完整展現先哲思想的軌跡；

　　為知識界開啟一片智慧之窗，營造一座百花綻放的世界文明公園，

　　任君遨遊、取菁吸蜜、嘉惠學子！